선불교의 뿌리

인도 중관학과 동아시아 삼론학

김 성 철

도서
출판 오타쿠

머릿글

선불교는 가까이는 동아시아의 삼론학(三論學), 멀리는 인도 중관학(中觀學)의 실천적 변용이다. 본서에는 선불교와 그 사상적 토대인 삼론학과 중관학의 관계를 조명하면서 선불교에서 말하는 깨달음의 정체를 모색한 필자의 논문 여덟 편이 실려 있다. 이들 논문들은 그 주제에 따라서 다시 세 부류로 묶을 수 있는데 각 논문의 제목을 주제 별로 나누어 열거하면 다음과 같다.

1. 반야중관학과 선
(1) 선과 반야중관의 관계
(2) 인도 중관학의 동아시아적 변용
2. 삼론학파의 핵심사상과 인물
(3) 삼론학의 불성론 - 입파자재한 무의무득의 중도불성론
(4) 삼론학의 이제설에 대한 재조명 - 이, 교, 경, 지의 관계 및 어제와 교제의 의미 분석
(5) 승랑과 승조 - 생애와 사상, 영향과 극복에 대한 재조명
3. 깨달음과 선
(6) 깨달음이란 무엇인가?
(7) 선의 깨달음, 그 정체와 문제점
(8) 깨달음이란? : 인지와 감성의 해체

이 가운데 가장 반향이 컸던 논문은 '(1) 선과 반야중관의 관계'다. 이는 2012년 6월 23일, 24일의 이틀에 걸쳐 서울 동국대 중강당에서 열렸던 제3회 간화선 국제학술대회에서 발표했던 논문으로 학술지 「불교학연구」 제32권(2012년)에 실려 있다. 인도 중관학의 반(反)논리적 논법과 선문답, 그리고 간화선의 공통점을 드러냄으로써 간화선의 뿌리가 인도 중관학, 더 멀리는 부처님의 중도 설법에 있다는 점을 밝힌 논문이다. 이 때 논평을 맡았던 유진

스님께서 간화선과 반야중관의 관계를 사상적으로 비교한 최초의 논문이라고 호평해 주셨고, 논문 발표 후 10년의 세월이 지난 지금도 선학(禪學) 연구자들로부터 꾸준한 관심을 받고 있다.

'(3)삼론학의 불성론 - 입파자재(立破自在)한 무의무득(無依無得)의 중도불성론(中道佛性論)'은 금강대학교 개교 10주년을 기념하여 2012년 6월 22일, 23일의 이틀에 걸쳐서 서울 페럼타워 페럼홀에서 열렸던 국제학술대회에서 발표했던 논문으로 연구와 집필에 참으로 공(功)을 많이 들인 논문이다. 현대 불교학계에는, 불성사상이나 여래장사상을 우빠니샤드의 아뜨만론(atman論)의 아류라고 비판하는 학자들이 더러 있다. 그 용어만 보면 그렇게 착각할 수도 있을 것이다. 그러나 삼론학 문헌을 면밀히 읽어 보면 불성 이론은 아뜨만론과 같은 단순한 실체론이 아니라는 점을 알게 된다. 이 논문의 부제에서 보듯이 삼론학에서 말하는 불성은 '중도'를 의미하고, 이런 중도는 흑과 백의 양극단을 배격한 중간 지점을 의미하는 것이 아니라, 세우고(立) 파하는(破) 데 자유자재(自在)하고, 어디에도 의지하지 않고(無依) 어떤 것도 포착하지 않음(無得)을 통해 드러난다. 이렇게 그저 놓아버림으로써 중도로서의 불성을 체득한다고 본다는 점에서 삼론학의 불성사상은 후대 선승들의 교화 방식과 공명한다.

'(2)인도 중관학의 동아시아적 변용'은 중앙승가대학교 대학원에서 주관하여 2012년 10월 20일 한국불교역사문화기념관에서 열렸던 '중관사상의 원류와 변용'이라는 주제의 학술대회에서 발표했던 논문이고, '(5) 승랑과 승조 - 생애와 사상, 영향과 극복에 대한 재조명'은 동국대 불교문화연구원의 요청으로 작성했던 논문으로, 동 연구원에서 발간하는 학술지 『불교학보』 제61집(2012년)에 실린 '동아시아 속 한국 불교사상가'라는 주제의 특집 논문들 가운데 하나였다. 앞의 논문 (2)에서는 중관학 전반에 대해 개관하면서 그 주제에 접근하였고, 뒤의 논문 (5)에서는 신(新)삼론을 개창한 고구려 출신의 승랑(僧朗)과 과 고(古)삼론의 대표적 인물인 구마라습의 제자 승조(僧肇)의 생애와 사상에 대해 개관하였다. 인도 중관학과 동아시아의 삼론학의 전모를 짧은 시간에 파악하고자 하는 독자에게 이 두 논문은 유용할 것이다.

'(4)삼론학의 이제설(二諦說)에 대한 재조명 – 이(理), 교(敎), 경(境), 지(智)의 관계 및 어제(於諦)와 교제(敎諦)의 의미 분석'은 2011년에 발간한 『불교학연구』 제30권에 실린 논문으로, 삼론학의 이제설에 대한 통설의 문제점을 지적한 논문이다. 삼론학의 출현 이전에, 개선사(開善寺)의 지장(智藏), 광택사(光宅寺)의 법운(法雲), 장엄사(莊嚴寺)의 승민(僧旻) 등 '양(梁)의 3대 법사'라고 불리는 남조 불교계의 학승들은 진제와 속제의 이제를 진리(理)나 대상(境)으로 간주하였다. 이제를 진리인 이법(理法)으로 보는 이제설을 약리이제설(約理二諦說)이라고 부르고, 이제를 우리의 인식 대상인 두 가지 경계(境界)라고 보는 이제설을 약경이제설(約境二諦說)이라고 부른다. 이와 달리 삼론학에서는 "이제는 진리나 경계에 있는 것이 아니라, 부처님의 가르침(敎)에 있다."고 주장하였다고 한다. 이를 약교이제설(約敎二諦說) 또는 이제시교론(二諦是敎論)이라고 부른다. 이상과 같은 조망이 삼론학의 이제설에 대한 현대 불교학계의 통설이었다. 그런데 길장의 저술을 중심으로 삼론학 문헌을 면밀히 검토해보면, 삼론학에서 약경이제설을 반드시 비판했던 것만은 아님을 알 수 있다. 삼론학에서는 상황에 따라서 이제를 경계로 간주하기도 하고 지혜로 간주하기도 했다. 이 논문에서는 이를 논증하면서 삼론학의 전문용어인 어제(於諦)와 교제(敎諦)의 의미에 대해 상세하게 분석하였다.

마지막으로 '제3부 – 깨달음과 선'에 모아놓은 세 편의 논문 '(6)깨달음이란 무엇인가?, (7)선의 깨달음, 그 정체와 문제점, (8)깨달음이란? : 인지와 감성의 해체' 가운데 앞의 두 편은 불교평론[(6)2003년 여름호, (7)2004년 봄호]에 실렸던 논문이고, 뒤의 것은 2008년 서울 동숭동의 아르코미술관에서 열렸던 'AAC교육콘소시엄'에서 있었던 필자의 강의를 논문형식으로 정리한 것이다(2009년 아르코미술관에서 발간한 단행본 『Alarm, 覺』에 실림). 세 편 모두 전문적인 학술논문이 아니라, 일반 독자의 불교적 교양을 위한 계몽적 논문이다. 불교에 대한 전문지식이 없는 독자라면, 이 세 편의 논문이 실린 제3부를 먼저 읽어도 좋을 것이다.

이상으로 본서에 실린 논문들의 작성 계기와 내용에 대해 간략히 소개했는데, 이들 논문들의 주제는 모두 선불교의 교학적 토대와 깨달음의 정체에 대한 것이라는 점에서 공통된다.

사교입선(捨敎入禪)이란 말이 있다. "교(敎)를 버리고 선(禪)에 들어간다."는 선가(禪家)의 격언이다. 사실 그렇다. 불교수행을 할 때 교학 공부에만 머물러서는 안 되고, 더욱 정진하여 직지인심(直指人心)의 선 수행에 들어가야 한다. 그런데 이 격언의 이면(裏面)에서 우리는 "선수행에 들어가기 위해서는 그 이전에 교학 공부가 무르익었어야 한다."는 교훈을 읽을 수 있다. 무엇을 '가져야' 버릴 수가 있고, 무엇을 '잡아야' 놓을 수가 있듯이, 교학을 버리기 위해서는 그 이전에 교학에 대해 숙지했어야 한다.

불교수행에서 교학은 여행할 때의 지도(地圖)와 같다. 예를 들어서, 에베레스트산의 정상에 오르고자 하는 등반가가 의욕만 갖고서 무작정 길을 떠난다면 그 목적을 성취하기는 거의 불가능할 것이다. 길을 가다가 높은 산이 나타나서 애써서 올라가도 그것이 에베레스트산인 경우는 거의 없을 것이기 때문이다. 정상 정복의 의욕이 아무리 강렬해도 그럴 것이다. 그러나 지도를 갖고 여행을 떠날 경우 그 누구든 한 나절이면 에베레스트산 기슭에 도착할 수 있다. 인천공항에서 비행기를 타고 인도의 뉴델리를 거쳐 네팔의 카트만두에서 내린 후 버스를 갈아타면 에베레스트 산 기슭에 도착한다.

깨달음을 지향하는 선(禪) 수행 역시 이와 마찬가지다. 삶과 죽음의 문제에 대한 의문이 아무리 간절해도, 또 그 답을 찾고야 말겠다는 의지가 아무리 강력해도 그런 의문과 의지만 갖고서 깨달음에 이르기는 쉽지 않다. 그러나 깨달음으로 가는 교학의 지도와 지침이 있고 그것을 참조하면서 차근차근 공부하고 수행할 경우, 누구든 어렵지 않게 삶과 죽음의 문제를 해결하고 깨달음에 이를 수 있다. 부처님의 연기설을 계승하여 용수보살께서 창안하신 인도의 중관학과 그 동아시아적 변용인 삼론학은 올바른 선(禪) 수행을 위한 교학의 지도(地圖)와 같다.

아무쪼록 본서에 실린 논문들이 선을 연구하고 수행하시는 분들을 위한 교학의 지도와 같이 쓰일 수 있기 바라며, 코로나19로 지난(至難)한 세월, 독자 여러분 모두 잘 이겨내시고 항상 건강하시기를 삼보 전에 기원한다.

불기 2565년(2021) 8월 18일

佛紀 2565년(2021) 8월 18일 舊盤浦 寓居에서

圖南 金星喆 合掌

차례

머릿글 ··· 3

차례 ··· 9

제1부 - 반야중관학과 선

선(禪)과 반야중관의 관계
국문초록 ··· 15

Ⅰ. 초기 선종과 삼론학파의 인적 교류 ··· 17

Ⅱ. 반야중관으로 풀어 본 선사들의 언행 ····································· 21

  1. 삼중이제 - 진제를 지향하는 변증적 파기 ····················· 21

  2. 공의 의미와 마조의 도불용수(道不用修) ······················· 25

  3. 이내이제(理內二諦) - "손가락이 달이다." ··················· 29

  4. 중도불성의 구현 - 딜레마와 중화작용 ························· 31

Ⅲ. 간화선 수행의 중도적 성격 ··· 34

참고문헌 ··· 39

인도 중관학의 동아시아적 변용
Ⅰ. 중관학의 탄생과 전승 ··· 41

  1. 중관학의 탄생 ··· 41

  2. 중관학의 전승 ··· 44

Ⅱ. 용수 중관학의 반논리학 ··· 47

  1. 개념의 실체성 비판 ··· 49

  2. 판단의 사실성 비판 ··· 51

3. 추론의 타당성 비판 ·········· 53
Ⅲ. 승조 사상의 특징 ·········· 55
1. 노장과 현학의 수용과 극복 ·········· 55
2. 제3구인 상즉의 실상론 ·········· 58
Ⅳ. 승랑의 사상과 선의 탄생 ·········· 60
1. 승랑 사상의 네 가지 축 ·········· 60
2. 선 – 반야중관의 실천적 구현 ·········· 68
참고문헌 ·········· 72

제2부 – 삼론학파의 핵심사상과 인물

삼론학의 불성론 - 입파자재한 무의무득의 중도불성론 -

Ⅰ. 삼론학 불성론의 연원과 문헌 ·········· 77
Ⅱ. 삼론학의 오종불성(五種佛性)과 중도불성론 ·········· 83
1. 삼론학의 오종불성론 ·········· 83
2. 제가(諸家)의 정인불성론과 그에 대한 비판 ·········· 87
3. 삼론학 중도불성론의 근거와 방법 ·········· 90
Ⅳ. 불성과 관계된 몇몇 이론에 대한 무의무득(無依無得)의 분석 ·········· 95
1. 불성은 원래 있었나(本有), 새롭게 생기나(始有)? ·········· 95
2. 보살의 수행계위에 따른 견불성(見佛性)의 정도 ·········· 98
3. 이내(理內), 이외(理外)의 구분과 불성의 유, 무 ·········· 100
Ⅴ. 삼론학 불성론의 얼개와 특징에 대한 개관 ·········· 102

삼론학의 이제설에 대한 재조명 - 이, 교, 경, 지의 관계 및 어제와 교제의 의미 분석 -

국문초록 ·········· 107
Ⅰ. 삼론학의 이제설에 대한 통념과 문제점 ·········· 109
Ⅱ. 삼론학 이제시교론의 의미와 기원과 특징 ·········· 112
Ⅲ. 삼론학의 이제설에서 이(理), 교(敎), 경(境), 지(智)의 관계 ·········· 116

Ⅳ. 삼론학의 이제설에서 어제(於諦)와 교제(敎諦)의 의미와 유래 ·········· 120

Ⅴ. 약경(約境)과 약리(約理)의 이제를 포용하는 방편적 이제시교론 ·········· 126

참고문헌 ··· 128

승랑과 승조 - 생애와 사상, 영향과 극복에 대한 재조명-

논문초록 ··· 129

Ⅰ. 승랑과 승조의 상반된 삶 ··· 131

Ⅱ. 승조와 승랑의 생애 ··· 133

　1. 『고승전』을 통해 본 승조의 생애 ··· 133

　2. 승랑의 본명과 행적에 대한 추정 ··· 137

Ⅲ. 승조와 승랑의 사상 ··· 145

　1. 승조 - 제3구의 변용인 상즉의 비판론 ··· 145

　2. 승랑 - 이원적 범주를 통한 무의무득의 구현 ······························· 149

Ⅳ. 승랑에게서 보이는 승조의 영향 ··· 153

Ⅴ. 승조를 극복한 승랑의 유무론 ··· 156

참고문헌 ··· 158

제3부 - 깨달음과 선

깨달음이란 무엇인가?

Ⅰ. 들어가는 말 ··· 163

Ⅱ. 소승의 깨달음 ··· 164

Ⅲ. 대승의 깨달음 ··· 167

Ⅳ. 금강승의 깨달음 ··· 171

Ⅴ. 맺는 말 ··· 173

부기: 깨달은 선승은 아라한인가, 보살인가, 부처인가? ·························· 174

선(禪)의 깨달음 그 정체와 문제점

프롤로그 ·· 179

Ⅰ. '선'은 선인가? ·· 179

Ⅱ. 선 수행은 성불을 지향하는가? ······························ 182

  1. '부처 되기'와 '부처라는 개념을 해체하기' ············· 182

  2. 초기불교의 아라한과 선에서 말하는 부처 ············· 185

Ⅲ. 간화선에 대한 인도불교적 조망 ···························· 189

Ⅳ. 맺는 말: 의미있는 선 수행이 되기 위한 전제조건 ········· 193

깨달음이란? - 인지와 감성의 해체

Ⅰ. 쌓는 것은 지식, 허무는 것은 지혜 ························· 197

Ⅱ. 반야의 지혜와 색즉시공 ······································ 198

Ⅲ. 형상뿐만 아니라 모든 것이 공하다 ························ 199

Ⅳ. 공을 체득한 선승의 깨달음 ·································· 200

Ⅴ. 눈도 없고, 죽음도 없고, 시간도 없다 ······················ 202

  1. 눈도 없고 시각대상도 없다 ······························ 202

  2. 삶도 없고 죽음도 없다 ·································· 205

  3. 시간은 존재하지 않는다 ································ 208

Ⅵ. 모든 개념에는 테두리가 없다 ······························ 211

Ⅶ. 죽었다가 살아나기 ·· 217

Ⅷ. 해체 이후의 적극적 삶 - 이타(利他)와 분별 ············· 222

반야중관학과 선

선(禪)과 반야중관의 관계

국문초록

Ⅰ. 초기 선종과 삼론학파의 인적 교류

Ⅱ. 반야중관으로 풀어 본 선사들의 언행

  1. 삼중이제 - 진제를 지향하는 변증적 파기

  2. 공의 의미와 마조의 도불용수(道不用修)

  3. 이내이제(理內二諦) - "손가락이 달이다."

  4. 중도불성의 구현 - 딜레마와 중화작용

Ⅲ. 간화선 수행의 중도적 성격

국문초록

역경(譯經)을 통해 용수의 중관학을 중국에 소개했던 구마라습이 천화한 후, 삼론의 가르침은 점차적으로 불전 학습의 주변부로 밀리면서 왜곡되고 있었는데 고구려 요동성 출신의 승랑(僧朗: 450-530경)이 장강(長江) 이남의 남조 불교계로 들어와 교화활동을 시작하면서 삼론의 정맥이 되살아나기 시작하였다. 그 즈음에 보리달마가 중국에 들어와 전법을 시작하였으며 선종의 제2조로 기록하는 혜가(慧可: 487-593)와 삼론가인 혜포(慧布: 518-587)의 만남에서 시작하여 선복(善伏: ?-660)과 법여(法如: 638-689)에 이르기까지 근 1세기에 걸쳐서 삼론학파와 선종 사이에 인적, 사상적 교류가 이어졌다. 또 우두 법융의 '민절무기' 사상이나 보리달마의 '무득정관(無得正

觀)' 사상에서 보듯이 초기 선종의 사상적 기조는 반야중관의 삼론학과 다를 게 없었다.

선종은 삼론학, 즉 반야중관학의 토대 위에서 성립했지만, 그 문헌이나 인물이 아니라 그 방식을 계승하였다. 다시 말해 반야중관학의 가르침을 체화(體化)한 후 말과 행동을 통해서 현실 속에서 이를 그대로 구현한 인물들이 선승들이었다. 삼론사상 가운데 삼중이제설, 이내이제설 그리고 중도불성론의 방식이 선승들의 문답에서 발견된다. 또 『회쟁론』에서는 "데와닷따가 집에 없다."는 비유를 들어서 공성에 대해 설명하는데, 이는 마조의 도불용수 사상과 다를 게 없다.

참선의 필수 요건으로 대신근(大信根)과 대분지(大憤志)와 대의정(大疑情)의 셋을 든다. 선(禪)을 '정(定)과 혜(慧)를 함께 추구하는 수행'이라고 규정할 때 이 세 가지 마음 가운데 '대신근'과 '대분지'는 '정'의 토대가 되고, '대의정'은 '혜'와 연관될 것이다. 간화선 수행이 '수정주의자의 삼매'가 아니라 불교적 수행일 수 있는 이유는 '큰 의심'을 품어야 한다는 점에 있다. '의심이라는 심리상태'는 '중도'에 다름 아니다. 의심이 지속되는 상태에서 우리의 생각은 어느 한 곳에 정착하지 못한다. 백 가지 생각이 떠올라도 그 모두 '의문에 대한 정답'이 아니기 때문이다. '의심'의 상태를 지속할 때 수행자의 마음은 백 가지, 천 가지 대안(代案)을 모두 치면서 중도의 궁지로 들어간다. 숭산 행원 스님의 "Only Don't know", "오직 모를 뿐"의 자리다. 백, 천 가지 '앎'에서 완전히 벗어난 자리다. 분별이 끊어진 자리다. '이사구절백비(離四句絶百非)'에서 '이사구(離四句)의 중도'와 '절백비(絶百非)의 의심'. 우리의 마음을 중도의 지혜, 탈이분법의 지혜, 해체의 지혜, 공의 지혜로 몰고 가는 간화의 한 축이다.

주제어: 선, 간화선, 반야중관, 삼론학, 승랑, 중도

I. 초기 선종과 삼론학파의 인적 교류

구마라습(鳩摩羅什: 344-413C.E.[1])의 역경을 통해 중국에 소개된 인도의 중관학은 중국의 전통적 형이상학인 현학(玄學)과 만나서 삼론학(三論學)으로 결실한다. 승조(僧肇: 374-414)[2], 담영(曇影), 승예(僧叡) 등 구마라습의 제자들이 이룩한 고(古)삼론이었다. 그러나 구마라습이 천화한 후, 중국 불교계에서 삼론의 가르침은 점차적으로 불전 학습의 주변부로 밀리면서 왜곡되기 시작하였는데, 고구려 요동성 출신의 승랑(僧朗: 450-530경)[3]이 장강 이남의 남조 불교계로 들어와 교화활동을 시작하면서 삼론의 정맥이 되살아나기 시작하였다. 승랑 이후 전개된 이러한 삼론학을 신삼론이라고 부른다.[4]

신삼론의 가르침이 남조 불교계에 전파되고 있을 즈음에 보리달마가 중국에 들어와 전법을 시작하였다. 그 후 선종의 제2조로 기록하는 혜가(慧可: 487-593)와 신삼론의 전공사우 가운데 하나인 혜포(慧布: 518-587)의 만남에서 시작하여 우두(牛頭) 법융(法融, 594-657)에게 가르침을 전한 대명법사를 거쳐서 선복(善伏: ?-660)과 법여(法如: 638-689)에 이르기까지 근 1세기에 걸쳐서 삼론학파와 선종 사이에 인적 교류가 이어졌다.[5] 이들 초기 선승들과 삼론가들의 관계에 대해서는 일찍이 일본의 히라이슌에이(平井俊榮)[6]와 스즈키데츠오(鈴木哲雄)[7]가 심도 있게 연구한 바 있다. 본 장에서는

---

* 본 논문은 2012년 6월24일 동국대학교 중강당에서 열렸던 제3회 간화선 국제학술대회에서 발표했던 것을 일부 수정한 것이다.
1) 또는 350-409년.
2) 혹은 384-414년.
3) 승랑의 생몰시기에 대해서는 '김성철, 『승랑 - 그 생애와 사상의 분석적 탐구』(서울: 지식산업사, 2011), pp.67-69 및 pp.159-163' 참조.
4) 平井俊榮, 『中國般若思想史研究』(東京: 春秋社, 1976), pp.232-233 참조.
5) 鈴木哲雄, 「初期禪宗と三論」, 平井俊榮 監修, 『三論教學の研究』(東京: 春秋社, 1990), p.431.

이들의 연구에서 언급했던 내용을 중심으로 몇 가지를 다시 짚어 보기로 하겠다. 먼저 『속고승전』의 「혜포전」에서는 혜가와 혜포의 만남에 대해서 다음과 같이 기록하고 있다.

> 언제나 좌선하기를 즐겼고 시끄러운 것을 멀리하였다. 결코 강설하지 않겠다고 맹세하면서 [율(律)을] 호지하는 것에 힘썼다. 말년에 [북제(北齊: 550-577)의 수도인] 업(鄴)으로 가서 아직 듣지 못했던 것을 다시 섭렵하였다. 혜가 선사를 만나 잠깐 인사를 하는 자리에서 [혜포가] 갑작스럽게 말로 그의 뜻을 거역하자 혜가는 다음과 같이 말했다. "아상(我想)을 타파하고 사견(邪見)을 제거하고자 할 때, 법사의 설명을 능가하는 것은 없다고 할 만합니다." 그러자 마음을 풀고서 [혜가의] 강의에 참석하여 선종의 핵심을 파악하고, [선종 관련] 문헌의 뜻을 두루 살펴보고서 그 모두를 마음에 간직하였다. 또, 여섯 등짐 분량의 불전들을 베껴 써서 강남으로 갖고 와 그 모두를 법랑에게 보내어 강설하게 하였다. [그 가운데] 잃어버리고 누락된 부분이 있어서 다시 북제(北齊)로 가서 빠진 것을 모두 베껴서 가지고 돌아와 법랑에게 보냈다. [혜포는] 스스로 아무것도 쌓아두지 않고 오직 의발만을 소유하였다.[8]

여기서 혜가가 "아상(我想)을 타파하고 사견(邪見)을 제거하고자 할 때, 법사의 설명을 능가하는 것은 없다고 할 만하다."면서 혜포를 칭송했다고 하는데, 혜포가 말하는 '법사의 설명'은 신삼론의 가르침이었을 것이다. 어쨌든 혜포가 혜가의 "강의에 참석하여 선종의 핵심을 파악하였다."는 데서 보듯이 양자의 만남에서 보다 많은 영향을 준 쪽은 혜가였다.

그러나 혜가의 교화를 받은 화선사(和禪師)의 제자인 정애(靜藹: 534-578)와 정애의 제자인 도판(道判: 532-615)과 도안(道安) 모두 삼론에 조예가

---

6) '平井俊榮, 『中國般若思想史硏究』(東京: 春秋社, 1976), pp.323-336'의 '第4節 三論系習禪者の系譜' 참조.

7) 鈴木哲雄, 「初期禪宗と三論」, 平井俊榮 監修, 『三論敎學の硏究』(東京: 春秋社, 1990), pp.421-442 참조.

8) 道宣, 『續高僧傳』(『大正藏』50, p.480c).

깊었다고 한다. 또 화선사의 제자 가운데 승조(僧照: 529-611)와 지장(智藏 : 541-625)은 선 수행자였고, 정애와 함께 화선사의 가르침을 받았던 현경(玄景)은 선 수행자였지만, 그 제자인 현각(玄覺)의 경우 경사(京師)에서 "오로지 대품만을 강의하였고 문수반야경을 보다가 깨달음을 얻었다."고 하기에 혜가의 문하에서도 선 수행과 반야삼론에 대한 연구가 함께 이루어졌다는 점을 알 수 있다.9)

우두종의 개창자인 법융의 사상에 끼친 신삼론의 영향은 거의 절대적이다. 법융은 출가 후 대명법사의 문하에서 오랜 기간 수학하였는데 대명법사는 신삼론의 제3조인 법랑의 제자다. 또 법융은 나중에 영안사의 광법사, 일음사의 법민, 정림사의 민법사에게 가르침을 받았다고 한다.10) 법융이 이들에게 무엇을 배웠는지 명기되어 있지는 않지만, 법민은 대명법사에게 삼론을 배워서 깨달음을 얻었던 인물이며,11) 광법사는 법랑과 동학인 지변, 혜용, 혜포에게서 삼론을 배웠다고 한다.12) 법융은 50세가 되어 우두산에서 가르침을 펴기 시작하는데, 우두산 역시 삼론가들이 활약했던 건강 지역의 산이다. 또 규봉 종밀은 『선원제전집도서』에서 '일체를 끊고 그 어디에도 의지하지 않는 종지(泯絶無寄宗)'라고 표현하면서 법융의 사상에 대해 설명하는데13) 이는 '절대부정'의 반야중관학과 기조를 같이 한다.

『속고승전』의 〈법충전〉을 보면 『능가경』의 유포에 대해 설명하면서 선종의 초조인 보리달마가 이 경전을 남북에 전하면서 '말을 잊고 생각을 잊으며 그 어떤 것에도 고착되지 않는 중도의 바른 관찰(忘言忘念無得正觀)'을 그 사상의 핵심으로 보았다고 쓰고 있다.14) 그런데 여기서 말하는 '그 어떤 것에

9) 平井俊榮, 『中國般若思想史硏究』(東京: 春秋社, 1976), pp.282-283.
10) 『弘贊法華傳』(『大正藏』51, p.18c).
11) 『神僧傳』(『大正藏』50, p.985c).
12) 道宣, 『續高僧傳』(『大正藏』50, p.547b).
13) 宗密, 『禪源諸詮集都序』(『大正藏』48, p.402c).
14) 道宣, 『續高僧傳』(『大正藏』50, p.666b).

도 고착되지 않는 중도의 바른 관찰(無得正觀)'은 신삼론 사상의 핵심이기도 하다.15)

선종의 제4조인 도신에게 귀의했던 선복과 제5조인 홍인의 제자 법여의 경우 선종에 입문하기 이전에 가르침을 받았던 스승들 모두 삼론학파와 관계된 인물이다. 선복은 먼저 소주(蘇州) 유수사(流水寺)의 벽(璧)법사에게 삼론을 배웠고 이어서 대명법사의 제자인 법민의 문하에서 불전을 학습한다.16) 또 법여가 19세에 출가할 당시 스승이었던 혜명법사17) 역시 법민의 제자였다.18)

이상에서 보듯이 선종의 제2조인 혜가, 우두종을 개창한 법융, 선종의 제4조인 도신의 제자가 된 선복, 제5조인 홍인의 제자 법여 등 선종 성립기의 선승들은 삼론가와 교류하고 삼론학을 숙지했던 인물들이었다. 또 우두 법융의 '민절무기' 사상이나 보리달마의 '무득정관' 사상에서 보듯이 초기 선종의 사상적 기조는 반야중관의 삼론학과 다를 게 없었다. 또 스즈키테츠오(鈴木哲雄)가 지적하듯이 초기선종은 반야공관과 불성사상을 중시했으며, 모든 경론을 평등하게 보았다는 점에서 삼론종과 공통된다.19) 일반적으로 중국불교 사상사에서 삼론학파는 천태의 등장으로 인해서 종파를 이루지 못하고 사라졌다고 하지만, 히라이슌에이의 통찰과 같이 선종 속에 발전적으로 녹아들어 갔던 것이다.20)

---

15) 吉藏,『三論玄義』(『大正藏』45, p.10c), "通論大小乘經 同明一道 故以無得正觀 爲宗 但小乘敎者正觀猶遠 故就四諦敎爲宗 大乘正明正觀 故諸大乘經同以不二正觀爲宗"
16) 道宣,『續高僧傳』(『大正藏』50, p.603a).
17) 鈴木哲雄,「初期禪宗と三論」, 平井俊榮 監修,『三論敎學の硏究』(東京: 春秋社, 1990), p.430.
18) 道宣,『續高僧傳』(『大正藏』50, p.606c).
19) 鈴木哲雄,「初期禪宗と三論」, 平井俊榮 監修,『三論敎學の硏究』(東京:春秋社, 1990), p.426.
20) 平井俊榮,『中國般若思想史硏究』(東京: 春秋社, 1976, p.278).

Ⅱ. 반야중관으로 풀어 본 선사들의 언행

선을 '언어와 문자를 초월한 종교'라고 말하지만, 간화선의 경우 역설적이게도 수행의 전 과정이 언어와 연관되어 있다. 스승에게서 화두를 받은 후, 화두를 참구하며 수행하고, 선문답과 법거량으로 수행의 경지를 점검하고, 견성 후에는 오도송을 짓는다. 수행의 도구도 언어이고, 수행의 점검도 언어에 의해 이루어지며, 수행의 결과도 언어로 표현한다. 선은 '언어의 종교'다. 선의 이런 모든 언어들은 방대한 '선장(禪藏)'으로 편집되어 전해온다.

앞에서 보았듯이 선종의 형성기에 반야중관학, 삼론학이 큰 영향을 끼쳤다. 그러나 선장 가운데 『종경록』을 제외한 다른 문헌에서 『중론』이나 『백론』, 『십이문론』, 『대지도론』 등 중관학 관련 문헌을 직접 거론하는 경우는 그리 많지 않으며 중관학의 창시자인 용수에 대해서도 서천의 28조 가운데 하나로 거론하기는 해도 그 사상과 관련하여 거명하는 경우는 거의 없다. 또 길장이나 법랑, 승전 등 신삼론의 이론가나 이들의 사상을 언급하는 곳은 더더욱 드물다.[21] 선종은 삼론학, 즉 반야중관학의 토대 위에서 성립했지만, 그 문헌이나 인물이 아니라 그 방식을 계승했던 것이다. 다시 말해 반야중관학의 가르침을 체화(體化)한 후 말과 행동을 통해서 현실 속에서 이를 그대로 구현한 인물들이 선승들이었다. 예를 들어 보자.

1. 삼중이제 - 진제를 지향하는 변증적 파기

삼론학 이론 가운데 삼중이제설에서는 진제와 속제의 이제에 대한 이해를 3단계로 구분한다. 일반 범부들은 모든 것이 실재한다고 생각할 뿐 공하다는

---

21) 다만 古三論의 僧肇를 거명하거나 그의 저술인 『肇論』을 인용하는 문헌들은 적지 않게 보인다.

점을 모른다. 그러나 성인들은 모든 법에 실체가 없으며 공하다는 사실을 안다. 그래서 속제만 아는 범부로 하여금 진제를 알아 성인이 되게 하기 위해서 '유(有)'는 속제이고, '무(無)'가 진제라는 제1단계의 이제설을 가르친다. '유'가 속제이고 이를 타파하는 '무'가 진제인 '제1중 이제'다. 그러나 이는 진리에 대한 완벽한 통찰이 아니다. '유'와 '무'를 구분하는 이분법(二分法)의 조망일 뿐이다. 상주(常住)와 무상(無常), 생사와 열반을 분별하는 이승(二乘)의 조망이다. '유'를 버리고 '무'를 추구하는 성문(聲聞)과 연각(緣覺)의 조망으로 결국 공견(空見)의 구덩이(坑)에 빠지고 만다. 그 때 이를 타파하기 위해서 제2단계의 이제설이 제시된다. '유'와 '무' 모두를 속제로 격하시키고, 이 모두를 타파하는 '비유비무'를 진제로 제시하는 '제2중 이제'다. 이는 중도(中道)이기도 하고 제일의제(第一義諦)이기도 하다. 이런 통찰이 생길 때 범부의 '유'와 이승의 '무' 모두에 대해서 집착하지 않기에 '범부와 성인', '생사와 열반'의 구별을 넘어선 보살행에 들어선다. 소승인 성문과 연각의 이승을 넘어서 대승 보살을 지향하는 이제설이 바로 '제2중 이제'인 것이다. 그런데 이승을 넘어선 보살행을 하더라도 그에 대해서 집착할 경우 진정한 보살이 아니다. 이런 보살을 '유득(有得)의 보살', 즉 '유소득(有所得)의 보살'이라고 부른다. 유소득이란 '무소득(無所得)'의 반대말로 "집착을 갖는다."는 뜻이다. '보살행에 집착하는 유득의 보살'은 "범부는 유에 집착하고 이승은 무에 집착한다. 범부는 생사의 세계에 빠져 있고 이승은 열반에 집착한다. 나는 모든 존재가 유도 아니고 무도 아니며 생사도 아니고 열반도 아님을 이해하였다."고 말한다. 이를 타파하기 위해서 '유와 무'나 '유와 무를 모두 부정한 비유비무', '생사와 열반'이나 '생사와 열반 모두를 부정한 비생사 비열반' 모두를 속제로 격하시키고, '진속도 아니고 생사열반도 아니며, 진속이 아닌 것도 아니고, 생사열반이 아닌 것도 아님'을 제일의제로 제시한다. 제3 단계의 이제, '제3중 이제'다. 요컨대 '유와 무', '진과 속', '생사와 열반'을 구분하는 것이나 '유와 무의 구분을 떠난 것', '진과 속의 구분을 떠난 것', '생사와 열반의 구분을 떠난 것' 모두 속제일 뿐이다. 길장은 '이분법과 이분법에서 벗어남'을 함께 묶어서 '이불이(二不二)'라고 표현한다. '이(二)와 불이(不二)' 모두 속제이고 '이분법에서도 벗어나고(非二) 이분법에서 벗어남조차 벗어남(非不二)', 즉 '비이비불이(非二非不二)'가 진제다.[22] 이런 과정을 표로 정리하면 다음과 같다.

제1중 이제	속제	진제		
	유	무		

제2중 이제	속제		진제	
	유	무	비유비무	

제3중 이제	속제			진제
	유	무	비유비무	비이 비불이(非二 非不二)

삼중이제설

이렇게 속제인 유에 대한 범부의 집착을 진제에 대한 무득(無得)의 통찰로 향상시키는 3단계의 과정을 '변증적 파기'라고 명명할 수 있을 것이다. 그런데 우리는 선어록의 곳곳에서 '변증적 파기'의 방식으로 진제를 구현해내는 모습을 발견할 수 있다.

마조(馬祖: 709-788)는 대매(大梅) 법상(法常: 752-839)이 처음 참문할 때 부처의 정체에 대해 묻자 "마음이 그대로 부처입니다."라고 답한 적이 있는데,[23] 나중에 다른 스님이 그렇게 대답한 까닭에 대해 질문하자 '변증적 파기'의 과정을 보이면서 문답을 벌인다.

---

22) 이상 三種二諦說에 대한 설명은 '吉藏, 『二諦義』(『大正藏』45, pp.90c-91a)'에 근거한다.
23) 『江西馬祖道一禪師語錄』(『新纂藏』69, p.4a).

물음: 화상께서는 어째서 마음이 그대로 부처라고 설하셨습니까?
답변: 어린 아이의 울음을 그치기 위한 것이니라.
물음: 울음을 그치면 어떻게 하시겠습니까?
답변: 마음이랄 것도 없고 부처랄 것도 없다.
물음: 이런 두 종류의 사람 말고 다른 사람이 오면 어떻게 가르치시겠습니까?
답변: 그를 향해서 "본래 중생이랄 것이 없다."라고 말하겠소.
물음: 갑자기 바로 그런 사람을 만나게 되면 어떻게 하시겠습니까?
답변: 그를 가르쳐서 대도를 체득하게 해주겠소.[24)]

　삼론학의 삼중이제설에서 진제가 '무'에서, '비유비무', '비이비불이'로 계속 탈바꿈하면서 변증적으로 향상하듯이, 여기 인용한 마조의 대답에서도 부처의 정체를 묻는 질문에 대해서 "마음이 그대로 부처다."라고 가르쳤다가, 이를 파기하고 "마음이랄 것도 없고 부처랄 것도 없다."라고 가르쳤다가, 다시 이를 파기하고 "본래 중생이랄 것도 없다."고 가르쳤다가, 궁극에는 "대도를 체득하게 해 주겠다."고 가르친다. 앞의 답변을 버리고 새로운 답변을 제시한다. 끊임없이 파기하는 변증적 과정이다. 마조의 증손 제자인 임제(臨濟) 의현(義玄: ?-867)을 보자.

　임제 스님이 법좌에 올라 말씀하셨다. "붉은 고기 덩어리에 무위진인(無位眞人)이 하나 있어서 언제나 너희들의 이목구비에서 들락날락거린다. 이를 목도하지 못한 놈들은 봐라, 봐라!" 그 때에 한 스님이 나와서 여쭈었다. "무위진인이란 무엇입니까?" 임제 스님은 법좌에서 내려와 멱살을 잡고 말했다. "말해봐라! 말해봐라?" 그 스님이 머뭇거리며 무언가 말하려 하자 임제 스님은 밀쳐버리면서 다음과 같이 말했다. "무위진인이란 게 무슨 '마른 똥 막대기'냐?" 그리곤 곧 방장실로 돌아갔다.[25)]

24) 『江西馬祖道一禪師語錄』(『新纂藏』69, p.4c).
25) 『臨濟慧照玄公大宗師語錄』(『大正藏』47, p.496c).

무위진인이란, '무차별한 참사람' 또는 '평등한 참사람'이란 뜻이다. 여기서 임제는 먼저 무위진인의 존재를 긍정하면서 좌중을 향해 이를 추궁한다. 그러나 법문의 말미에는 "무위진인이란 게 무슨 '마른 똥 막대기'냐?"면서 자신의 말을 번복한다. 마치 삼론학의 3중이제설 가운데 제1중 이제에서 진제를 '무'로 표현했다가, 제2중 이제에서는 이를 번복하면서 유는 물론이고 무 역시 모두 속제로 격하시키고 유와 무 모두를 부정한 비유비무를 새로운 진제로 제시하듯이, 임제는 스스로 제시했던 무위진인의 존재를 스스로 파기한다. 진제를 지향하는 변증적 파기다.

2. 공의 의미와 마조의 도불용수(道不用修)

중관학의 창시자인 용수의 저술 가운데 대표적인 것 두 가지를 꼽으라면 『중론』과 『회쟁론』을 들 수 있다. 『중론』이 공의 의미에 대해 구명하는 논서라면 『회쟁론』은 공에 대한 오해를 바로잡는 저술이다. 『반야경』의 공사상에 근거하여 아비달마 불교도나 외도들의 실체적인 사고를 비판하는 『중론』의 방식이 널리 알려진 후, 논적은 『중론』의 방식을 이용하여 거꾸로 공사상을 비판한다. 『회쟁론』 서두에서 논적은 "만일 '모든 사물들의 자성이 그 어디든 존재하지 않는다면, 자성을 갖지 않는 그대의 말은 자성을 부정할 수 없다."고 말하며 용수의 공사상에 대해서 비판의 포문을 연다. 『회쟁론』은 총 71수의 게송으로 이루어져 있는데, 서두의 20수의 게송은 논적의 이러한 비판들이고 나머지 50수에서 용수는 그 하나하나에 대해서 반박하며 해명한다. 그리고 마지막 한 수는 부처님에 대해 존경을 바치는 귀경송(歸敬頌)이다. 논적은 제11송에서 사물의 자성, 즉 실체를 부정하는 공사상에 대해 다음과 같이 비판한다.

[항아리가 원래] 존재하기 때문에 "항아리가 집에 없다."는 이런 부정이 목도 되는 것이므로, 그러므로 그대의 이런 부정은 존재하는 자성에 대한 것이다.26)

　공사상에서는 "사물에 실체가 없다."거나 "사물에 자성이 없다."고 말하면서 '실체'나 '자성'을 부정하지만, 그런 부정이 가능하려면 '자성'이나 '실체'가 원래 존재했어야 한다는 비판이다. 예를 들어 누군가가 "항아리가 집에 없다."고 항아리의 존재를 부정하는 경우, 항아리가 원래 존재했어야 하듯이 ……. 그러나 이는 공사상에 대한 오해에서 비롯한 잘못된 비판이다. 제64송의 주석에서 용수는 논적의 비판에 대해 반박하면서 공의 의미에 대해서 다음과 같이 설명한다.

　　집에 데와닷따가 존재하지 않는 상황에서 "집에 데와닷따가 있다."고 누군가가 말할 수 있다. 그런 상황에서 [다른] 누군가가 "그(=데와닷따)가 [집에] 없다."고 반박할 수 있다. 그 말은 데와닷따의 부재(不在)를 지어내는 것이 아니라, 단지 집에 데와닷따가 존재하지 않는다는 사실을 알려줄 뿐이다. 그와 같이, "사물들에 자성이 없다."는 이 말은 '사물들의 무자성(無自性)함'을 지어내는 것이 아니라, 자성의 부재를 알려준다.27)

　"모든 것은 공하다."거나 "모든 것에 자성이 없다."는 말은 '모든 것'에 대해서 '공'의 허울을 덧씌우거나 '자성 없음'을 만들어내는 것이 아니다. 원래 모든 것에 자성이 없는데, 어리석은 사람들이 자성이 있다고 착각을 하기에, 그런 착각을 시정하기 위해서 발화되는 말이다. 이것이 공사상의 진정한 의미다. 『반야심경』의 '색즉시공 공즉시색'이라는 경문에서 '색즉시공'이 사물의 공성을 천명하는 문구라면, '공즉시색'은 공에 대한 오해를 시정하는 경

26) 龍樹, 김성철 역, 『梵藏漢 對譯 廻諍論』(서울: 경서원, 1999), p.72.
27) 龍樹, 김성철 역, 『梵藏漢 對譯 廻諍論』(서울: 경서원, 1999), pp.279-280.

구다. '색즉시공'이라는 말을 듣고서 공이란 것이 별도로 실재한다고 착각할 때, 이를 시정하기 위해서 '공즉시색'이라고 가르치는 것이다. 『중론』이 색즉시공을 가르치는 논서라면, 『회쟁론』에는 공즉시색의 가르침이 실려 있다. 공이란 사물에 덧씌워지는 제2의 통찰이 아니다. 사물에 덧씌워진 자성의 착각을 세척하는 도구다. 우리가 체험하는 모든 사물의 진상이다. 원래 아무 문제도 없고, 원래 아무 것도 없다. 그럼에도 불구하고, '색'이라는 존재가 실재한다고 착각하기에 그런 착각을 시정하기 위해서 '색즉시공'이라고 가르치며, 색즉시공의 가르침 이후에 공이 실재한다는 제2의 착각을 예방하기 위해서 '공즉시색'을 토로하는 것이다.[28] 이것이 공의 진정한 의미다.

공성의 체득은 불교수행의 목표가 된다. 그런데 여느 목표와 달리 쌓고 지어서 이룩되는 것이 아니라 허물고 지워서 발견한다. 집에 데와닷따가 없는데도 '있다는 착각'을 가질 경우 그런 착각을 제거하기 위해서 "집에 데와닷따가 없다."고 말한다. 착각을 지우고 분별을 허무는 것. 이것이 공성이다. 더 바람직한 것은 분별을 내지 않고 착각을 하지 않는 것. 이것이 공성이고 해탈이고 열반이고 깨달음이다.

그런데 우리는 이러한 『회쟁론』의 방식을 선어록 도처에서 발견할 수 있다. 선승들은 이것을 '도(道)'라고 표현한다. 도에 대한 마조의 설명을 인용해 보자.

> 도는 닦아서 이루어지는 것이 아니다. 다만 오염을 막을 뿐이다. 무엇이 오염인가? 다만 생사의 마음을 갖고서 지어내고 무언가 하려고 한다면 이 모두 오염인 것이다. 만일 그런 도를 직접 알고자 한다면, 평상심이 도[라고 답하겠]다. 말하자면 평상심은 조작도 없고 '옳음이나 그름'도 없고 '취함이나 버림'도 없고 '끊어짐이나 이어짐'도 없고 범부도 없고 성인도 없다. 경에서는 '범

---

28) 圓測, 『佛說般若波羅蜜多心經贊』(『大正藏』33, p.545c), "隨情所執根境等色不異所執本無之空 是故說為色即是空 本無之空隨情即有故言空即是色"

부의 행도 아니고, 현인과 성자의 행도 아닌 것이 보살행이다.'라고 말한다.
다만 지금 가고 머물고 앉고 눕는 것과 마찬가지로 상황에 응하고 사물을 접
하는 것이 모두 도(道)다.[29]

도는 닦아서 이루어지지 않는다. 지금 이곳의 평상심이 바로 도인데 이분
법적인 분별이 도를 오염시킨다. 도란 닦는 것이 아니라 막는 것이다. 이런
마조의 가르침을 위에 인용한 『회쟁론』의 설명과 대응시키면, '도'는 '무자
성' 또는 '빈 집'을 의미하며, '오염'은 '자성이 있다는 착각' 또는 '집에 데와
닷따가 있다는 착각'에 해당한다. 원래 집이 비어 있는데, 누군가가 "데와닷
따가 집에 있다."고 착각할 경우, 진상을 아는 사람이 이런 착각을 시정하기
위해서 "데와닷따가 집에 없다."고 가르친다. 이와 마찬가지로 원래의 마음,
본래의 마음인 평상심에는 아무 문제가 없는데, 이분법적인 분별로 오염되려
고 할 때 이를 막는 것이 도를 체득하는 방법이다. 도는 조작하여 얻는 것이
아니다. 본래심(本來心)의 자각일 뿐이다. 마조가 피력한 '도불용수(道不用
修)'의 가르침이다. 승찬(僧璨)의 『신심명』에서도 "지극한 도는 어렵지 않다.
간택함만 멀리하면 된다."라고 말한다. 『반야심경』의 '공즉시색'의 경구와 『
회쟁론』의 "데와닷따는 집에 없다."는 표현의 응병여약적 성격 모두 이러한
불수부증(不修不證)의 오도론(悟道論)과 '한 맛(一味)'이다.[30]

---

29) 『景德傳燈錄』(『大正藏』51, p.440a).
30) 비단 반야중관 사상뿐만 아니라, 아비달마 교학에서도 우리는 '不修不證의 悟道
論'을 찾을 수 있다. 『俱舍論』에서는 인과관계를 설명하면서 원인에 해당하는 것으
로 能作因, 俱有因, 同流因, 相應因, 遍行因, 異熟因의 여섯을 들고 결과에 해당하
는 것으로 增上果, 士用果, 等流果, 異熟果, 離繫果의 다섯을 든다. 전자를 六因,
후자를 五果라고 부른다. 오과 가운데 하나인 이계과는 '열반의 果'를 의미하는데,
다른 네 가지 果는 모두 六因 가운데 어느 하나의 원인과 대응하지만, 이계과만은
원인을 갖지 않는다. '모든 속박[繫]'에서 '벗어난[離]' 열반은 어떤 원인으로 인해
서, 즉 조건이 모여 만들어지는 것이 아닌, 무위법이기 때문이다. 『阿毘達磨俱舍論
』(『大正藏』29, p.33c). "깨달음은 조작을 통해서 얻어지는 것이 아니"라는 선승들
의 통찰은 반야중관에 기원을 두지만 멀리는 아비달마 교학의 修證論과도 '한 맛(一

3. 이내이제(理內二諦) - "손가락이 달이다."

혼히 불교의 '깨달음'을 달에 비유하고, '가르침'을 달을 가리키는 손가락에 비유한다. 손가락은 달을 가리키는 도구일 뿐 목표가 아니다. 마치 장자가 말한 '물고기를 잡는 통발'과 같고, 비트겐슈타인(Wittgenstein)이 비유한 '지붕에 오를 때 쓰는 사다리'와 같다. 불전의 언어는 뗏목에 비유되고, 그런 언어의 궁극적 목표는 피안의 열반이다.

그러나 선어록에 실린 선승들의 '파격적인 언어와 행동' 대부분은 뗏목이나 통발, 사다리나 손가락과 같은 도구가 아니다. 선승의 언행은 그대로 달이고, 피안이다. 그대로가 목적이다. 선이 '언어의 종교'이면서, 종교성의 극을 달리는 이유가 이에 있다. 임제의 할(喝), 덕산의 방(棒), 조주의 구자무불성(狗子無佛性)이나 정전백수자(庭前栢樹子)와 끽다거(喫茶去), 마조의 평상심시도(平常心是道) 모두 이분법을 초월한 파격의 행동이고 중도를 시현하는 파사현정의 언어였다. 그들의 언행 모두 진리를 시현하는 달이었고, 후학들이 완미하는 선어록은 달을 가리키는 손가락이다.

일반적으로 진리를 달에 비유하고 가르침을 달을 가리키는 손가락에 비유한다. 그러나 가르침과 진리를 구분하는 것 역시, '색즉시공 공즉시색'의 진상을 모르고 '색'과 '공'을 다르다고 분별하는 것과 마찬가지로 이분법적인 분별일 뿐이다. 그 어떤 가르침이라고 하더라도 모두 공성인 진리 속에 있다. 이런 통찰을 이내이제(理內二諦)라고 부른다. "이법(理法) 속에 교법(教法)인 이제가 들어있다."는 통찰이다. 이내이제설을 창안한 인물은 고구려 승랑이었다. 혜균은 『대승사론현의』에서 다음과 같이 말한다.

이법(理法) 밖에서 마음이 움직이면 외도(外道)이고 이법 안에서 마음이 움직

味)'이다.

이면 내도(內道)³¹)이다. 이법에 의지하는 자는 이법 안에서 마음이 움직이고,
이법에서 어긋난 자는 이법 밖에서 마음이 움직인다. 그런데 이내와 이외의
이치는 그에 해당하는 출전(出典)이 없지만 섭령(攝嶺)의 스님은 언제나 이내
(理內)와 이외(理外)의 이치를 말씀하셨다.³²)

불교도의 경우 그 마음이 모두 진리인 이법 속에서 작용하는 반면, 외도의
경우 일거수일투족이 진리와 무관하다. 그리고 이런 이치는 불전에서 유래한
것이 아니라 '섭령의 스님', 즉 승랑의 창안이라는 것이다. 길장 역시 같은
맥락에서 다음과 같이 설명한다.

> 산중과 흥황 화상은 "섭령(攝嶺)의 대랑(大朗) 스님께서는 '이제는 교법이다.'
> 라고 말했으며, 또 '오안(五眼)은 이법의 바깥[理外]에서 중생이나 일체의 법
> 을 보지 않는다.'고 말했다."고 기술한다. 여기서 [이법의 바깥이라고 말한 것
> 은] '이제의 바깥', '이제에 포함되지 않음'을 의미한다.³³) 이법 내에 이제가
> 완연히 존재하는데, 대사의 사상을 이해하지 못하고서 '이법의 안[理內]'과
> '이법의 바깥'이 다르다고 집착한다.³⁴)

여기서 '산중'은 승전이고, '흥황'은 법랑이며 '섭령의 대랑 스님'은 승랑인
데, 길장은 승전과 법랑이 전한 승랑의 이내이제설을 소개한다. 진속의 이제
는 교법이며 '범부의 육안(肉眼), 천신의 천안(天眼), 이승(二乘)의 혜안(慧
眼), 보살의 법안(法眼), 부처의 불안(佛眼)'³⁵)의 오안(五眼)으로 보아도 중

---

31) 불교도.
32) 慧均, 『大乘四論玄義』(『新纂藏』46, p.612b).
33) 이는 '吉藏, 『淨名玄論』(『大正藏』38, p.893a)'의 다음과 같은 구절을 참조한 번
    역이다: "묻는다. 이런 五句가 불가득임을 고찰하는 것은 진제로서의 無에 의한 것
    아닌가? 답한다. 여기서 無라는 것은 '二諦라는 두 가지 [모두의] 바깥에 없다는
    의미이다. 이제에 포함되지 않기 때문이다(問 考察 此五句不可得為是眞諦之無以
    不 答 此無 是 二諦二部外無 二諦不攝故)."
34) 吉藏, 『大乘玄論』(『大正藏』45, p.22c).
35) 吉藏, 『金剛般若疏』(『大正藏』33, p.120a).

생이든 가르침(法)이든 모든 존재는 이법 내에 있다. 진속의 이제(二諦) 역시
이와 마찬가지로 이법 내에 완연히 존재한다. 이법은 진리로 '공(空)'을 의미
한다. 모든 존재는 공성 속에 있다. 공하지 않은 존재는 아무것도 없다. 진속
이제의 가르침 역시 이법인 공성 속에서 작용한다. 승랑의 '이내이제설'이다.
『반야심경』에서는 "색이 공과 다르지 않고, 공이 색과 다르지 않으며, 색이
바로 공이고 공이 바로 색이다."라면서 '색'과 '공'의 무애를 노래한 다음에
"수, 상, 행, 식도 역시 이와 마찬가지다."라고 쓰고 있다. 요컨대 색, 수, 상,
행, 식의 일체가 다 공하다는 것이다. 따라서 진속이제의 교법 역시 공하지
않을 수 없으며, 이런 통찰을 경구로 만들면 '교불이공(教不異空) 공불이교
(空不異教) 교즉시공(教即是空) 공즉시교(空即是教)'라고 쓸 수 있을 것이
다. 또 모든 행동 역시 공성의 바탕 위에서 이루어지기에 '행즉시공(行即是
空) 공즉시행(空即是行)'이다.

그 어떤 것도 연기(緣起)하지 않은 것이 없다. 연기한 것이기에 모든 것은
공(空)하다. 따라서 선승들의 말과 행동은, 그 어떤 것이든 모두 공성을 가르
치는 언행일 수 있다. 선승들의 언행이 손가락이고, 이를 통해 달과 같은 공
성의 진리를 체득하는 것이 아니다. 선승들의 언행 그대로가 진리다. 손가락
이 그대로 달이다. 언행이 그대로 공성이다. 선승들의 파격적인 언행 그대로
가 '공성의 시현(示顯)'이다. "진제와 속제의 모든 가르침은 진리 속에서 이
루어진다."는 이내이제설(理內二諦說)과 '한 맛'이다.

4. 중도불성의 구현 - 딜레마와 중화작용

선사들은 교화대상을 이럴 수도 저럴 수도 없는 딜레마에 빠뜨린다. 앞에
서 마조의 '도불용수' 사상에 대해서 소개한 바 있다. "깨달음이란 닦아서 되
는 것이 아니라 다만 오염만 막으면 된다."는 가르침이다. 이는 조작적 수행

을 통해서 무언가 이루고 말겠다는 각오를 한 수행승들을 위한 가르침일 뿐이다. 이 가르침을 곧이곧대로 신봉하여 수행을 하지 않을 경우 범부와 다를게 없어진다. 그래서 다른 곳에서 마조는 다음과 같이 말한다.

> 어느 스님이 물었다. "어떻게 도를 닦습니까?" 마조 스님은 다음과 같이 말씀하셨다. "도는 수행에 속하는 것이 아닙니다. 만일 수행을 해서 얻는다고 하면, 수행을 해서 이루어진 것은 다시 무너지고 말기에 [소승의] 성문이나 마찬가지가 됩니다. [그렇다고 해서] 닦지 않는다면 범부와 같아집니다."36)

앞에서는 분명히 "도는 닦아서 이루어지는 것이 아니다."라고 했는데, 그렇다고 해서 닦지 않을 수도 없다. 수행을 하지 않으면 일반 범부와 다를 게 없기 때문이다. 도를 닦아서 얻으려 해서도 안 되지만, 그렇다고 해서 닦지 않을 수도 없다. 이럴 수도 없고 저럴 수도 없는 딜레마다. 양변(兩邊)을 격파하는 중도의 궁지다.

위에 인용한 설법에서 마조는 양 극단을 모두 드러내면서 교화대상의 마음을 중도로 몰고 가지만 선문답의 현장, 법거량의 현장에서 선승들은 독특한 언행을 통해 상대의 편견을 중화시킨다. "개에게도 불성이 있느냐?"는 물음에 대한 조주의 "무!"라는 대답은 '상대의 생각을 중화시키는 작용'이었다. '개'와 '불성'과 '있음'이라는 분별을 타파하는 '작용'이었다. "부처란 어떤 분이냐?"는 물음에 대한 동산 양개의 "마삼근!"이라는 대답 역시 중화작용이며, "뜰 앞의 잣(측백)나무!"나 "마른 똥 막대기!"는 물론이고 임제의 "악!"하는 고함(喝)이나 덕산의 '몽둥이질' 모두 '이분법적인 분별의 병'을 타파하는 '중화제'였다. 선승들의 이와 같은 교화방식은 가까이는 육조 혜능(慧能: 638-713)의 사상, 멀리는 삼론학의 중도불성론(中道佛性論)에 기원을 둔다.

---

36) 『江西馬祖道一禪師語錄』(『新纂藏』69, p.2c).

혜능은 다음과 같이 말한다.

> 유(有)를 물으면 무(無)로 대답해야 하며 무를 물으면 유로 대답해야 한다. 범부(凡夫)에 대해 물으면 성인(聖人)으로 대답하고 성인에 대해 물으면 범부로 대답하라. 두 가지 길이 서로 의존하여 중도의 뜻을 생한다.37)

『열반경』에서 가르치듯이 일체의 중생에게 불성이 있기에 개에게도 불성이 있을 것이다. 개에게도 불성이 있다(有)는 대답을 기대하고서 조주 스님에게 물었다. 그러나 조주는 없다(無)고 대답한다. 기대와 다른 대답이다. 다름을 떠나서 상반된 대답이다. 혜능이 "유를 물으면 무로 대답해야 한다."고 가르친 대로, 불성이 있다는 대답을 원했는데 없다고 답한다. 조주의 답을 통해서 '유의 극단'에 치우쳤던 질문자의 생각이 중화된다.

승랑의 증손제자로 삼론학을 집대성한 길장은 당시에 중국 불교계에 퍼져있던 열한 가지 불성론을 소개하면서38) 그 모두를 비판한 다음에, 불성이란 중도라고 규정한 후 중도불성론에 대해서 다음과 같이 설명한다.

> …… 묻는다. "[이상과 같이] 다른 이론을 논파한 내용은 그럴 듯하다. [그러면] 이쪽에서는 무엇을 정인(正因)으로 삼는가?" 답한다. "일단 다른 이론을 상대할 때에는 그런 이론 그대로 뒤집을 필요가 있다. 그들 모두가 '유'를 말하면 이쪽에서는 모두 '무'를 말한다. 그가 '중생'을 정인으로 삼으면, 이쪽에서는 '중생이 아님[非衆生]'을 정인으로 삼고, 그가 육법(六法)을 정인으로 삼으면 이쪽에서는 '육법이 아님[非六法]'을 정인으로 삼는다. 더 나아가 그가 '진제'를 정인으로 삼으면 이쪽에서는 '진제가 아님[非眞諦]'을 정인으로 삼는

---

37) 『六祖大師法寶壇經』(『大正藏』48, p.360c).
38) 이를 열거하면 다음과 같다.: ①중생 ②육법(六法: 五陰과 人) ③마음(心) ④그윽하게 이어지며 쇠락하지 않음(冥傳不朽) ⑤괴로움을 피하고 즐거움을 추구함(避苦求樂) ⑥참된 영혼(眞神) ⑦아리야식 자성청정심(阿梨耶識 自性淸淨心) ⑧앞으로 이룰 불과(當果) ⑨부처가 된다는 이치(得佛之理) ⑩진제(眞諦) ⑪제일의공(第一義空). 『大乘玄論』(『大正藏』45, pp.35b-c).

다. 만일 '속제'를 정인으로 삼으면 이쪽에서는 '속제가 아님[非俗諦]'을 정인
으로 삼는다. 그래서 '비진비속의 중도'가 정인(正因)인 불성인 것이다. 약으
로 병을 치료하고자 하는 경우는 이렇게 설할 필요가 있다.[39]

누군가가 '유'를 말하면 그에 대한 부정인 '무'를 말함으로써 불성을 드러
낸다는 것이다. 예를 들어서 '중생'이 불성이라고 주장하는 사람이 있으면 그
에 대해서 '중생 아님'이 성불의 정인인 불성이라고 말하면서 그의 주장을
비판하고, 다른 누군가가 '진제'를 불성이라고 주장하면 '진제가 아님'이 불
성이라고 말하면서 그의 주장을 비판함으로써 중도불성을 드러낸다는 설명
이다. '비유비무(非有非無)'나 '비진비속(非眞非俗)'과 같은 '중도의 개념'을
제시하는 것이 아니라 상대방의 치우친 생각을 비판하는 '중화작용'을 통해
서 불성을 체득케 한다. 이는 앞에 인용했던 혜능의 설명과 다르지 않으며
선승들의 파격적 언행과 맥을 같이 한다.

Ⅲ. 간화선 수행의 중도적 성격

선사들의 법어와 문답은 그 제자들에 의해서 어록으로 편집되어 후대 선
승들의 수행 지침서로 사용되었다. 일반적으로 송의 대혜(大慧) 종고(宗杲:
1089-1163)가 오조(五祖) 법연(法演: 1024-1104)의 가르침에 근거하여 간
화선을 창안한 것으로 보지만, 더 멀리는 황벽(黃蘗) 희운(希運: 850경 활동)
에게서 그 시원을 찾을 수 있다.[40] 황벽이 완릉에서 당의 관리 배휴(裴休:
791-870)를 위해서 베푼 가르침을 모은 『황벽단제선사완릉록(黃蘗斷際禪

---

39) 吉藏, 『大乘玄論』(『大正藏』45, p.37a).
40) 憨山 德淸(1546-1623) 역시 看話의 기원이 黃蘗에게 있다고 말한다. 『憨山老人
夢遊集』(『新纂續』73, p.499a).

師宛陵錄)』에서는 '무자 공안' 참구에 대해서 다음과 같이 설명한다.

> 대장부라면 공안을 봐야 하느니라. 어떤 스님이 조주에게 물었다. "개에게도 불성이 있습니까?" 조주는 "무(無)!"라고 답했다. 다만 하루 종일 '무'자만을 봐라. 낮에도 참구하고 밤에도 참구하며 가든 서든 앉든 눕든, 옷을 입거나 밥 먹는 곳에서든, 똥 싸는 곳이나 오줌 싸는 곳에서든, 온 마음과 온 정성을 기울여 '무'자를 지켜라. 날이 흐르고 달이 깊어서 한 번 타파하면 갑자기 마음의 꽃이 피어나 부처님과 조사의 기틀을 깨닫게 되느니라.[41]

하루 종일 무엇을 하든 온 마음과 온 정성을 기울여 '무'자만을 보면 궁극에는 부처님과 조사의 기틀을 깨닫게 된다는 것이다. '무자 화두'에 대한 황벽의 법문 이후 200여 년의 세월이 지나서 오조 법연은 무자 화두를 들 때의 마음가짐에 대해서 다음과 같이 조언한다.

> 한 스님이 조주에게 물었다. "개에게도 불성이 있습니까 없습니까?" 조주는 "무(無)!"라고 답했다. 그 스님은 "일체 중생에게 불성이 있는데 어째서 개에게는 없는 것입니까?"라고 말했다. 조주는 "그 놈에게는 [불성이 아니라] 업식(業識)이 있느니라."라고 말했다. [오조 법연] 스님께서는 다음과 같이 말씀하셨다. "대중 여러분은 평소에 어떻게 [수행]하려고 하는가? 노승은 평소에 다만 그냥 '무'자만 든다. 여러분이 만일 이 한 글자를 뛰어넘으면 천하의 그 누구라도 여러분을 어떻게 할 수 없을 것이다. 여러분은 어떻게 뛰어넘을 것인가? 뛰어넘어서 끝장을 본 사람이 있는가? 있으면 나와서 말해 보거라. 나는 여러분이 '유(有)'라고 말하는 것을 바라지도 않고 여러분이 '무(無)'라고 말하는 것을 바라지도 않으며 여러분이 '불유불무(不有不無)'라고 말하는 것도 바라지 않는다. 여러분은 어떻게 말하겠는가? 소중하게 여겨라.[42]

---

41) 『黃檗斷際禪師宛陵錄』(『大正藏』48, p.387b).
42) 『法演禪師語錄』(『大正藏』47, p.665b-c).

앞의 지침은 황벽 희운의 말과 크게 다를 게 없지만, 이에 덧붙여 무자 화두를 뛰어넘어서 끝장을 본 사람은 '유'라든지 '무'라든지 '불유불무'라고 말해서는 안 된다는 지침을 제시한다는 점에서 독특하다. 유, 무, 불유불무는 '유와 무'를 조합하여 만들어지는 '유, 무, 역유역무, 비유비무'의 총4구 가운데 제1, 2, 4구에 해당하는데, 요컨대 '무'자 화두를 들 때 그 생각이 총4구의 어느 한쪽으로 치우치면 안 된다는 것이다. 이래도 안 되고 저래도 안 되는 '딜레마의 외줄타기'로 '무'자 화두를 들라는 것이다. 양 극단을 배격하는 철저한 중도관이다. 간화선을 정비하여 널리 보급한 대혜 종고는 오조 법연의 가르침을 그대로 계승하여 '무'자 화두에 대해서 다음과 같이 설명한다.

> 한 스님이 조주에게 물었다. "개에게는 불성이 있습니까, 없습니까?" 조주는 "무(無)"라고 말했다. 이 한 글자야말로 갖가지 잘못된 앎과 잘못된 깨달음을 격파하는 무기다. "유"라든지 "무"라는 생각을 내도 안 되고 이치를 따져서도 안 된다.[43]

'무'자 화두를 들 때 '유'나 '무'의 양변(兩邊)에 빠져선 안 된다는 것이다. '무'자 화두를 간(看)할 때 그 마음을 중도에 두어야 한다는 점에서 오조 법연과 그 손제자 대혜 종고의 견해는 일치하였다.

불교 수행에서 삼매와 선은 다르다. 삼매는 집중일 뿐이다. 삼매에 지혜가 수반되어야 선 수행이다. 다시 말해 정혜쌍수(定慧雙修), 지관쌍운(止觀雙運)이 되어야 선이다. 석가모니 부처님의 성도 과정에서 보듯이 불교의 깨달음은 삼매가 아니라 선에서 열린다. 싯다르타 태자는 알라라깔라마에게서 배운 무소유(無所有)삼매와 웃다까라마뿟따에게서 배운 비상비비상(非想非非想)삼매를 모두 버리고 보리수 아래 앉아 선(禪) 수행에 들어간다. 12세 때

---

43) 『大慧普覺禪師書』(『大正藏』47, p.921c).

농경제에 참석했다가 벌레가 새에게 쪼아 먹히는 장면을 보고서 비감에 젖어 염부수 아래 앉아 자연스럽게 빠져들었던 수행이다. 선은 산스끄리뜨어 Dhyāna 또는 빠알리어 Jhāna의 음사어인 선나(禪那)를 줄인 말로 정려(靜慮)라고 번역된다. '곰곰이(靜) 생각함(慮)'이다. '곰곰이'가 '사마타(Samathā)인 지(止)'라면 '생각함'은 '위빠사나(Vipassanā)인 관(觀)'이다. 선은 지관쌍운이다. 그리고 그 목표는 '정(定)'이고 '혜(慧)'다. 반야의 지혜, 공의 지혜를 체득하는 것이 선 수행의 목표다. 아공(我空)인 무아(無我)의 지혜에 덧붙여 법공(法空)의 지혜까지 도달하면 반야바라밀이다. 공성에 대한 투철한 통찰이 생길 때 모든 번뇌의 뿌리가 뽑힌다. 공성의 체득을 통해서 탐욕과 분노와 교만의 구심점인 아견(我見)과 법견(法見)이 사라지기 때문이다.

'불교다운 수행'인 '선'에 대한 이상과 같은 이해 위에서 다시 간화선을 보자. 만일 화두가 단순히 집중의 대상으로 쓰일 뿐이라면 간화선은 '삼매의 수행'에 불과할 것이다. 초기불전에서 비판받는 '수정주의(修定主義)자들의 수행'과 다름없을 것이다. 간화선이 불교적인 수행이 되기 위해서는 '지혜'가 수반되어야 한다. 그리고 그 지혜는 공의 지혜, 해체의 지혜, 중도의 지혜여야 한다. 중도란 탈이분법(脫二分法)이다. 양 극단에서 벗어남이다. 흑백논리적으로 작동되는 우리의 생각이 흑과 백의 양 극단에서 벗어난 것이 중도이고, 공이고, 해체다. '구자무불성'의 '무'자 화두를 들 때 수행자의 마음이 '유'나 '무'에서 벗어나 중도를 지향해야 하는 이유가 이에 있다. 오조 법연과 대혜 종고의 가르침이다.

고봉(高峰) 원묘(原妙: 1238-1295)는 화두 참구의 필수 요건으로 대신근(大信根)과 대분지(大憤志)와 대의정(大疑情)의 셋을 들었으며[44] 이는 서산 휴정의 『선가귀감』에도 그대로 소개되어 있다.[45] 화두가 깨달음에 이르게

---

44) 『高峰和尙禪要』(『新纂藏』70, p.708b).
45) 『禪家龜鑑』(『新纂藏』63, p.738c), "參禪須具三要 一有大信根 二有大憤志 三有大疑情 苟闕其一 如折足之鼎 終成廢器"

해 준다는 '절대적인 믿음'이 있어야 하고, 화두를 타파하고야 말겠다는 '적
극적 의지'를 가져야 하며, 화두의 의미에 대한 '크나큰 의심'이 들어야 한다.
이 가운데 하나라도 부족하면 마치 '세발솥(鼎)'에서 다리 하나가 부러진 것
과 같은 꼴이 된다는 것이다. 선(禪)을 '정(定)과 혜(慧)를 함께 추구하는 수
행'이라고 규정할 때 이 세 가지 마음 가운데 '대신근'과 '대분지'는 '정'의
토대가 되고, '대의정'은 '혜'와 연관될 것이다. 간화선 수행이 '수정주의자의
삼매'가 아니라 불교적 수행일 수 있는 이유는 앞에서 설명한 '중도관'과 함
께 '큰 의심'을 품어야 한다는 점에 있다. '의심이라는 심리상태' 역시 '중도'
에 다름 아니다. 의심이 지속되는 상태에서 우리의 생각은 어느 한 곳에 정착
하지 못한다. 백 가지 생각이 떠올라도 그 모두 '의문에 대한 정답'이 아니기
때문이다. 이것과 저것의 '양변(兩邊)'만 떠난 것이 아니라 '백변(百邊)', '천
변(千邊)'에서 벗어난 마음이 '의심'이다. '의심'의 상태를 지속할 때 수행자
의 마음은 백 가지, 천 가지 대안(代案)을 모두 치면서 중도의 궁지로 들어간
다. 소뿔 속으로 들어가는 쥐와 같다. 철저한 '모름'의 자리다. 숭산 행원 스
님의 "Only Don't Know", "오질 모를 뿐"의 자리다. 백, 천 가지 '앎'에서
완전히 벗어난 자리다. 분별에서 벗어난 자리다. 분별이 끊어진 자리다. '이
사구절백비(離四句絕百非)'에서 '이사구(離四句)의 중도'와 '절백비(絕百非)
의 의심'. 우리의 마음을 중도의 지혜, 탈이분법의 지혜, 해체의 지혜, 공의
지혜로 몰고 가는 간화의 한 축이다.

참고문헌

『長阿含經』(『大正藏』1)

『阿毘達磨俱舍論』(『大正藏』29)

『佛說般若波羅蜜多心經贊』(『大正藏』33)

『金剛般若疏』(『大正藏』33)

『法華玄義釋籤』(『大正藏』33)

『淨名玄論』(『大正藏』38)

『三論玄義』(『大正藏』45)

『大乘玄論』(『大正藏』45)

『二諦義』(『大正藏』45)

『臨濟慧照玄公大宗師語錄』(『大正藏』47)

『法演禪師語錄』(『大正藏』47)

『大慧普覺禪師書』(『大正藏』47)

『禪源諸詮集都序』(『大正藏』48)

『六祖大師法寶壇經』(『大正藏』48)

『黃檗斷際禪師宛陵錄』(『大正藏』48)

『續高僧傳』(『大正藏』50)

『神僧傳』(『大正藏』50)

『弘贊法華傳』(『大正藏』51)

『景德傳燈錄』(『大正藏』51)

『大乘四論玄義』(『新纂藏』46)

『禪家龜鑑』(『新纂藏』63)

『江西馬祖道一禪師語錄』(『新纂藏』69)

『高峰和尚禪要』(『新纂藏』70)

『憨山老人夢遊集』(『新纂藏』73)

作者未詳, 『三論祖師傳集』(『大日本佛敎全書』111)

龍樹, 김성철 역, 『梵藏漢 對譯 廻諍論』(서울: 경서원, 1999)

김성철, 『승랑 - 그 생애와 사상의 분석적 탐구』(서울: 지식산업사, 2011)

鈴木哲雄, 「初期禪宗と三論」, 平井俊榮 監修, 『三論敎學の硏究』(東京: 春秋社, 1990),

平井俊榮, 『中國般若思想史硏究』(東京: 春秋社, 1976)

인도 중관학의 동아시아적 변용

Ⅰ. 중관학의 탄생과 전승
 1. 중관학의 탄생
 2. 중관학의 전승
Ⅱ. 용수 중관학의 반논리학
 1. 개념의 실체성 비판
 2. 판단의 사실성 비판
 3. 추론의 타당성 비판
Ⅲ. 승조 사상의 특징
 1. 노장과 현학의 수용과 극복
 2. 제3구인 상즉의 실상론
Ⅳ. 승랑의 사상과 선의 탄생
 1. 승랑 사상의 네 가지 축
 2. 선의 탄생 – 반야중관의 실천적 구현

Ⅰ. 중관학의 탄생과 전승

1. 중관학의 탄생

　서력기원 후 200년 전후하여 대승불교의 아버지라고 불리는 용수(龍樹, Nāgārjuna: 150-250년경)는 중관학(中觀學, Madhyamaka)을 창안한다. 중관학에서는 초기불전의 연기설(緣起說)에 근거하여 반야경의 공사상을 논중하는데, 특이한 것은 불전에서 볼 수 없는 독특한 논리를 사용한다는 점이다. 이를 중관논리라고 부를 수 있을 것이다.

중관논리는 자띠(Jāti)[1]논법에 기원을 둔다. 외도인 니야야학파의 소의경전인 『니야야수뜨라』 제5장에는 24가지 자띠가 '잘못된 논법'으로 소개되어 있는데, 용수의 저술로 포장된 『방편심론(方便心論)』에서는 제4장에서 자띠와 동일한 20가지 상응(相應)논법을 『니야야수뜨라』와 달리 '올바른 논법'으로 소개하고 있다. 더 멀리는 고대 인도의 의학서적인 『짜라까 상히따(Caraka Saṃhitā)』 Ⅲ장 8절에 소개된 답파(答破, Uttara)논법에서 그 싹을 찾을 수 있다.[2] 현존하는 문헌에서 자띠논법의 고안자가 누구인지 명시한 기록을 찾을 수는 없지만, 올바른 지식을 획득하는 방법으로 현량(現量)만 인정하면서 추리지인 비량(比量)의 타당성을 부정했던 짜르와까(Cārvāka) 등의 유물론자가 그 고안에 깊이 관여했을 것으로 추정된다.[3]

자띠논법 가운데 『중론』에서 자주 활용하는 것으로 '무인상사(無因相似, Ahetu sama)' 논법이란 것이 있는데 이에 대한 『니야야수뜨라』의 정의와 『니야야브하샤』의 해설을 소개하면 다음과 같다.

『니야야수뜨라』: "이유가 삼시적(三時的)으로 성립치 않기에 무인상사다."[4]
『니야야브하샤』: 만일 능증(能證)이 [소증(所證)보다] 이전에 존재한다면, 소

---

1) 자띠는 『니야야수뜨라』 제5장의 題名이다. 주석서인 『니야야브하샤(Nyāya Bhāṣya: 正理疏)』의 저자 왓스야야나(Vātsyāyana)는 자띠란 '이유가 제시되는 경우에 어떤 쁘라상가(prasaṅga)가 生하는 것'이라고 정의하였다. 오류의 발생이란 뜻이다. 용수의 저술로 포장되어 있는 한역 『방편심론』에서는 '相應品'이라는 제목 아래 20가지 자띠논법을 소개한다. 『니야야수뜨라』에서는 자띠를 잘못된 논법으로 소개하는 반면에, 『방편심론』에는 올바른 논법으로 되어 있다. 김성철, 『용수의 중관논리의 기원』, 서울: 동국대학교대학원, 1996, p.250 참조.
2) 김성철, 위의 책, pp.234-235.
3) 김성철, 위의 책, pp.268-269.
4) "traikālya asiddher hetor ahetusamaḥ": 『니야야 수뜨라』, 5-1-18(김성철, 위의 책, p.413).

증이 존재하지 않는데 무엇을 능증하겠는가? 만일 [능증이 소증보다] 이후
에 존재한다면, 능증이 존재하지 않는데 이것은 무엇의 소증이겠는가? 만
일 능증과 소증의 양자가 동시에 존재한다면, 무엇이 무엇을 능증하고 무
엇이 무엇의 소증이겠느냐? [능증인] 이유는 이유가 아닌 것과 구별되지
않는다.5)

여기서 보듯이 무인상사란, '증명의 대상(所證: Sādhya)'과 '증명의 수단
(能證: Sādhana)' 간의 관계에서 전자가 선행하고 후자가 후속할 수도 없고,
후자가 선행하고 후자가 선행할 수도 없으며, 전자와 후자의 양자가 동시적
일 수도 없다는 점을 드러내면서 비량의 타당성을 비판하는 논법인데, 용수
의 『중론』에서 이와 유사한 논법을 구사하는 게송을 소개하면 다음과 같다.

만일 생(生)이 앞선 것이고 노사(老死)가 나중의 것이라면 노사 없는 생이 되
리라. 또 죽지도 않은 것이 생하리라.(M.K. 11-3).
만일 생이 나중이고 노사가 먼저라면 무인이며 생이 없는 노사가 어떻게 존
재하리요?(M.K. 11-4)
실로 노사와 생이 동시적이라는 것은 타당하지 않다. [그렇다면] 지금 생하고
있는 중인 것이 죽어버리게 될 것이며 또 그 양자가 무인의 존재가 될 것이
다.(M.K. 11-5)6)

『중론』, 제11장 관본제품(觀本際品)의 제3, 4, 5게송이다. '생'과 '노사'의
관계에서 생이 노사보다 선행할 수도 없고, 후속할 수도 없으며 양자가 동시
적일 수도 없다는 논증으로 상기한 무인상사 논법을 변형한 것에 다름 아니
다. 『중론』의 이러한 논리가 단순한 무인상사 논법과 다른 점은, 그 바탕에
연기설이 깔려 있다는 점이다. 이 게송들의 경우는 십이연기설 말미의 생과

5) Vatsyayana, Trs. by Gaṅgānātha Jha, *Nyāya-Sūtras of Gautama*, Vol. I -IV,
Motilal Banarsidass, 1984, pp.1700-1701.
6) 龍樹, 金星喆 譯, 『中論』, 서울: 경서원, 1993, pp.205-207.

노사의 연기관계를 토대로 삼는다. 연기관계 가운데 "생이 없으면 노사가 없고, 노사가 없으면 생이 없다."는 환멸연기관계다. 이에 대해서는 다음 장에서 재론하기로 한다.

2. 중관학의 전승

이렇게 용수에 의해 창안된 중관학은 대승불교의 전파와 함께 중국과 티벳에 전해지는데, 그 발생지인 인도의 경우 용수와 그 직제자인 아리야제바(阿利耶提婆, Āryadeva: 170-270경)의 저술에 대한 주석서가 많이 제작되었던 반면에, 티벳에서는 인도불교 후기의 학설강요서(學說綱要書, Siddhānta) 제작 전통을 계승하여 중관학의 학파를 가르고 계보를 만드는 일에 주력하였으며, 중국에서는 전통적 형이상학인 현학(玄學)의 주제였던 '유(有)와 무(無)'의 개념을 소재로 삼아 중관학을 재해석하는 작업이 주로 이루어졌다. 인도와 티벳과 중국, 세 지역의 중관학을 그 특징을 드러내어 명명하면 차례대로 '주석학적 중관학', '계보학적 중관학', '유무론적 중관학'이라고 부를 수 있을 것이다.7) 용수와 아리야제바의 저술이 많이 남아 있지만 중관학의 전범은 단연 『중론』이다. 인도에서 찬술된 『중론』 주석서 가운데 현존하는 것을 시대순으로 정리하면 다음과 같다.

① 용수(Nāgārjuna: 150-250경)의 『무외소(無畏疏)』
② 청목(青目, Piṅgala: 400이전)이 주석한 『중론』
③ 붓다빨리따(Buddhapālita, 佛護, 불호: 470-540경)의 『불호주중론』
④ 안혜(安慧, Sthiramati: 510-570경)의 『대승중관석론』

---

7) 직메 왕뽀, 박은정 역, 『불교철학의 보물꾸러미』, 경주: 동국대 티벳장경연구소, 2010, pp.35-141 ; 一鄕正道, 「瑜伽行中觀派」, 『中觀思想』, 講座大乘佛教7, 東京: 春秋社, 1982, pp.176-215 참조.

⑤ 청변(淸辯, Bhāvaviveka, 分別明, 분별명: 500-570경)의 『반야등론석(般
若燈論釋)』

⑥ 짠드라끼르띠(Candrakīrti, 月稱, 월칭: 600-670경)의 『쁘라산나빠다(Pr
asanmapadā: 淨明句, 정명구)』[8]

⑦ 아왈로끼따브라따(Avalokitavrata, 觀誓, 관서: -800-?)의 『반야등광주
(般若燈廣注)』

티벳에서는 이 가운데 ①용수의 『무외소』, ③붓다빨리따의 『불호주중론』,
⑤청변의 『반야등론석』과 ⑥짠드라끼르띠의 『쁘라산나빠다』 그리고 청변의
『반야등론석』에 대한 주석인 ⑦아왈로끼따브라따의 『반야등광주』가 번역되
었으며 중국에서는 ②청목이 주석한 『중론』과 ④안혜의 『대승중관석론』 그
리고 ⑤청변의 『반야등론석』이 번역되었다.

티벳의 경우, 『쁘라산나빠다』를 번역했던 빠찹니마닥(Pa tshab nyi ma gr
ags ⓣ: 1055-1145?C.E.)이 짠드라끼르띠와 청변의 학파를 나누어 각각 귀
류논증파와 자립논증파라고 명명하면서 인도 중관학파의 계보를 만드는 작
업이 시작된다. 18세기에 저술된 꾄촉직메왕뽀(dKon mchog 'jigs med dban
po: 1728-1791)의 『학설보환(學說寶環, Grub mthaḥ rnam bshag rin chen
phreṅ ba)』[9]에서는 인도 중관학파의 분파에 대해 다음과 같이 정리한다.[10]

---

8) 김성철, 『중관사상』, 서울: 민족사, 2006, p.228.
9) 梶山雄一, 「中觀思想の歷史と文獻」, 『講座大乘佛教7·中觀思想』, 東京: 春秋
社, 1982, p.27 참조. 『학설보환』 가운데 자립논증파의 분파와 유가행중관파에 대해
설명한 부분이 이치고우 마사미치(一鄕正道)에 의해 번역되어 같은 책 pp.176-180
에 실려 있다.
10) 김성철, 앞의 책, p.261.

```
中觀學派    ┬歸謬論證派
중관학파    │ 귀류논증파
           └自立論證派  ┬ 經部中觀
            자립논증파   │ 경부중관
                       └ 瑜伽行中觀  ┬ 形象眞實
                        유가행중관    │ 형상진실
                                    └ 形象虛構  ┬ 有垢論
                                     형상허구    │ 유구론
                                              └ 無垢論
                                               무구론
```

　여기서 보듯이 귀류논증파의 경우 더 이상 학파가 갈리지 않았는데, 자립
논증파는 계속 분파를 했다는 것이다. 티벳불교의 수행론에서는 귀류논증파
를 자립논증파보다 상위에 놓는다. 그런데 티벳의 중관 계보학을 인정하면
서, 인도 중관학의 역사를 추적해보면 인물이나 영향력에서 볼 때 자립논증
파가 귀류논증파를 능가하였음을 알 수 있다. 예를 들어, 티벳불교사에 한
획을 그은 삼예(bSam Yas)논쟁의 주역이었던 샨따락쉬따(Śāntarakṣita: 72
5-788)와 까말라쉴라(Kamalaśīla: 740-795) 사제(師弟) 모두 자립논증파
가운데 유가행중관파 소속이었고, 역경승 현장이 인도에서 고안하여 명성을
날렸다는 유식비량(唯識比量) 역시 자립논증파의 방식을 따랐다.[11]

　티벳의 '계보학적 중관학'의 경우 그 대상이나 방식에서 인도불교와 차별
되는 티벳 특유의 내용을 찾기 힘들다. 그러나 중국의 '유무론적 중관학'은
인도불교의 방식과 많이 다르다. 이는 현학과 같은 중국 전통사상의 강한 영
향에 기인한다. 중국의 '유무론적 중관학'을 삼론학(三論學)이라고 부른다.
중관학 문헌 가운데 대표적인 것 세 가지, 즉 『중론』, 『백론』, 『십이문론』의
세 논서에 의거한 학문'이라는 뜻이다. 이들 세 논서가 구마라습(鳩摩羅什,

---

11) 현장의 유식비량은 다음과 같다. "주장(宗): 眞故 極成色不離於眼識 / 이유(因):
　 自許 初三攝眼所不攝故 / 실례(喩): 猶如眼識"이 가운데 '주장(宗)' 명제에 '眞故'
　 라는 단서를 다는 것이 청변의 방식이다. 김성철, 『원효의 판비량론 기초 연구』,
　 서울: 지식산업사, 2003, p.113 참조.

Kumarājīva: 344-413[12])에 의해 번역된 이후 승조(僧肇: 384-414)와 담영, 승예 등 그 제자들의 노력으로 삼론학이 탄생하였지만 장안이 전란에 휩싸이면서 그 명맥이 단절되었는데, 수십 년이 지난 500년대 전후하여 남조 불교계에서 그 불씨를 되살린 인물이 고구려 요동 출신의 승랑(僧朗, 450-530년경)이었다. 승랑의 삼론학은 직제자인 승전(僧詮, 5세기말-558년)과 손제자인 법랑(法朗, 507-581년)을 거쳐 증손제자인 길장(吉藏, 549-623)에 이르러 방대한 저술로 집대성되었다. 일반적으로 구마라습과 그 직제자들이 이룩한 삼론학을 고삼론(古三論)이라고 부르고, 승랑 이후 길장과 혜균으로 이어지는 후대의 삼론학을 신삼론(新三論)이라고 부른다.

본고에서는 인도의 중관학이 구마라습의 역경을 통해 동아시아에 소개된 후 고삼론의 승조와 신삼론의 승랑을 거쳐서 '실천적 중관학'인 선(禪)으로 결실하는 과정에 대해 조명해 보기로 하겠다. 이를 위해 먼저 인도 중관학의 요점을 정리해 보자.

II. 용수 중관학의 반논리학

카지야마유이치(梶山雄一: 1925-2004)가 표현했듯이 중관학은 '반(反)논리학'이다.[13] '역방향의 논리'라는 뜻이다. 생각을 쌓는 논리가 아니라, 쌓여진 생각이 근거 없다는 점을 폭로하는 논리다.

전통적으로 인도의 종교인, 사상가들은 '열거(Uddeśa)→ 정의(Lakṣaṇa)→ 검토(Parīkṣā)'의 3단계의 과정으로 경전이나 논서를 작성하였다. 먼저 자

---

12) 또는 350-409년.
13) 카지야마 유이치 外, 전치수 역, 『인도불교의 인식과 논리』, 서울: 민족사, 1989, p.69.

신의 이론에서 견지하는 범주들을 열거하고, 각 범주의 의미에 대해 정의를
내린 후, 그런 정의의 타당성을 문답형식으로 검토한다.14) 예를 들어 『니야
야수뜨라』의 경우 니야야 논리학의 골격을 이루는 16가지 범주를 먼저 열거
하고, 각 범주의 의미에 대한 정의를 내린 후, 그런 정의의 타당성을 논증하
는 방식으로 구성되어 있다. 그런데 『중론』 각 장의 제목에서 보듯이 중관학
문헌은 '열거'와 '정의'가 생략되고 오직 '검토(Parīkṣā)'만으로 이루어져 있
다. 『중론』 제1장의 제목은 '조건에 대한 검토라고 이름하는 제1장(pratyaya
parīkṣā nāma prathamaṃ prakaraṇam)'이고, 제2장은 '감과 옴에 대한 검
토라고 이름하는 제2장(gatāgataparīkṣā nāma dvitīyaṃ prakaraṇam)'이며
…… 마지막의 제27장은 '견해에 대한 검토라고 이름하는 제27장(dṛṣṭiparīk
ṣā nāma saptaviṃśatitamaṃ prakaraṇam)'이다. 중관학파에서 견지하는 범
주를 열거하거나 그에 대해 정의를 내리는 것이 아니라, 다른 학파의 그것들
을 소개한 후 중관논리로 검토함으로써 그런 범주나 정의에 내재하는 모순을
드러낼 뿐이다. 오직 '비판적 검토'만 할 뿐이다. 동아시아의 삼론학에서는
이와 같은 방식을 '파사현정(破邪顯正)'이라고 불렀다. "삿된 것을 논파하는
것이 그대로 바른 것을 드러내는 일이다."라는 뜻이다.

중관학 문헌에서 비판의 대상으로 삼은 것은 그 당시의 아비달마교학이나
외도의 이론들이었지만, 비단 종교나 철학 이론들뿐만 아니라 소위 '논리적
사유'로 이루어진 그 어떤 이론 어떤 생각도 어떤 분별도 중관논리의 검토를
거칠 경우 모순이 드러나고 만다. 중관학이 불교를 넘어서 보편적 학문일 수
있는 이유가 이에 있다.

---

14) "trividhā ca'sya śāstrasya pravṛttiḥ – uddeśo lakṣaṇam parīkṣā ceti / tatra
nāmadheyena padārthamātrasyā'bhidhānam uddeśaḥ / tatroddiṣṭasya tattvavya
vacchedako dharmo lakṣaṇam / lakṣitasya yathālakṣaṇam upapadyate na veti
pramāṇair avadhāraṇam parīkṣā(N.Bh. 1-1-2)" Vātsyāyana, Nyāyadarśanam
I / II, Kyoto: Rinsen Book co., 1982, pp.83-84.

논리적 사유는 '개념→ 판단→ 추론'의 순서로 전개되는데, 반논리인 중관
논리에서는 '개념'의 실체성과 '판단'의 사실성과 '추론'의 타당성 모두를 비
판한다. 논리학에서 말하는 개념 중에는 실재하는 것도 있고 허구의 것도 있
으며, 판단이나 추론 가운데에는 옳은 것도 있고 그른 것도 있다. 그러나 반
논리학인 중관학에서는 그 어떤 개념도 실체가 없으며, 그 어떤 판단도 사실
과 다르고, 그 어떤 추론도 타당하지 않다는 점을 논증한다. 즉 '논리적 사유'
자체에 근본적으로 오류가 내재한다는 점을 폭로한다. 카지야마유이치의 표
현을 빌려서 중관학을 반논리학이라고 명명하여 그 방식을 요약하면 다음과
같다.

단계	논파 방식
개념의 실체성 비판	어떤 개념이든 연기한 것이기에 실체가 없으며 空하다.
판단의 사실성 비판	4구판단은 각각 증익, 손감, 상위, 희론의 오류에 빠진다.
추론의 타당성 비판	어떤 추론이든 상반된 추론이 가능하다.

용수가 '개념의 실체성'을 비판할 때에는 초기불전의 연기설을 근거로 삼
았지만, '판단의 사실성'이나 '추론의 타당성'을 비판할 때에는 '자띠(Jāti) 또
는 상응 논법'을 활용하였다. 이런 반논리학의 방식에 대해 개관하면서 『중
론』에서 그 실례를 확인해 보자.

1. 개념의 실체성 비판

위의 표에서 요약했듯이, 중관학에서 개념의 실체성을 비판할 때 근거가
되는 것은 '연기법'이다. '연기법'에 근거하여 개념의 실체성을 비판하는 『중
론』의 게송은 다음과 같다.

이것들을 조건으로 삼아서 [결과가] 발생하기에 실로 이것들은 연(緣)들이다. [결과인] 이것들이 생하지 않은 경우에 어떻게 비연(非緣)이 아니겠느냐?(M. K. 1-5)15)

이 게송의 핵심은 후반부에 있다. "[결과인] 이것들이 생하지 않은 경우에 어떻게 비연이 아니겠느냐?"는 문장이 부정에 부정을 거듭한 의문문이기에 그 의미가 쉽게 파악되지 않지만, "결과가 없으면 연(緣)이 없다."는 환멸연기의 통찰을 달리 표현한 것일 뿐이다. 예를 들어서 항아리 공장에 찰흙이 쌓여 있을 때, 일반적으로 그 찰흙으로 항아리를 만들기에 그 찰흙에 대해서 '항아리 재료'라고 부른다. 그러나 결과물인 항아리가 만들어지지 않은 상태에서는 그 찰흙에 대해서 '항아리 재료'라고 규정하지 못한다. 혹시 그 찰흙으로 기왓장을 만들게 된다면 그 찰흙은 '기와 재료'였어야 한다. 존재론적으로 보면 찰흙이 재료가 되어서 결과인 항아리가 만들어지지만, 인식론적으로는 항아리가 만들어진 후에야 애초의 찰흙에 대해 '항아리 재료'라고 규정할 수 있는 것이다. 항아리가 만들어지지 않았으면 항아리 재료일 것도 없다. 항아리가 없으면 항아리 재료도 없다. 저것이 없으면 이것이 없다. 연기의 환멸문에 근거하여 '연'에 실체가 없음을 드러낸다. '연'이 공함을 논증한다. 이 이외에도 '환멸연기'에 근거하여 개념에 실체가 없음을 논증하는 게송들 몇 가지를 예로 들면 다음과 같다.

만일 '가는 자'를 떠난다면 '가는 작용'은 성립되지 않는다. '가는 작용'이 없다면 도대체 어떻게 '가는 자'가 성립하겠는가?(M.K. 2-7)16)

'색(色)의 인(因)'이 없으면 색은 포착되지 않는다. 색이 없어도 '색의 인'은

---

15) 龍樹, 앞의 책, p.39.
16) 위의 책, p.59.

보이지 않는다.(M.K. 4-1)[17]

'보는 작용', '듣는 작용' 등, 또 '감수 작용' 등에 선행하여 확립되어 있는 존재, 그것은 그러면 어떻게 인지(認知)되겠는가?(M.K. 9-3)[18]

2. 판단의 사실성 비판

개념 둘 이상이 모이면 판단이 작성되는데, 인도에서는 불교는 물론이고 그 이전의 사상에서도 어떤 사안에 대해서 내릴 수 있는 판단을 네 가지로 구분하였다. 이를 사구(四句)라고 부른다. 예를 들어 '여래 사후의 유, 무'에 대해서는 다음과 같이 네 가지 판단이 가능하다.

제1구: 여래는 사후에 존재한다.
제2구: 여래는 사후에 존재하지 않는다.
제3구: 여래는 사후에 존재하면서 존재하지 않는다.
제4구: 여래는 사후에 존재하는 것도 아니고 존재하지 않는 것도 아니다.

세친의 『섭대승론석』에서는 이런 4구에 내재하는 문제점을 드러내어 차례대로 증익방(增益謗), 손감방(損減謗), 상위방((相違謗), 희론방(戲論謗)이라고 이름을 붙였다.[19] 『섭대승론석(攝大乘論釋)』은 진제(眞諦, Paramārtha: 499-569)의 번역으로 산스끄리뜨 원문이 남아 있지 않지만 '진제 역, 『중변분별론』'의 산스끄리뜨본과 대조해 보면 증익방은 samāropa darśana(증익견), 손감방은 apavāda darśana(손감견)의 번역어임을 알 수 있고[20] 이에

---

17) 위의 책, p.89.
18) 위의 책, p.173.
19) 世親, 『攝大乘論釋』(大正藏31, 244上).
20) 박인성 역, 『중변분별론소』, 서울: 주민출판사, 2005, p.71.

근거하여 추론할 때 상위방은 virodha darśana(상위견), 희론방은 prapañca darśana(희론견)의 번역어일 것으로 짐작된다.

그러면 중관논리에서 4구 각각을 어떻게 비판하는지 보자. 예를 들어 "비가 내린다."는 문장에서 주어로 사용된 '비'의 의미에 대해서 다음과 같은 네 가지 이해가 가능하다.

제1구(증익견): '내리는 비'가 내린다.
제2구(손감견): '내리지 않는 비'가 내린다.
제3구(상위견): '내리면서 내리지 않는 비'가 내린다.
제4구(희론견): '내리는 것도 아니고 내리지 않는 것도 아닌 비'가 내린다.

"비가 내린다."는 문장의 주어인 '비'에 대한 이런 네 가지 이해 가운데 제1구인 증익견은 '내림'이라는 의미가 주어와 술어에 중복되어 있기에 오류에 빠진다. 이를 '의미중복의 오류'라고 명명할 수 있을 것이다. 제2구인 손감견이 '참'이려면 '내리지 않는 비'가 이 세상 어디엔가 실재해야 한다. 그러나 하늘 위든 어디든 '내리지 않는 비'는 없기에 이 역시 오류를 범한다. 이런 오류를 '사실위배의 오류'라고 부를 수 있을 것이다. 그런데 이러한 제1, 2구 비판의 방식은 자띠(Jāti) 논법 가운데 무궁, 반유상사(無窮, 反喩相似: Prasaṅga Pratidṛṣṭānta sama)와 유사하다.[21] 제3구의 상위견인 '내리면서 내리지 않는 비'는 서로 모순되기에 잘못으로 '상호모순의 오류'를 범하며, 제4구의 희론견인 '내리는 것도 아니고 내리지 않는 것도 아닌 비'는 말만 될 뿐 생각에 떠올릴 수도 없다. 이에 대해서는 '언어유희의 오류'라고 불러도 좋을 것이다. 이런 네 가지 이해 각각을 비판하는 게송을 『중론』에서 찾아 예시하면 다음과 같다.

---

21) 김성철, 『용수의 중관논리의 기원』, 앞의 책, pp.49-60 ; pp.168-171 참조.

제1구 비판: '의미중복의 오류'인 중익견 비판
만일 "가는 자가 간다."면 '가는 작용'이 둘이라는 오류에 빠진다. '가는 자'라
고 말하는 것과, 존재하는 '가는 자', 그 자가 간다는 사실에 의해서.(M.K. 2-
10)[22]

제2구 비판: '사실위배의 오류'인 손감견 비판
"가는 자가 간다."고 하는 주장을 할 경우 오류에 빠진다. 가는 작용 없이 가
는 놈이 있고 가는 놈의 가는 작용을 추구하기 때문이다.(M.K. 2-11)[23]

제3구 비판: '상호모순의 오류'인 상위견 비판
어떻게 열반에 비존재와 존재의 양자가 되겠는가? 이 양자는 같은 곳에 존재
하지 않는다. 그것은 마치 밝음과 어둠과 같다.(M.K. 25-14)[24]

제4구 비판: '언어유희의 오류'인 희론견 비판
만일 '존재도 아니고 비존재도 아닌 열반'이 존재한다면 비존재도 아니고 존
재도 아니라는 그것이 무엇에 의해 표시되겠느냐?(M.K. 25-15)[25]

3. 추론의 타당성 비판

우리는 『중론』 제24장 관사제품을 통해 추론을 비판하는 용수의 방식을
짐작할 수 있다. 관사제품의 제1게에서 제6게까지 여섯 수의 게송에는 공사
상에 대한 논적의 비판이 실려 있고, 제20게에서 제39게송까지 스무 수의
게송에는 그에 대한 용수의 반박이 실려 있다. 비판과 반박의 첫 머리인 제1
게와 제20게만 인용하면 다음과 같다.

---

22) 龍樹, 앞의 책, pp.61-62.
23) 위의 책, pp.62-63.
24) 위의 책, pp.441-442.
25) 위의 책, pp.442.

논적: 만일 이 모든 것이 공하다면 생기도 없고 소멸도 없다. 그대의 경우 사
성제(四聖諦)가 존재하지 않는 꼴이 된다.(M.K. 24-1)[26]

용수: 만일 이 모든 것이 空하지 않다면 생기도 없고 소멸도 없다. 그대의 경
우 사성제가 존재하지 않는 꼴이 된다.(M.K. 24-20)[27]

이 두 게송을 비교하면 '공하다(śūnya)'와 '공하지 않다(aśūnya)'는 하나
의 단어만 다를 뿐 그 외의 문장은 모두 동일하다. 논적의 비판과 용수의 반
박에서 핵심만 추려서 정언적 추론으로 바꾸어 대조하면 다음과 같다.

논적의 비판		용수의 반박
사성제가 존재하지 않는 꼴이 된다. 모든 것이 공하기 때문에	↔	사성제가 존재하지 않는 꼴이 된다. 모든 것이 공하지 않기 때문에

『반야심경』의 '시제법공상 불생불멸(是諸法空相 不生不滅) ……'이라거
나 '공중(空中) …… 무고집멸도(無苦集滅道)'라는 경문에서 보듯이, 생도
없고 멸도 없는 것이 '공성의 특징(空相)'이며, '공성에는(空中)' 고집멸도의
사성제도 존재하지 않는다. 관사제품의 논적은 이런 경문의 내용을 그대로
제시하는 것 같아 보인다. 용수 역시 이 경문을 몰랐을 리가 없다. 그러나
논적의 의도가 공사상을 비판하는 것이었기에 그런 비판을 반박하기 위해
용수는 이율배반(Antinomy)의 반대 축을 제시했던 것이다. 그 어떤 추론에
대해서도 상반된 추론을 제시함으로써 이율배반에 빠뜨리는 것이다. 추론을
비판하는 중관학의 방식이다. 『니야야수뜨라』의 자띠(Jāti)논법이나 『방편심

26) 위의 책, p.401, "yadi śūnyamidaṃ sarvamudayo nāsti na vyayaḥ/ caturṇāmār
yasatyānāmabhāvaste prasajyate//"
27) 위의 책, pp.415-416, "yadyaśūnyamidaṃ sarvamudayo nāsti na vyayaḥ/ catu
rṇāmāryasatyānāmabhāvaste prasajyate//"

론』의 상응논법 가운데, 상반된 논증식을 제시함으로써 논적의 논증식을 이
율배반에 빠뜨리는 동법상사(同法相似, Sādharmya-sama)나 이법상사(異
法相似, Vaidharmya sama) 논법28)과 유사하다.

Ⅲ. 승조 사상의 특징

1. 노장과 현학의 수용과 극복

승조의 대표적 저술인 『조론』은 「종본의」, 「물불천론」, 「부진공론」,
「반야무지론」, 「열반무명론」으로 이루어진 논문모음집이다. 이 가운데
「종본의」는 진대(陳代)의 위작이고, 「열반무명론」에도 후대의 가필이
적지 않을 것으로 추정하기도 한다.29)

승조는 구마라습으로부터 '중국인 가운데 공을 가장 잘 이해한 자'라는 칭
송을 받았다고 하며30) 「부진공론」의 삼가(三家) 비판31)에서 보듯이 공에
대한 격의불교의 해석을 극복한 인물로 자처하지만, 그의 저술에는 노장과
현학의 자취가 여전히 많이 남아 있다. 중국의 쉬캉성(許抗生)은 『조론』에
사용된 용어나 사상 가운데 노장에서 유래하는 것을 일일이 찾아 대조한 바
있다. 예를 들어 승조가 사용하는 용어 가운데 『노자』에서 유래한 것은 무미
(無味, 제35장), 지허(至虛, 제16장), 현감(玄鑒, 제19장), 대상무형(大象無

28) 김성철, 「용수의 중관논리의 기원」, 앞의 책, pp.38-41.
29) 이에 대한 논란은 다음을 참조하기 바람. 湯用彤, 『漢魏兩晉南北朝佛教史』, 臺
    灣: 商務印書館, 1938, p.330 ; 塚本善隆, 「佛教史上における肇論の意義」, 塚
    本善隆 編, 『肇論研究』, 京都: 法藏館, 1954, pp.152-157 ; 許抗生, 『僧肇評传』,
    南京: 南京大學出版社, 2003, pp.26-27.
30) 吉藏, 『淨名玄論』(大正藏38, 892上), "羅什歎曰 秦人解空第一者 僧肇其人也"
31) 공에 대한 세 가지 오해, 즉 '本無, 卽色, 心無' 이론에 대한 승조의 비판.

形, 제41장), 대음희성(大音希聲, 제41장)과 같은 것들이며, 『장자』의 용어
는 지인(至人, 대종사편), 장산(藏山, 대종사편), 일기(一氣, 지북유편), 명명
(冥冥, 천지편), 득의망언(得意忘言, 외물편) 등이다.32) 또 승조가 격의삼가
를 대상으로 삼아 공에 대한 현학적 이해를 비판하긴 했지만, 현학의 주제였
던 '유, 무' 개념을 주로 사용하여 불교를 해석한다는 점에서 현학의 영향에
서 완전히 벗어난 것은 아니었다. 그럼에도 승조가 '중국인 가운데 공을 가장
잘 이해한 자'라는 칭송을 받을 수 있었던 이유는, 노장의 용어나 현학의 '유,
무'가 승조 사상의 '목적'이 아니라 '도구'였기 때문이었다. 「열반무명론」
의 다음과 같은 문장을 보자.

> 무명(無名)은 말한다. 유와 무라는 범주는 참으로 그것에 해당되지 않는 법이
> 없고 이끌지 못하는 이치가 없지만 그것이 이끄는 바는 속제일 뿐이다. 경전
> 에서는 다음과 같이 말한다. "진제란 무엇인가? '열반의 도'가 바로 그것이다.
> 속제란 무엇인가? '유와 무의 법'이 바로 그것이다." 왜 그런가? 유라는 것은
> 무에 대해서 유이고, 무라는 것은 유에 대해서 무이다. 유는 무에 근거하기에
> 유라고 부르고 무는 유에 근거하기에 무라고 부른다. 따라서 유는 무에서 생
> 하고 무는 유에서 생하며, 유를 떠나서 무가 없고 무를 떠나서 유가 없다. 유
> 와 무가 서로 생하게 하는 것[有無相生, 유무상생]은 마치 높음과 낮음이 서
> 로 의지하는 것[高下相傾, 고하상경]과 같다. 높음이 있으면 반드시 낮음이
> 있고 낮음이 있으면 반드시 높음이 있다. 따라서 유와 무가 비록 다르긴 하
> 지만 그 모두 유에서 벗어나지 못한다.33)

「열반무명론」에서 승조는 유명(有名)이라는 이름으로 가상의 논적을 내

---

32) 이상 『조론』에 인용된 노장에 대해서는 '許抗生, 위의 책, pp.181-189' 참조.
33) 僧肇, 「涅槃無名論」, 『肇論』(大正藏45, 159上-中), "無名曰 有無之數 誠以法
無不該 理無不統 然其所statuten 俗諦而已 經曰 真諦何耶 涅槃道是 俗諦何耶 有無法
是 何則 有者有於無 無者無於有 有 無所以 稱有 無 有所以 稱無 然則 有生於無
無生於有 離有無無 離無無有 有無相生 其猶高下相傾 有高必有下 有下必有高矣
然則 有無雖殊 俱未免於有也"

세워 열반의 정체에 대해 묻게 하고 무명(無名)이라는 이름으로 그에 대해
답하는데, 총 19회에 걸친 문답을 통해 열반이 이름이 없고(무명, 無名: 1-
7), 단계가 없으며(무계, 無階: 8-15), 시종(始終)이 없고(무극, 無極: 16,
17), 획득할 수 없는 것(무득, 無得: 18, 19)이라는 점을 논변한다. 논적의
아홉 가지 힐난(折, 절)과 승조의 열 가지 설명(演, 연)으로 이루어졌기에 이
문답을 구절십연(九折十演)이라고 부르는데, 위의 인용문은 '초경(超境)'이
라는 제목의 답변 가운데 일부다. 서두에서 보듯이, 승조는 '유와 무'는 모두
속제이고 열반은 '유와 무'(境, 경)를 초월한(超, 초) 진제라는 점을 천명한다.
현학가들이 추구하던 '유와 무'는 모두 속제로 격하되고, '유와 무'를 벗어난
진제로서 불교수행의 목표인 열반이 제시되는 것이다.

또, 이 인용문 가운데 '유무상생'이나 '고하상경'이라는 경구는 노자의 『도
덕경』에서 유래하는데[34] 승조는 이를 불교의 연기설(緣起說)과 연관시켜서
설명한다. "유(有)는 무에 근거하기에 유라고 부르고 무는 유에 근거하기에
무라고 부른다."는 문장은 "이것이 있기에 저것이 있다."거나 "이것이 생기
에 저것이 생한다."는 유전연기(流轉緣起), "유를 떠나서 무가 없고 무를 떠
나서 유가 없다."는 문장은 "이것이 없으면 저것이 없다."거나 "이것이 멸하
면 저것이 멸한다."[35]는 환멸연기(還滅緣起)의 다른 표현인 것이다. 연기공
식에서 '이것, 저것'을 '무명, 행' 등과 같은 십이연기의 인접한 지분으로 대체
할 수 있듯이, '유'와 '무'에는 '높음, 낮음'이나 '긴 것, 짧은 것' 같은 일반개
념들을 대입할 수 있다. 수학용어로 표현하면 승조에게 있어서 '유'와 '무'의
개념은 '연기라는 함수(function)'를 설명하기 위해서 현학에서 차용한 '변수

---

34) 老子, 『道德經』(第2章), "有無相生 難易相成 長短相較 高下相傾 音聲相和 前
後相隨"
35) 산스끄리뜨문이나 빠알리문을 보면 연기공식에 쓰인 '이것(此)'이나 '저것(彼)' 모
두 동일한 지시대명사 'idam'의 격변화형이지만 지면관계상 이에 대한 해명은 생략
한다.

(variable)'였다.

2. 제3구인 상즉의 실상론36)

본고 제Ⅱ장 제2절에서 보았듯이 중관학에서 4구 판단 낱낱의 사실성을 비판하지만, 그런 비판을 위해서 사용하는 판단들 역시 4구 가운데 하나일 뿐이다. 요컨대 중관학에서는 4구로 4구를 비판한다. 4구 비판 가운데 제1구인 증익견과 제2구인 손감견의 판단을 비판할 때에는 그 근거를 그 판단과 관계된 '논의의 전제'37)나 '경험적 사실'38)에서 찾지만, 제3구인 상위견과 제4구인 희론견의 경우 순전히 그 판단에 논리적 오류가 내재한다. 따라서 중관논리의 관건은 제1구와 제2구 비판에 있다. 제1구와 제2구를 함께 묶어 '이변(二邊)'이라고 부르기도 한다. '양극단의 사고방식'이라는 뜻이다. 요컨대 제1구와 제2구는 흑백논리로 작동되는 이분법적 사유의 두 축이다.

인도의 반야중관학에서는 '제1구 및 제2구 판단'을 비판할 때 제4구를 사용하였다. 예를 들어 유견(有見)이나 무견(無見)을 비판할 때 비유비무(非有非無)라고 쓰는데 여기서 유는 제1구, 무는 제2구이고 이런 두 견해를 비판할 때는 비유비무라고 제4구를 사용한다. 이 때 비유비무가 희론견이 아닐 수 있는 이유는 스스로 내세우는 '주장'이 아니라 논적을 비판하는 '도구'로 사용될 뿐이기 때문이다. 『중론』 도처에서 구사되는 양도논법 역시 "이래도

---

36) 이하의 내용 대부분은 拙稿, '김성철, 「승랑과 승조 - 생애와 사상, 영향과 극복에 대한 재조명 -」, 『불교학보』, 제61집, 서울: 불교문화연구원, 2012'에 의거한다.

37) 예를 들어, 『중론』 제7 관삼상품에서 '有爲法의 三相'을 비판할 때 전제가 되는 것은 유위법의 삼상인 生, 住, 滅을 유위법 내의 心不相應行法에 포함시키는 아비달마 이론이다.

38) 예를 들어, 『중론』 제10 관연가연품에서 불과 연료의 의존성은 경험적 사실에 근거하여 비판된다.

오류에 빠지고 저래도 오류에 빠진다."는 점을 드러내기에 그 골격은 비유비
무와 마찬가지로 제4구다. 사실 반야경이나 중관학 문헌에는 제4구적인 표현
이 가득하다. 불생불멸(不生不滅), 불구부정(不垢不淨), 부증불감(不增不減)
…….

　그런데 제1구와 제2구의 통념을 비판할 때 제4구와 함께 제3구를 많이 사
용하였다는 점에서 승조의 학문은 인도의 반야중관학과 차별된다. '유, 무'
개념을 사용하면 제3구는 역유역무(亦有亦無)라고 표현된다. "유이기도 하
고 무이기도 하다."거나 "유면서 무다."라는 뜻으로 유와 무의 중첩을 나타내
는 표현이기에 제3구의 통찰을 '유무상즉(有無相卽)'이라고 명명할 수도 있
다. 『조론』에서 상즉사상을 피력하는 구절 몇 가지를 소개하면 다음과 같다.

　「물불천론」: 반드시 온갖 움직임(動)에서 고요함(靜)을 구하기에 비록 움직
　이지만 언제나 고요하며, 움직임을 풀이하여 고요함을 구하는 것이 아니기에
　비록 고요하지만 움직임에서 벗어나지 않는다.39)

　「부진공론」: 사물 그대로 순통하기에 사물이 거스를 수 없고, 거짓 그대로
　진실이기에 성품이 뒤바뀔 수 없다. 성품이 뒤바뀔 수 없기에 비록 무이지만
　유이고, 사물이 거스를 수 없기에 비록 유이지만 무이다.40)

　「반야무지론」: 무릇 무언가 아는 것이 있다면 알지 못하는 것이 있는 법이
　다. 성인의 마음에는 앎이 없기에 알지 못하는 것이 없다. '알지 않는 앎'이기
　에 '모든 것에 대한 앎'이라고 말한다.41)

39) 僧肇, 『肇論』(大正藏45, p.151上), "必求靜於諸動故 雖動而常靜 不釋動以求靜
　　故 雖靜而不離動"
40) 위의 책, p.152中, "即物順通 故物莫之逆 即僞即眞 故性莫之易 性莫之易 故雖
　　無而有 物莫之逆 故雖有而無"
41) 위의 책, p.153上, "夫有所知 則有所不知 以聖心無知故 無所不知 不知之知 乃
　　曰一切知"

「열반무명론」: 오묘한 지혜는 사물의 밖에 존재하기 때문에 앎이 없이 이
를 알며, 큰 형상은 형상 없음에 숨어 있기 때문에 보지 않음으로써 이를 보
고, 큰 소리는 성긴 소리에 숨어 있기 때문에 듣지 않음으로써 이를 듣는
다.[42]

움직이지만 고요하고, 유이지만 무이며, 앎이 없기에 모든 것을 알며, 보지
않으면서 보고, 듣지 않으면서 듣는다. 4구 판단에서 움직임이 제1구라면 고
요함은 제2구이고, 움직이면서 고요한 것은 제3구, 움직이지도 않고 고요하
지도 않은 것은 제4구다. 유가 제1구라면 무는 제2구, 유이면서 무인 것은
제3구이고, 유도 아니고 무도 아닌 것은 제4구가 된다. …… 들음이 제1구라
면 듣지 않음이 제2구 들으면서 듣지 않는 것은 제3구이고 듣지도 않고 듣지
않는 것도 아닌 것은 제4구가 된다. 용수의 중관학에서는 제1구와 제2구를
비판할 때 제4구를 사용한다. 예를 들어 움직임과 고요함을 비판할 경우 "움
직이지도 않고 고요하지도 않다."고 제4구를 활용했을 것이다. 그러나 여기
서 보듯이 승조는 "움직이면서 고요하다."거나 "고요하면서 움직인다."는 제
3구를 사용한다. 말하자면 동정상즉(動靜相卽)의 통찰을 제시하는 것이다.
이 이외에 유와 무의 상즉, 지(知)와 무지(無知)의 상즉, 견(見)과 불견(不見)
의 상즉, 문(聞)과 불문(不聞)의 상즉을 제시하기에 승조의 사상을 '상즉의
실상론'이라고 불러도 좋을 것이다.

Ⅳ. 승랑의 사상과 선의 탄생

---

42) 위의 책, p.161中, "妙智存乎物外 故不知以知之 大象隱於無形 故不見以見之
   大音匿於希聲 故不聞以聞之"

1. 승랑 사상의 네 가지 축[43]

구마라습이 천화한 후, 중국 불교계에서 삼론의 가르침은 점차적으로 불전 학습의 주변부로 밀리면서 왜곡되기 시작하였다. 천태종 소속의 담연(湛然, 711-782)이 전하는 바에 의하면 그 당시 황하 이북에서는 '아비달마문헌'을 중시했고, 장강 이남에서는 『성실론』을 중시했다고 한다.[44] 그러다가 송나라가 멸망하고 제나라가 시작되던 479년에[45] 고구려 요동성 출신의 승랑(450-530경)[46]이 장강 이남의 남조 불교계로 들어와 고삼론 사상을 정비하여 가르침을 펴면서 삼론의 정맥이 되살아나기 시작하였다. 승랑 이후 전개된 삼론학을 신삼론이라고 부른다.[47]

신삼론의 초조인 승랑의 사상은 ①상즉의 실상론, ②이원적(二元的) 범주론, ③방편적 교화론 그리고 ④무득(無得)의 오도론(悟道論)의 넷으로 정리된다.[48] 이 가운데 '①상즉의 실상론'은 승조의 사상을 그대로 계승한 것이다.[49] 승랑은 송말제시인 479년에 남조에 내려온 직후 제(齊)의 관리인 주옹(周顒)에게 가르침을 주었고 주옹은 이를 토대로 『삼종론(三宗論)』을 짓는다. 삼종론은 『삼종이제론(三宗二諦論)』이라고도 불리는데, 삼종이란 진속이제에 대한 세 가지 이론인 '불공가명(不空假名), 공가명(空假名), 가명공(假名空)' 이론을 말한다. 불공가명은 '가명이 불공이라는 이론'이고, 공가명은 '공과 가명이 다르다는 이론'이며, 가명공은 '가명이 그대로 공'이라는 이론이다. 이 가운데 가명공이 올바른 것인데 가명을 유, 공을 무로 풀어 쓸

43) 이하의 내용 대부분은 拙著 '『승랑 - 그 생애와 사상의 분석적 탐구』, 서울: 지식산업사, 2011'에 근거한다.
44) 湛然, 『法華玄義釋籤』(大正藏33, p.951上).
45) 승랑의 강남 도래 시기에 대해서는 '김성철, 『승랑 - 그 생애와 사상의 분석적 탐구』, 서울: 지식산업사, 2011, pp.93-102' 참조.
46) 승랑의 생몰시기에 대해서는 '위의 책, pp.67-69 및 pp.159-163' 참조.
47) 平井俊榮, 『中國般若思想史研究』, 東京: 春秋社, 1976, pp.232-233 참조.
48) 김성철, 『승랑 - 그 생애와 사상의 분석적 탐구』, 앞의 책, pp.381-395 참조.
49) 위의 책, 390-391 참조.

경우에 '유가 그대로 무'라는 이론이기에 승조의 유무상즉 사상과 다르지 않다. 우리에게 파악되는 모든 존재, 즉 제법의 가명은 그대로 공하다. 제법의 실상은 공성이다. 모든 존재의 참모습은 공하다. 마치 『반야심경』의 색즉시공과 같이 가명즉시공이며 이를 체득하는 것이 불교수행의 목적이다.

승랑은 이를 위해 다양한 불교이론들을 ②이원적 범주로 정리한다. 이원적 범주란 '체(體)와 용(用)', '진(眞)과 속(俗)', '중(中)과 가(假)', '성(聖)과 범(凡)', '이(理)와 교(敎)', '횡(橫)과 수(竪)', '단(單)과 복(複)' 등과 같은 '대립쌍'들이다. 예를 들어 '유'와 '무'는 용(用), 속(俗), 가(假), 교(敎)에 해당하고 '비유비무'나 '유무상즉'은 체(體), 진(眞), 중(中), 이(理)에 해당한다. 성[인聖(人)]에게는 진[제眞(諦)]가 파악되고 범[부凡(夫)]에게는 속[제俗(諦)]가 파악된다. 대립하는 개념을 나열하는 것은 횡(橫)의 조망이고, 하나의 개념에 대해 부정에 부정을 거듭하면서 그 정체를 추구해 들어가는 수(竪)의 통찰이다. '비유'와 같이 대립하는 개념 가운데 한쪽만 거론하는 것은 단(單)이고 '비유비무'와 같이 양쪽 모두 거론하는 것은 복(複)이다.

이원적 범주들을 활용하는 승랑의 사상 가운데 대표적인 것이 체(體)와 용(用), 중(中)과 가(假)의 범주를 이용하여 교설을 분류하는 '중가체용론(中假體用論)'이다. 예를 들어 '유, 무'가 가명이라면 이를 부정하는 '비유, 비무'는 중도인데, 교설의 방식에서 "비유, 비무 → 유, 무"와 같이 중도를 먼저 설한 다음에 가명을 설하는 것은 '중후가(中後假)'로 '체가(體假)'이고, "비유, 비무"와 같이 가명을 설하지 않고 그 이전에 중도만 설하는 것은 '가전중(假前中)'으로 '체중(體中)'이며, "유, 무 → 비유, 비무"와 같이 가명을 먼저 설하고 그 다음에 중도를 설하는 가후중('假後中)'은 '용중(用中)'이고, "유, 무"와 같이 중도를 설하지 않고서 가명만 설하는 '중전가(中前假)'는 '용가(用假)'다.50)

---

50) 吉藏, 『中觀論疏』(大正藏42, pp.22下-23上) ; 김성철, 『승랑 - 그 생애와 사상의 분석적 탐구』, 앞의 책, pp.282-288 참조.

승랑의 사상 가운데 '이제시교론(二諦是敎論)'이란 것이 있다. 승랑 당시에 광택사 법운, 장엄사 승민, 개선사 지장 등 양(梁)의 3대 법사들은 진제와 속제의 이제를 이법(理法)이나 경계(境界)로 간주했는데, 승랑은 이를 비판하면서 이제(二諦)는 교법(敎法)일 뿐이며 이법(理法), 즉 이 세상(境)의 참모습은 진제도 속제도 아니라는 점을 밝혔다고 한다. 그런데 교법인 이제, 즉 진제와 속제 각각에 고정된 내용이 있는 것이 아니다. 예를 들어 '유(有)'가 속제라면 이를 타파하는 작용인 '무(無)'는 진제다. 그런데 진제인 무를 작용이 아니라 이론으로 오해하게 되면 무는 다시 속제로 격하되고 유와 무 모두를 비판하는 비유비무가 제2의 진제로 제시된다. 더 나아가 이렇게 제2의 진제로 제시된 비유비무를 작용이 아니라 이론으로 간주하면 또다시 이를 타파하면서 제3의 진제가 제시된다. 요컨대 진제에 대해서 유소득, 유득(有得)의 오해가 발생하면, 무의무득(無依無得)의 진제를 지향하면서 통찰을 상승하는 것이다. 이를 삼중이제(三重二諦)[51], 또는 삼종이제(三種二諦)[52]라고 부르는데 이상의 설명을 표로 정리면 다음과 같다.

제3중 이제	속제			진제
	유	무	비유비무	비이 비불이(非二 非不二)
제2중 이제	속제		진제	
	유	무	비유비무	
제1중 이제	속제	진제		
	유	무		

제1중 이제는 범부를 위한 것이고, 성문과 연각의 이승을 위해서는 제2중 이제가, 유소득의 보살에게는 제3중이제가 제시된다.[53] 교화 대상에 따라서

이제의 내용이 달라지는 것이다. 이러한 신삼론의 삼중이제설을 승랑이 창안했다는 기록은 없지만 이제시교론(二諦是教論)과 아울러 승랑사상의 핵심이 무의무득(無依無得)에 있기에 이 역시 승랑이 창안한 것일 수 있다.[54]

『진서(陳書)』의 부재(傅縡, 531-585) 전기에서는 승랑에 대해 '무쟁(無諍)을 몸에 익히고 행하는 분'이어서 "미리 말하는 법도 없었고 생각을 짜내어 이치를 만들지도 않았으며, 상대를 보아야 비로소 응했고 적을 만난 다음에야 움직였다."고 쓰고 있다. 철저하게 대기설법 응병여약의 방식으로 교화했다는 것이다. 『대승현론』의 다음과 같은 두 가지 설명을 종합해 보면 승랑의 이제시교론 역시 주장이 아니라 방편이었음을 알 수 있다.

> 묻는다. "어째서 이제를 교문으로 삼는가?" 답한다. 유와 무로 교를 삼는 것에는 요컨대 다섯 가지 뜻이 있다. … 셋째는 사견(邪見)을 뽑아버리기 위함이다. 옛날의 이론에서는 유와 무가 이법이라고 집착했다. 그 유래가 아주 오래되어서 이분법적인 사견의 뿌리가 깊었기에 단박에 뽑아버릴 수 없었다. 섭령대사(攝嶺大師)께서는 상대방에 따라서 병을 물리치셨다[對緣斥病, 대연척병]. 이분법적인 사견의 뿌리를 뽑아내어 유와 무의 두 가지 집착을 버리게 하고자 유와 무를 설하여 불이(不二)의 이법(理法)에 통할 수 있지만 유와 무는 궁극적인 것이 아니다. 유와 무에 머물러서는 안 된다. 유와 무는 교법이다.[55]

> 묻는다. 섭산대사는 어째서 이제를 교법으로 삼았는가? 답한다. 그 뜻에 대해 깊이 이해할 필요가 있다. [첫째,] 정도(正道)는 결코 '진(眞)'이나 '속(俗)'인 적이 없지만 중생을 위해서 '진'이나 '속'이라는 이름을 만들어 설명하는 것이

---

53) 吉藏, 『二諦義』(大正藏45, pp.91上).
54) 김성철, 『승랑 - 그 생애와 사상의 분석적 탐구』, 앞의 책, p.313.
55) 吉藏, 『大乘玄論』(大正藏45, p.22下), "問 何故以二諦為教 答 以有無為教 略有五義 … 三 為拔見 舊義執有無 是理 由來既久 則二見其根深 難可頓拔 攝嶺大師 對緣斥病 欲拔二見之根 令捨有無兩執 故說有無能通不二理 非是究竟 不應住有無中 故有無為教"

다. 그래서 '진제'와 '속제'는 교법이 된다. 이는 정도와 관련하여 말한 것이다. 둘째, 이제에 대한 전통적인 견해를 제거하고자 이제가 교법임을 밝힌다. … [이제가] 두 가지 이법이라고 보는 견해를 제거하기 위해서 '진제'나 '속제' 모두 교법이라고 말하는 것이다. 지극한 도에 결코 '진'이나 '속'이 없으나 말단의 학자들은 이제가 교법이라는 말에 고착하여 다시 말을 내뱉고 생각을 만들어낸다. 일반적 전통에서 이제를 이법으로 보는 것은 '이견(理見)'이 되고 지금 이제를 교법으로 삼는 것은 다시 '교견(敎見)'을 이룬다. 만일 그 진정한 뜻을 터득한 사람이라면 경계[境, 경]라고 하든 교법이라고 하든 문제될 것이 없다. … 56)

승랑이 이제시교론의 가르침을 베풀긴 했지만, 이는 그 당시 이제를 이법(理法)으로 보는 '이견(理見)'을 제거하기 위해서 제시된 것일 뿐이다. 이제시교론을 승랑의 주장으로 간주한다면 이는 "이제는 교법이다."라는 '교견(敎見)'이 될 뿐이다. 더 나아가 이런 가르침의 참된 취지를 체득한 사람의 경우는 이제를 경계라고 해도 되고 교법이라고 해도 된다는 것이다. 결코 그 어떤 이론도 내세우지 않지만, 교화를 위해서는 거꾸로 어떤 이론이라도 활용한다. 응병여약과 대기설법의 방식에 철저했던 승랑의 ③'방편적 교화론'이다.

승랑의 사상의 핵심은 '무의무득'에 있다. 『삼론조사전집』에 인용된 『대승사론현의기』 단편에 의하면 승랑은 구마라습 문하의 팔숙(八宿)의 제자에게서 배운 제자에게 배움을 청하여 무의무소득의 대승법문을 터득했다고 한다.57) 여기서 '무의'란 『화엄경』에서 가장 빈번히 사용되는 용어로 '어디에

---

56) 吉藏, 『中觀論疏』(大正藏42, pp.28下-29上), "問 攝山大師何故以二諦爲教也 答 須深得此意 正道未曾眞俗 爲衆生故作眞俗名說 故以眞俗爲教 此是望正道爲言也 二者 拔由來二諦之見 故明二諦爲教 由來理二諦根深 … 爲拔二理之見故 言眞之與俗皆是教也 至道未曾眞俗 卽末學者遂守二諦是教 還是投語作解 由來二諦是理爲理見 今二諦爲教復成教見 若得意者境之與教皆無妨也"

57) 作者未詳, 『三論祖師傳集』(大日本佛教全書111, pp.519上-520中).

도 의지하지 않는 주체의 태도'를 의미하고 '무득'이란 『중론』 등 삼론학 문
헌과 『반야경』에 근거한 것으로 '어떤 자성도 성립하지 않는 객체의 성격'을
의미한다.[58] 그런데 이런 무의무득 사상은 승랑의 오도론에서 극명하게 드
러난다. 일반적으로 불교수행의 길을 다섯 갈래로 나눈다. 인간, 천신, 성문,
벽지불 그리고 보살의 오승이다. 이런 오승은 수행의 목표도 다르고 방법도
다르다. 예를 들어 보살은 성불을 목표로 대승보살도를 닦고, 성문은 아라한
을 목표로 삼아 소승적인 자리의 수행을 한다. 그러나 승랑은 그런 차별을
인정하지 않았다. 혜균은 『대승사론현의기』에서 다음과 같이 전한다.

> 오승(五乘)의 이치에 대해 풀이한다. 장안의 전통을 계승한 일가(一家, 삼론
> 가) 내지(乃至)[59] 고구려 승랑 법사 등은 "둘이 아니지만 둘이다[不二而二,
> 불이이이]"라고 말하여 그에 대해 밝혔다. [인(人), 천(天), 성문(聲聞), 벽지
> 불(辟支佛), 보살(菩薩)의] 오승은 모두 정법의 반야가(般若家)이다. 방편이
> 공통되기에 이 모두가 무의무득(無依無得)의 오승이다.[60]

　　보살이든 성문이든 인간이든 천신이든 벽지불이든 오승 모두 반야를 닦는
다는 것이다. 따라서 오승은 외견상 서로 달라 보이지만 반야를 수행의 방편
으로 삼는다는 점에서는 서로 다르지 않다. 이들 모두 어디에도 의지하지 않
고 어떤 자성도 인정하지 않는 무의무득의 길을 간다. 승랑이 남조불교계에
전한 중도불성론 역시 무의무득의 불성이다. 비유비무나 불생불멸과 같은 중
도의 통찰을 제시하는 것이 아니라, 불성에 대한 상대방의 생각을 중화시킴

---

58) 김성철, 『승랑 - 그 생애와 사상의 분석적 탐구』, 앞의 책, p.245.

58) 김성철, 『승랑 - 그 생애와 사상의 분석적 탐구』, 앞의 책, p.245.

59) 원문은 '屋'이나 뜻이 통하지 않는다. 縱書로 쓴 '乃至'를 하나의 글자로 잘못
　　읽어 오사(誤寫)했다고 보아 위와 같이 번역하였다. '김성철, 위의 책, p.276, 각주1
　　91' 참조.

60) 慧均, 『大乘四論玄義』(新纂藏46, p.655中), "釋五乘義 一家關河相傳 屋[乃至]
　　攝嶺高句麗朗法師等云 不二而二明之 五乘並是正法般若家 方便通故 悉是無依無
　　所得五乘也"

으로써 불성을 자각하게 한다. 길장의 『대승현론』에서는 이런 과정에 대해 다음과 같이 설명한다.

> 묻는다. "[이상과 같이] 다른 이론을 논파한 내용은 그럴 듯하다. [그러면] 이쪽에서는 무엇을 정인(正因)으로 삼는가?" 답한다. "일단 다른 이론을 상대할 때에는 그런 이론 그대로 뒤집을 필요가 있다. 그들 모두가 '유'를 말하면 이쪽에서는 모두 '무'를 말한다. 그가 '중생'을 정인으로 삼으면, 이쪽에서는 '중생이 아님[非衆生, 비중생]'을 정인으로 삼고, 그가 육법(六法)[61)]을 정인으로 삼으면 이쪽에서는 '육법이 아님[非六法, 비육법]'을 정인으로 삼는다. 더 나아가 그가 '진제'를 정인으로 삼으면 이쪽에서는 '진제가 아님[非眞諦, 비진제]'을 정인으로 삼는다. 만일 '속제'를 정인으로 삼으면 이쪽에서는 '속제가 아님[非俗諦, 비속제]'을 정인으로 삼는다. 그래서 '비진비속의 중도'가 정인(正因)인 불성인 것이다. 약으로 병을 치료하고자 하는 경우는 이렇게 설할 필요가 있다.[62)]

성불의 정인인 불성에 대해서 상대방이 '유'를 말하면 이쪽에서는 '무'를 말하여 유라는 생각을 중화시킨다. 예를 들어 '중생'이 불성이라고 주장하는 사람을 대할 때에는 '중생 아님'이 불성이라고 말해주고 …… '진제'가 불성이라고 생각하는 사람에게는 '진제 아님'이 불성이라고 말해 준다. 상대방이 어떤 개념을 불성으로 삼든 그와 상반된 개념이 불성이라고 제시해 줌으로써 상대방의 생각을 중화시키는 것이다. 중도의 표현을 제시하는 것이 아니라, 상대의 생각을 세척함으로써 진정한 중도를 체득케 하는 무의무득의 방식이다. ④무득의 오도론이다.

---

61) 五陰과 人.
62) 吉藏, 『大乘玄論』(大正藏45, p.37上), "問 破他可爾 今時何者爲正因耶 答 一往對他則須倂反 彼悉言有 今則皆無 彼以衆生爲正因 今以非衆生爲正因 彼以六法爲正因 今以非六法爲正因 乃至 以眞諦爲正因 今以非眞諦爲正因 若以俗諦爲正因 今以非俗諦爲正因 故云非眞非俗中道爲正因佛性也 以藥治病則須此說"

　이상으로 승랑의 사상을 받치는 네 가지 기둥에 대해 간략히 설명해 보았는데 각각의 관계를 도시하면 다음과 같다.

	상즉의 실상	
방편적 교화	↓　↑	무득의 오도
	이원적 범주	

　"'이원적 범주'로 '상즉의 실상'을 깨닫지만[悟道, 오도] 깨달음에 내용이 있는 것이 아니기에[無得, 무득] '무득의 오도'이며, '상즉의 실상'을 '이원적 범주'로 가르치지만[敎法, 교법] 교화 시기와 대상에 맞추어 교설을 베풀기에[方便, 방편] '방편적 교화'다."63)

2. 선 - 반야중관의 실천적 구현64)

　승랑의 사상은 승전과 법랑을 거친 후 증손제자인 길장에 이르면서 '신삼론 사상'으로 결실하였다. 그런데 신삼론 사상이 무르익는 과정은 선종의 발생 과정과 시기적으로 일치한다. 초기 선종의 많은 인물들은 삼론가들과 교류하였을 뿐만 아니라, 선승들의 교화와 오도에서도 삼론학의 방식이 발견된다. 선종의 발생에서 삼론학의 영향은 결정적이었다.

───────────────

63) '김성철, 『승랑 - 그 생애와 사상의 분석적 탐구』, 앞의 책, p.382'에서 인용.
64) 이하의 내용 대부분은 拙稿, '김성철, 「선과 반야중관의 관계」, 『불교학연구』, 서울: 불교학연구회, 2012'에 근거한다.

신삼론의 초조인 승랑은 양무제가 보낸 10인의 학승을 통해 가르침을 줌으로써 양무제를 대승으로 전향시켰다. 승랑의 간접적 교화 이후 양무제가 제창한 불교이론을 '제지의(制旨義)'라고 불렀다. 신화적인 얘기이긴 하지만, 선종의 경우도 초조인 보리달마가 양무제를 만나 대화를 나누었다는 일화가 널리 알려져 있다. 신삼론과 초기 선종의 접점에 호법왕 양무제가 있었다. 도선의 『속고승전』에 의하면 달마는 "말을 잊고 생각을 잊는 무득정관(無得正觀)을 가르침의 요체로 삼았다."[65]고 하는데, 무득정관이란 신삼론 사상의 핵심이기도 하다.[66] 또 신삼론의 제3조인 법랑과 동학이었던 혜포(慧布, 518-587)가 선종의 제2조인 혜가(慧可, 487-593)의 법회에 참여하여 대화를 나누었다는 일화[67], 혜가에게 가르침을 받았던 화선사와 그 문하생들이 모두 삼론학에 조예가 깊었다는 점 등에 비추어 볼 때, 혜가 문하에서는 반야삼론과 선 수행이 함께 이루어졌음을 알 수 있다.[68] 또 선종의 우두(牛頭) 법융(法融, 594-657)의 출가 후 첫 스승은 신삼론 법랑의 제자인 대명법사였다. 또 그 뒤에 법융이 가르침을 받았다는 광법사, 법민, 민법사 모두 삼론학에 조예가 깊은 인물들이었다.[69]

이상에서 보듯이 초기 선종과 삼론학파 간에는 인적 교류도 잦았지만, 선승들의 언행에서는 삼론학의 방식이 그대로 구현되고 있다. 신삼론 사상 가운데 삼중이제설, 이내이제설, 중도불성론, 무의무득 사상 등이 그것이었다.[70] 앞 절에서 삼중이제설에 대해서 소개한 바 있는데 삼중이제설의 방식

65) 道宣, 『續高僧傳』(大正藏50, p.666中), "於後達磨禪 師傳之南北 忘言忘念無得正觀為宗"
66) 吉藏, 『仁王般若經疏』(大正藏33, p.315下, p.323上, pp.336上-中, p.347下) ; 『涅槃經遊意』(大正藏38, p.231上) ; 『三論玄義』(大正藏45, p.10下) ; 『維摩經略疏』(新纂藏19, p.197下).
67) 道宣, 『續高僧傳』(大正藏50, p.480下).
68) 平井俊榮, 『中國般若思想史研究』, 東京: 春秋社, 1976, pp.282-283.
69) 김성철, 「선과 반야중관의 관계」, 『불교학연구』, 서울: 불교학연구회, 2012, pp.246-250 참조.

은 '진제를 향한 변증적 파기'라고 요약된다. 그런데 선승들의 문답에서 우리
는 삼중이제설의 방식을 볼 수 있다. 마조(馬祖, 709-788)는 부처의 정체에
대한 법상(法常, 752-839)의 질문에 대해 "마음이 그대로 부처다."라고 대답
한 적이 있는데, 나중에 그 이유를 묻는 다른 스님과 다음과 같이 문답을 나
눈다.71)

> 물음: 화상께서는 어째서 마음이 그대로 부처라고 설하셨습니까?
> 답변: 어린 아이의 울음을 그치기 위한 것이니라.
> 물음: 울음을 그치면 어떻게 하시겠습니까?
> 답변: 마음이랄 것도 없고 부처랄 것도 없다.
> 물음: 이런 두 종류의 사람 말고 다른 사람이 오면 어떻게 가르치시겠습니까?
> 답변: 그를 향해서 "본래 중생이랄 것도 없소."라고 말하겠소.
> 물음: 갑자기 바로 그런 사람을 만나게 되면 어떻게 하시겠습니까?
> 답변: 그를 가르쳐서 대도를 체득하게 해주겠소.72)

　부처의 정체에 대한 마조의 답변은 '마음'이었는데, 나중에는 "마음이랄
것도 없고 부처랄 것도 없다."로 바뀐다. 그러나 이 역시 궁극적인 답이 아니
다. 이어서 "본래 중생이랄 것도 없소."라는 제3의 답을 제시한다. 진제를
'무'라고 말했다가, 이에 대해 집착하자 "유도 아니고 무도 아니다(非有非無,
비유비무)."는 제2의 진제를 제시했다가, 다시 이를 파기하고 "유와 무도 아
니고(非二, 비이) 유와 무가 아닌 것도 아니다(非不二, 비불이)."는 제3의 진
제를 제시하는 삼론학의 방식과 다를 게 없으며 그 어떤 것에도 의지하지
않고 그 어떤 것도 집착하지 않는 무의무득(無依無得)의 교화다.

---

70) 김성철, 위의 논문, pp.251-267.
71) 김성철, 위의 논문, pp.254-255.
72) 『江西馬祖道一禪師語錄』(新纂藏69, p.4下), "僧問 和尚爲甚麼說即心即佛 祖
　曰 爲止小兒啼 曰啼止時如何 祖曰 非心非佛 曰除此二種人來 如何指示 祖曰 向
　伊道不是物 曰忽遇其中人來時如何 祖曰 且教伊體會大道"

선(禪)은 견성(見性)을 지향한다. 견성이란 견불성(見佛性)의 준말로 "불성을 본다."는 뜻이다. 견성을 위해서 화두를 든다. 간화선에서 '조주무자(趙州無字)'의 화두를 들 때, '무(無)'에 대해서 "유, 무의 의식을 일으켜서는 안 된다." 간화선을 창시한 대혜(大慧) 종고(宗杲, 1089-1163)의 지침이다. 오조(五祖) 법연(法演, ?-1104) 역시 무자에 대해서 "유라고 대답하는 것을 바라지 않고, 무라고 대답하는 것을 요구하지도 않는다. 유무라고 대답하는 것도 바라지 않는다."고 가르친다. 조주무자 화두를 들 때, '유, 무'의 양변(兩邊)에 빠져도 안 되고, '유, 무, 유무, 비유비무'의 4구에 떨어져도 안 된다. 마음을 '중도의 궁지'로 몰고 가야 한다. 그래야 불성을 본다. 견성하는 것이다. 요컨대 간화선의 견성론에서 말하는 불성은 중도를 의미한다. 삼론학에서도 그 당시의 온갖 불성론들[73]을 배격하면서 중도를 불성으로 제시한 바 있다.[74] 교화할 때에는 '중화작용'을 통해 불성을 드러내고, 수행할 때에는 '중도의 궁지'로 마음을 몰고 감으로써 불성을 자각한다.

삼론학 이론 가운데 "진속이제의 교법(敎法)은 이법(理法) 내에 있다."는 이내이제설(理內二諦說) 역시 선불교에 그대로 스며있다. 이내이제설은 요컨대 "말 속에 뼈가 있다."는 사상이다. 일반적으로 교법과 이법에 대해 설명할 때 손가락과 달의 예를 든다. 이법이 진리로 달에 비유된다면, 교법인 가르침은 달을 가리키는 손가락에 해당한다. 그러나 이는 교법과 이법을 구분하는 분별적인 이해, 이분법적인 이해일 뿐이다. 이내이제설에서는 모든 교

---

73) 길장의 『대승현론』에 의하면 그 당시의 이론가들은 '①중생 ②六法(五陰과 人) ③마음(心) ④그윽하게 이어지며 쇠락하지 않음(冥傳不朽) ⑤괴로움을 피하고 즐거움을 추구함(避苦求樂) ⑥참된 영혼(眞神) ⑦阿梨耶識 自性淸淨心 ⑧앞으로 이룰 불과(當果) ⑨부처가 된다는 이치(得佛之理) ⑩眞諦 ⑪第一義空' 등을 成佛의 正因인 佛性으로 보았는데, 삼론학에서는 이 모두를 비판하면서 중도가 불성이라고 규정한다. 김성철, 『승랑 - 그 생애와 사상의 분석적 탐구』, 앞의 책, p.256.
74) 이에 대해서는 拙稿, '김성철, 「삼론학의 불성론 - 立破自在한 無依無得의 중도 불성론」, 동아시아에서 불성·여래장사상의 수용과 변용 세미나 자료집, 논산: 금강대학교불교문화연구소, 2012' 참조.

법은 이법 내에 있다고 가르친다. 말하자면 손가락이 달 속에 있다는 뜻이다. 손가락이 그대로 달이다. 선사들의 일거수일투족은 그대로 달이다. 무언의 감화가 가능한 이유일 것이다.[75]

　인도불교의 반야중관은 삼론학에 의해 재해석되었고, 이를 실천적으로 구현한 것이 바로 선이었다. 용수의 중관학이 초기불전의 연기설(緣起說)에 근거하여 대승 반야경의 공(空)을 논증하면서 불교 바깥에서 유래하는 자띠(Jāti) 또는 상응(相應) 논법을 활용하였듯이, 삼론학에서는 인도불교의 중관학에 기반을 두면서 중국의 전통 형이상학인 현학(玄學)의 '유, 무' 개념과 노장의 문구를 차용하여 연기와 공을 동아시아의 언어로 표출해 내었다. 그리고 이러한 삼론학의 지반 위에서 오도(悟道)와 교화의 삶을 살았던 인물들이 바로 선승들이었고 수백 년에 걸쳐 축적된 이들의 언행록은 방대한 선장(禪藏)으로 편집되었다. 인도의 중관학은 동아시아에서 선(禪)으로 환골탈태(換骨奪胎)하였던 것이다.

참고문헌

　世親, 『攝大乘論釋』(大正藏31)

　湛然, 『法華玄義釋籤』(大正藏33)

---

75) 이 이상의 상세한 논의는 拙稿, '김성철, 「선과 반야중관의 관계」, 앞의 책'을 참조하기 바람.

吉藏, 『仁王般若經疏』(大正藏33)

吉藏, 『淨名玄論』(大正藏38)

吉藏, 『涅槃經遊意』(大正藏38)

吉藏, 『中觀論疏』(大正藏42)

僧肇, 『肇論』(大正藏45)

吉藏, 『三論玄義』(大正藏45)

吉藏, 『大乘玄論』(大正藏45)

吉藏, 『二諦義』(大正藏45)

道宣, 『續高僧傳』(大正藏50)

吉藏, 『維摩經略疏』(新纂藏19)

慧均, 『大乘四論玄義』(新纂藏46)

『江西馬祖道一禪師語錄』(新纂藏69)

作者未詳, 『三論祖師傳集』(大日本佛教全書111)

老子, 『道德經』(第2章)

Vātsyāyana, Nyāyadarśanam, I / II (1982), Kyoto: Rinsen Book co.

龍樹, 金星喆 譯(1993), 『中論』, 서울: 경서원

직메 왕뽀, 박은정 역(2010), 『불교철학의 보물꾸러미』, 경주: 동국대 티벳장경연구소

Vātsyāyana, Trs. by Gaṅgānātha Jhā(1984), Nyāya-Sūtras of Gautama, Vol. I -IV, Motilal Banarsidass

가지야마 유이치 外, 전치수 역(1989), 『인도불교의 인식과 논리』, 서울: 민족사

김성철(1996), 『용수의 중관논리의 기원』, 서울: 동국대학교대학원

김성철(2003), 『원효의 판비량론 기초 연구』, 서울: 지식산업사

김성철(2006), 『중관사상』, 서울: 민족사

김성철(2011), 『승랑 - 그 생애와 사상의 분석적 탐구』, 서울: 지식산업사

김성철(2012), 「승랑과 승조 - 생애와 사상, 영향과 극복에 대한 재조명 -」, 『불교학보』, 제61집

김성철(2012), 「삼론학의 불성론 - 立破自在한 無依無得의 중도불성 론」, 동아시아에서 불성·여래장사상의 수용과 변용 세미나 자료집, 논산: 금 강대학교불교문화연구소

김성철(2012), 「선과 반야중관의 관계」, 『불교학연구』, 제32집, 서울: 불교학연구회

梶山雄一(1982), 「中觀思想の歷史と文獻」, 『中觀思想』, 講座大乘佛 敎7, 東京: 春秋社

一鄕正道(1982), 「瑜伽行中觀派」, 『中觀思想』, 講座大乘佛敎7, 東京: 春秋社.

塚本善隆(1954), 「佛敎史上における肇論の意義」, 塚本善隆 編, 『肇論 硏究』, 京都: 法藏館

湯用彤(1938), 『漢魏兩晉南北朝佛敎史』, 臺灣: 商務印書館

平井俊榮(1976), 『中國般若思想史硏究』, 東京: 春秋社

许抗生(2003), 『僧肇评传』, 南京: 南京大學出版社

삼론학파의 핵심사상과 인물

삼론학의 불성론

- 입파자재한 무의무득의 중도불성론 -

Ⅰ. 삼론학 불성론의 연원과 문헌

Ⅱ. 삼론학의 오종불성과 중도불성론

　1. 삼론학의 오종불성론

　2. 제가(諸家)의 정인불성론과 그에 대한 비판

　3. 삼론학 중도불성론의 근거와 방법

Ⅲ. 불성과 관계된 몇몇 이론에 대한 무의무득의 분석

　1. 불성은 원래 있었나(본유), 새롭게 생기나(시유)?

　2. 보살의 수행계위에 따른 견불성의 정도

　3. 이내, 이외의 구분과 불성의 유, 무

Ⅳ. 삼론학 불성론의 열개와 특징에 대한 개관

Ⅰ. 삼론학 불성론의 연원과 문헌

　구마라습(鳩摩羅什, 344-413C.E.[1])의 역경 이후 삼론학이 탄생하였지만, 일반적으로 삼론학파라고 하면 승랑(僧朗, 450-530경), 승전(僧詮, 5세기말 -558)[2], 법랑(法朗, 507-581), 길장(吉藏, 549-623)으로 이어진 신삼론(新三論) 전통을 의미한다. 신삼론의 초조로 간주되는 고구려 요동 출신의 승랑

---

1) 또는 350-409년.

2) 승랑과 승전의 생몰시기에 대해서는 '김성철(2011), 『승랑 - 그 생애와 사상의 분석적 탐구』(서울: 지식산업사), pp.67-69 ; pp.150-162 참조.

이나, 그 제자인 승전 모두 독립된 전기도 없고 저술도 현존하지 않는다. 양자 모두 은둔 수행승이었기 때문이었다. 삼론학파가 하나의 세력을 이룬 것은 이들의 주도적 노력에 의한 것이 아니었다. 삼론학파의 성립은 양말진초(梁末陳初)의 정치적 격변과 유관하다. 양말에 '후경(候景, 503-552)의 난(亂)'을 피하여 건강(健康) 북동쪽의 섭산(攝山)에 모여들었던 승려들이 6년에 걸쳐서 승전으로부터 가르침을 받았고, 진(陳)을 건국한 무제(武帝) 진패선(陳覇先, 503-559)이 이들 섭산의 승려들을 건강으로 불러들여 적극 후원하면서 섭산의 삼론 학습 전통이 하나의 독립된 학파의 모습을 띄게 된다.3) 신삼론의 사자상승의 계보에서 제3대인 법랑 이후의 일이다.

불성에 대한 가장 풍부한 논의가 실려 있으며 불성을 논할 때 가장 중요한 전거가 되는 것이 대승 『대반열반경』이다. 그런데 신삼론의 초조인 승랑은 『대반열반경』을 강의하지 않았으며4) 그 직제자인 승전은 『대반열반경』을 강의하다가 '본유금무게(本有今無偈)'에서 멈추었다고 한다.5) 이 게송은 총 36권으로 이루어진 남본 『대반열반경』에서 제9권 보살품과 제15권 범행품(梵行品)에 2회 그리고 제25권과 제26권의 사자후보살품에 2회 등장하는데, 승전이 이 가운데 어떤 게송을 강의하다가 멈추었는지 더 이상의 기록은 없지만 제9권 보살품의 '본유금무게'에서 강의를 멈추었다고 해도, 적어도 남본 『대반열반경』의 앞부분 1/4 정도를 강의한 꼴이 된다. 또 난해한 구절에 대해서는 그 뜻을 풀어 주었다고 하며6) 전공사우(詮公四友)라고 불리는 승전의 제자 가운데 법랑에게만은 『대반열반경』에서 문제가 되는 구절에 대해서 친히 가르침을 주었다고 하기에7) 법랑의 불성 이론에는 그 선대 스승들의

---

3) 김성철(2011), pp.163-168 참조.
4) 作者未詳, 『三論祖師傳集』(N111), p.520a.
5) 吉藏, 『大品經義疏』(X24), p.196a ; 吉藏, 『涅槃經遊意』(T38), pp.230a-b.
6) 作者未詳, 『三論祖師傳集』(N111), p.520a.
7) 安澄, 『中論疏記』(T65), pp.98a-b.

사상이 많이 배어있을 것으로 짐작된다. 길장이나 혜균8)이 전하듯이 삼론학에서는 중도를 성불의 정인(正因)인 불성으로 삼았다. 소위 중도불성론이다. 이는 멀리 하서(河西)의 도랑(道朗)에게서 유래한 것이라고 한다.9) 그런데 남조 불교계에서 양대(梁代) 초의 열반학자들은 하서 도랑의 불성이론을 수용하지 않았던 것으로 보인다. 양무제의 명을 받아 보량(寶亮, 444-509)이 509년에 편찬한 『대반열반경집해(大般涅槃經集解)』는 그 당시의 열반학자 대부분의 이론을 집대성한 '『대반열반경』의 주석서'인데, 하서 도랑이라는 이름이나 그가 저술한 『열반의소(涅槃義疏)』를 거론조차 하지 않기 때문이다.10) 그러나 그 후 8년이 지나 양무제가 517년에 저술한11) 「주해대품서」에서는 중도불성론의 편린이 발견된다. 양무제는 다음과 같이 쓰고 있다.

> 열반은 과덕(果德)을 드러내고 반야는 인행(因行)을 밝힌다. 과덕을 드러냄에 상주불성(常住佛性)을 본(本)으로 삼고 인행을 밝힘에 무생중도(無生中道)를 종(宗)으로 삼는다. 세속제의 언설로는 열반이 따로 있고 반야가 따로 있지만 제일의제의 언설로는 다시 어찌 그 우열을 거론할 수 있겠는가?12)

"무생중도인 반야가 원인이 되어 상주불성의 열반이라는 결과를 얻게 되지만, 엄밀히 말하면 반야와 열반이 구분되지 않는다."는 뜻이다. 다시 말해 무생중도의 지혜가 그대로 상주불성인 열반이라는 통찰로, 이는 중도불성론에 다름 아니다. 양무제는 관하(關河)의 옛 이론을 참조하여 『주해대품서』를 저술했다고 하며,13) 탕용퉁(湯用彤)이 말하듯이 관하의 옛 이론은 승랑을 통

---

8) "今大乘明義 正以中道為正因體 故正因佛性是正法": 慧均, 『大乘四論玄義記』 (X46), p.603b.
9) 吉藏, 『大乘玄論』(T45), p.35c ; 平井俊榮(1976), 『中國般若思想史研究』(東京: 春秋社), p.320.
10) 김성철(2011), p.264.
11) 「주해대품서」 저술 시기에 대한 분석은 '김성철(2011), p.261' 참조.
12) 梁武帝, 「注解大品序」, 『出三藏記集』(T55), p.53c.

해서 양무제에게 전해졌을 것으로 짐작되는데,[14] 위에 인용한 불성에 대한 논의 역시 그에 속했을 것이다.

승랑이 섭산의 지관사에서 가르침을 펴고 있을 때, 그 명성을 들은 양무제는 승랑을 황실로 초청하였다. 그러나 승랑이 이를 거부하자 천감(天監) 11년(512년)에 10인의 학승을 섭산에 보내어 가르침을 받게 한다.[15] 이들을 통해서 간접적으로 승랑의 가르침을 전해들은 양무제는 그에 근거하여 새로운 불교관을 피력하기 시작했고, '황제의 이론'이라는 의미에서 이를 '제지의(制旨義)'라고 불렀다.[16] 「주해대품서」에서는 승랑의 사상 가운데 '이제시교론(二諦是敎論)', '무의무득(無依無得) 사상', '교판(敎判)의 비판' 등이 발견된다.[17]

대만의 옌상원(顔尙文)이 주장하듯이 양무제는 『대품반야경』을 주석함으로써 승권을 장악하려 하였다.[18] 양무제가 「주해대품서」에서 양의 3대 법사의 교판을 비판했던 것 역시 이를 방증하는 예 가운데 하나다.[19] 주지하듯이 양무제는 진신(眞神)을 불과(佛果)의 정인(正因)인 불성으로 삼았다고 한다. 소위 양무제의 진신불성론이다. 그러나 「주해대품서」에서 양무제는 이런 통설과 달리 무생중도(無生中道)를 열반의 인행(因行)으로 제시한다. '무생중도'라는 용어는 『대반열반경집해』에서는 전혀 발견되지 않지만 승랑의 증손 제자인 길장의 『법화현론』[20]이나 『대승현론』[21]에서는 눈에 띈다. 「주해대

---

13) 梁武帝, 「注解大品序」, 『出三藏記集』(T55), p.54b.
14) 湯用彤(1997[초판 1938]), 『漢魏兩晋南北朝佛教史』(北京: 北京大學出版社), p.530.
15) 江總持, 「栖霞寺碑銘」(中國佛寺誌叢刊23), pp.493-494.
16) 吉藏, 『二諦義』(T45), p.108b.
17) 김성철(2011), pp.133-135 참조.
18) 顔尙文(1998), 「梁武帝注解『大品般若經』與「佛教國家」的建立」, 『佛教研究中心學報』 Vol.3(台北: 國立臺灣大學文學院佛學研究中心), p.99.
19) 김성철(2011), pp.269-275 참조.
20) 吉藏, 『法華玄論』(T34), p.424b.
21) 吉藏, 『大乘玄論』(T45), p.64b.

품서」가 승랑의 강한 영향 아래 저술되었다고 볼 때, 이렇게 불성을 중도와 연관시키는 양무제의 사상은 승랑에게서 유래했을 것으로 짐작된다.22)

　일본 삼론종의 안징(安澄, 763-814)이 저술한 『중론소기(中論疏記)』에 인용된 「술의(述義)」의 기사에서는 승랑의 스승으로 돈황(敦煌)의 담경(曇慶)법사를 든다.23) 그런데 돈황은 실크로드 가운데 '돈황→ 주천(酒泉)→ 장액(張掖)→ 무위(武威)'로 이어지는 '하서회랑(河西回廊)'의 시발점이다. 담경이 정체불명의 인물이긴 하지만, 「술의」의 기사가 사실이라면 승랑의 스승인 담경과 중도불성론의 주창자인 도랑 모두 하서 지역의 인물들이기에, 돈황을 포함하는 하서 지역을 방문했던 승랑이 '중도불성론'을 학습한 후 강남으로 이주하였고, 삼론학의 다른 가르침들과 함께 중도불성론이 10인의 학승을 통해서 간접적으로 양무제에게 전해졌을 것이라고 추정할 수 있을 것이다.24) 하서 도랑이 창안한 중도불성론이 승랑을 통해서 처음으로 남조불교계에 소개되었고, 승전과 법랑을 거치면서 삼론학의 불성이론으로 완성되어 갔던 것으로 짐작된다.

　삼론학 문헌 가운데 '불성의(佛性義)'라는 별도의 제목으로 불성에 대해서 논의하는 문헌은 길장의 『대승현론(大乘玄論)』 제4권, 혜균의 『대승사론현의기(大乘四論玄義記)』 제7, 8권 그리고 작자미상의 『대승삼론약장(大乘三論略章)』의 세 가지이다. 이 세 가지 문헌에 실린 불성이론을 비교해 보면, 분량의 차이로 인해서 내용에 가감이 있긴 하지만, 다루는 주제도 일치하고, 논지 전개 방식도 서로 유사하다. 『삼론약장』은 길장의 저술에 의거한 것이기에 그럴 수 있겠지만, 길장의 『대승현론』과 혜균의 『대승사론현의기』에 서로 유사한 내용이 많다는 점은 이들 문헌에 실린 불성 이론들 대부분이 길장과 혜균의 창안이 아니라 양자의 스승인 법랑의 가르침에 근거한 것이라

---

22) 김성철(2011), pp.256-268 참조.
23) 安澄, 『中論疏記』(T65), p.22a.
24) 김성철(2011), pp.88-90 참조.

는 점을 시사한다. 그리고 앞에서 설명했듯이 그 뿌리는 섭산의 승전과 승랑 그리고 더 멀리는 하서 도랑에게 있을 것이다.

　'불성의'라는 제목으로 삼론학의 불성론에 대해 논의하는 문헌이 이렇게 세 가지가 있으며, 그 가운데 분량이 가장 많은 것이 혜균의 『대승사론현의 기』인데도 지금까지 삼론학의 불성 사상에 대해서 연구할 때, 주된 자료로 삼았던 문헌은 길장의 『대승현론』이었다. 그 이유는 『대승사론현의기』에 오사 또는 누락된 글자가 특히 많아서 해독이 쉽지 않았기 때문일 것이다. 『대승사론현의기』의 불성의(佛性義)에 대한 선구적 연구로 일본의 이토타카토시(伊藤隆壽)의 논문 「사론현의 불성의의 고찰」이 있다.25) 『대반열반경』의 각 품에 대한 견해를 소개하고, 오종불성론을 간략하게 정리한 후, 정성(正性)이라는 용어의 출전을 찾는다. 그러나 논문의 말미에서 쓰듯이 『대승현론』과 비교, 검토하는 일, 천태와 혜원(慧遠)의 열반경관(涅槃經觀)이나 불성설과 어떤 관련이 있는지 대비하는 일, 이내(理內), 이외(理外)의 개념과 초목본유불성(草木有佛性)의 문제, 견성(見性)의 문제는 차후의 과제로 남기며 다루지 않는다.26) 또 최근의 연구물로는 칸노히로시(菅野博史)의 「『대승사론현의기』 「불성의」의 「제일 대의」의 분석」이 있다.27) 총8절로 이루어진 '불성의' 가운데 제1절인 '명대의(明大意)'에서 중요한 부분을 순서에 따라서 발췌하여 번역하면서 풀이한 논문이다. 한국의 경우 최연식의 『대승사론현의기』 교감본만 있을 뿐이며28) 대만을 포함한 중국 학계에도 『대승사론현의기』의 불성의 전체에 대한 독립적 연구는 아직 없는 듯하다.

---

25) 伊藤隆寿(1973), 「四論玄義仏性義の考察」, 『駒沢大学仏教学部研究紀要』 31 号(東京: 駒沢大学仏教学部), pp.325-336.
26) 伊藤隆寿(1973), p.334.
27) 菅野博史, 「『大乘四論玄義記』 「佛性義」の「第一大意」の分析」, 『創価大學人文論集』 24(東京: 創価大学人文学会), 2012, pp.47-71.
28) '崔鈆植(2009), 『校勘 大乘四論玄義記』(서울: 불광출판사)'에서 많은 글자를 교정한다.

오자와 탈자가 많은 『대승사론현의기』를 연구하는 것이 고역이긴 하지만, 삼론학의 불성론을 체계적으로 정리하고자 할 때 『대승사론현의기』는 『대승현론』 이상으로 중요한 자료가 된다. 본고에서는 불성 이론과 관련하여 이들 세 문헌의 '불성의'에 실린 내용을 비교하면서 모호하거나 부족한 내용을 상호 보완하여 삼론학 불성론의 얼개와 특징을 구명해 보고자 한다.

Ⅱ. 삼론학의 오종불성(五種佛性)과 중도불성론

1. 삼론학의 오종불성론

앞에서 말했듯이 삼론학의 불성 이론은 『대반열반경』에 근거한다. 『대반열반경』에서는 불성에 대해 참으로 다양하게 정의한다. '자아에 대한 집착을 제거한 아견(我見)'[29], '십이인연을 관찰하는 지혜', 십이인연, '아뇩다라삼먁삼보리의 중도종자'[30], 제일의공, 중도[31], '십이인연의 흐름을 무상무단(無常無斷)으로 관조하는 지혜'[32], 수능엄삼매, 반야바라밀, 금강삼매, 사자후삼매[33], 대자대비(大慈大悲), 대희대사(大喜大捨)[34] …. 그런데 「사자후보살품」에서는 이 가운데 '십이인연'과 관련하여 불성에 대해서 다음과 같이 설명한다.

선남자여, 이러한 '십이인연을 보는 지혜'가 바로 아뇩다라삼먁삼보리의 종자

---

29) 『大般涅槃經』(T12), p.635c.
30) 『大般涅槃經』(T12), p.768a.
31) 이상, 『大般涅槃經』(T12), p.767c
32) 이상, 『大般涅槃經』(T12), p.768b.
33) 이상, 『大般涅槃經』(T12), p.769b.
34) 이상, 『大般涅槃經』(T12), p.802c.

다. 이런 의미에서 십이인연을 불성이라고 부른다. 선남자여, 비유하자면 '호
과(胡瓜)'를 '열병(熱病)'이라고 부르는 것과 같다. 왜 그런가? 열병에 대해서
원인이 될 수 있기 때문이다. 십이인연도 역시 이와 마찬가지다. 선남자여, 불
성이란 것은 ①인(因)을 갖고, ②인인(因因)을 가지며, ③과(果)를 갖고 ④과
과(果果)를 갖는다. ①인(因)을 갖는 것은 십이인연(十二因緣)이고, ②인인
(因因)은 지혜이며, ③과(果)를 갖는 것은 아뇩다라삼먁삼보리이며, ④과과
(果果))는 무상대열반(無上大涅槃)이다. 선남자여, 이런 뜻으로 인해서 십이
인연은 불래불출(不來不出), 불상부단(不常不斷), 비일비이(非一非異), 불래
불거(不來不去), 비인비과(非因非果)다. 선남자여, ⓐ인(因)이지만 과(果)가
아닌 것은 불성과 같다. ⓑ과이지만 인이 아닌 것은 대열반과 같다. ⓒ인이기
도 하고 과이기도 한 것은 십이인연에서 생한 법들과 같다. 비인비과를 불성
이라고 부른다.35)

　싯다르타 태자가 보리수 아래에서 ①'십이인연'을 관찰함으로써 부처의 ③
'과'를 이루었기에 ②'십이인연을 관찰하는 지혜'가 '아뇩다라삼먁삼보리(An
uttarasamyaksaṃbodhi)의 종자'이며 '불성'이다. 그러나 간단히 줄여서 '십
이인연'을 불성이라고 부른다. 예를 들어 '호과'를 먹으면 열병이 생기는데,
이 때문에 호과를 '열병'이라고 은유하는 것과 같다. 이러한 불성은 ①인, ②
인인, ③과, ④과과의 넷으로 나타나기도 한다. 먼저 '십이인연'은 ③불과(佛
果)의 직접적인 ①'인'이다. 그리고 십이인연을 관찰함으로써 발생한 지혜는
'인(因)에 의거한[因] 것'이라는 의미에서 ②'인인(因因)'이다. 아뇩다라삼먁
삼보리의 ③불과를 체득해야 무상(無上)의 대열반에 들기에 대열반은 '과의
과' 즉 ④'과과(果果)'다. 혜균은 이를 차륜사구(車輪四句)라고 부른다. '인→
인인→과→과과'의 인과관계가 마치 차바퀴와 같이 순환하기 때문이다.36)
또 위에서 ⓐ'인이지만 과는 아닌 것(是因非果)', ⓑ'과이지만 인은 아닌 것

35) 『大般涅槃經』(T12), p.768b.
36) 慧均, 『大乘四論玄義記』(X46), pp.609c-610a.

'(是果非因)', ⓒ'인이기도 하고 과이기도 한 것(是因是果)'으로 정리한 것은 차례대로 과거, 미래, 현재의 삼세에 적용한 조망이다. 그리고 인용문의 말미에서는 불성이 "인도 아니고 과도 아닌 것(非因非果)을 불성이라고 부른다."라는 말을 덧붙이는데 이 구절은 삼론학 중도불성론의 전거 가운데 하나다.

『대반열반경』의 상기한 인용문에 근거하여 오종불성론이 창출되었다. 개선사 지장과 장엄사 승민은 이 가운데 인(因)을 연인(緣因)으로, 인인(因因)을 요인(了因)으로 대체한 후 정인(正因)을 추가하여 불성을 '정인, 연인, 요인, 과, 과과'의 다섯 가지로 구분하였다. 삼론학파의 경우 길장과 혜균 모두 이런 오종불성을 그대로 수용하고 그 용어 역시 그대로 사용하였지만, 양자의 스승인 흥황사의 법랑은 '정인(正因)'이라는 용어의 사용을 금하였고 그 대신에 정성(正性)[37) 또는 정법정성(正法正性)이라는 용어를 사용했다고 한다.[38) 정성은 인도 아니고 과도 아니기(非因非果) 때문일 것이다.

『대반열반경』에 의하면 연인(緣因)은 원래 정인(正因)과 짝을 이루는 인으로 정인이 '직접 조건'이라면 연인은 '간접 조건'을 의미한다. 예를 들어서 우유에 효모를 넣고 따뜻하게 만들어 요구르트(酪, 락)를 만들 때 우유는 '정인'이고 '효모와 온기'는 연인이다.[39) 그런데 이들의 오종불성에서는 연인을 '간접 조건'이 아니라 '인식대상(所緣, 소연)'의 의미로 변용하였다. 또 요인은 작인(作因)과 짝을 이루는 말로 작인이 '존재론적 원인'이라면 요인은 '인식론적 원인'인다. 예를 들어서 없던 항아리를 새로 만들 때 '도공이나 물레'는 작인이고, 어두운 방안에 있는 물건들을 나타나 보이게 만드는 '등불'은 요인이다.[40) 그런데 상기한 오종불성에서 요인은 '인식되게 만드는 것'이 아니라 '인식된 내용'을 의미한다. 이러한 오종불성에 대해서 개선사 지장과 장

---

37) 章安, 『大般涅槃經疏』(T38), p.102a.
38) 章安, 『大般涅槃經疏』(T38), p.177a.
39) 『大般涅槃經』(T12), p.775b.
40) 『大般涅槃經』(T12), p.735c.

엄사 승민, 그리고 삼론학파의 견해가 일부 갈리는데 이를 비교하면 '표1'과
같다.

五因＼학파	지장[41]	승민[42]	삼론학파
정인(正因)	심(心)	중생	비인비과(非因非果)
연인(緣因)	십이인연	육바라밀	십이인연
요인(了因)	지혜	지혜	지혜
과(果)	보리	보리	보리
과과(果果)	대열반	대열반	대열반

표1 - 오종불성에 대한 여러 견해

오종불성 가운데 특히 정인(正因)을 무엇으로 보아야 하는지에 대해서 이
들의 견해는 달랐다. 개선사 지장은 '심(心)'을, 장엄사 승민은 '중생'을 '정인
불성'으로 본 반면에 삼론학파에서는 이러한 특정 개념을 '정인인 불성'으로
설정하는 것이 아니라, 인(因)이나 과(果)에 대한 논의를 넘어서는 것, 즉 '비
인비과'를 참된 정인불성으로 제시한다. 논의의 틀 자체를 전복시키며 계형
(階型, Type)을 상승시킨다. 그리고 그 근거는 앞에서 소개했던 「사자후품」
인용문 말미의 "비인비과를 불성이라고 부른다."는 문장이었다. 논의의 전
복! 앞으로 다시 거론하겠지만, 불성에 대한 '개념적 지식'이 아니라, 불성
그 자체의 체득을 위해 고안된 삼론학파의 독특한 방식이다. 『대승사론현의
기』의 '불성의' 가운데 '제4장 광료간(廣料簡)'의 '제1절 변종도(辨宗途)'와
'제2절 명증중도위불성체(明證中道爲佛性體)'에 실린 설명을 종합하여 삼론
학의 오종불성론을 정리하면 '표2'와 같다.[43]

---

41) 『大乘三論略章』(X54), p.843a.
42) 이는 다음과 같은 '『大般涅槃經』(T12), p.775b'의 경문에 근거한다.: "衆生佛性
　亦二種因 一者 正因 二者 緣因 正因者謂諸衆生 緣因者謂六波羅蜜"

A	B	C	D	E	F	G(44)	H
體 체	正 정	正性 정성	正因性 정인성	非因非果 비인비과	正因 정인	非因非果 비인비과	正性 정성
用 용	傍 방	緣性 연성	緣因性 연인성	因 인	緣因 연인	十二因緣 십이인연	境界佛性 경계불성
				因因 인인	了因 요인	十二因緣所生觀智 십이인연소생관지	觀智佛性 관지불성
			緣果性 연과성	果 과	果 과	三菩提 삼보리	菩提果佛性 보리과불성
				果果 과과	果果 과과	無上大涅槃 무상대열반	大涅槃果佛性 대열반과불성

표2 - 삼론학의 오종불성론

불성은 정성(正性)과 연성(緣性)의 둘로 구분된다(C). 정성이 중심(正)이라면 연성은 보조적(傍)이다(B). 정성이 불성의 체라면 연성은 불성의 용이다(A). 연성은 다시 연인성(緣因性)과 연과성(緣果性)의 둘로 구분된다(D). 『대반열반경』의 사자후품에서 말하는 인불성(因佛性)과 인인불성(因因佛性)은 연인성, 즉 '연인인 불성'이고 과불성(果佛性)과 과과불성(果果佛性)은 연과성, 즉 '연과인 불성'이다(E). 그리고 정성인 정인성(正因性)은 연인성이나 연과성을 초월한다. 다시 말해 인도 아니고 과도 아니다(非因非果, 비인비과). 삼론학의 정인불성이다.

2. 제가(諸家)의 정인불성론과 그에 대한 비판

앞 절에서 보았듯이 개선사 지장은 '심(心)'을 '성불의 정인인 불성'으로 보았고, 장엄사 승민은 '중생'을 정인불성으로 보았다. 그런데 이들 이외에도

---

43) 이하 'G'를 제외하고 '慧均, 『大乘四論玄義記』(X46), p.607a-b'에 근거한다.
44) 慧均, 『大乘四論玄義記』(X46), p.610a.

많은 이론가들이 정인불성이 무엇인지에 대해서 다양한 주장을 펼쳤다. 『대
승사론현의기』에 의하면 불성의 체(體)가 무엇인지에 대해서 도생(道生)은
'당유(當有)'라고 주장했고, 담무원(曇無遠)은 '본유중도진여(本有中道眞
如)'라고 주장했으며, 망법사(望法師)는 양자를 절충하여 '득불지리(得佛之
理)'라고 주장했는데, 후대가 되자 이에 근거하여 10여 가지 이론이 고안되
었다고 한다.45) 『대승현론』46)을 중심으로 『대승사론현의기』47)와 『삼론약
장』48)에 실린 이들 10여 가지 이론들을 정리하여 비교하면 '표3'과 같다.

이들 세 문헌에 소개된 '정인불성'의 종류와 의미와 주창자에 큰 차이는
없다. 다만 『대승현론』의 '⑦아리야식 자성청정심'을 『대승사론현의기』에서
는 '지론사(地論師)의 제8 무몰식(無沒識)'과 '섭론사(攝論師)의 제9 무구식
(無垢識)'의 둘로 구분하고 있으며, '⑩진제'를 '진여성리(眞如性理)'라고 쓰
고 있다. 또 『대승현론』에서는 북지(北地)의 마하연사(摩訶衍師)가 주장했
다는 '⑪제일의공(第一義空)'을 소개하는데, 『대승사론현의기』와 『삼론약장
』에는 이것이 누락되어 있다.

『삼론약장』에서는 이러한 정인불성 이론들을 열거만 할 뿐이지만, 『대승
현론』과 『대승사론현의기』에는 이에 대한 비판이 실려 있다. 중관논리를 구
사함으로써 그런 이론들에 내재하는 모순을 드러내기도 하지만, 독특한 점은
경전적 근거가 없거나49) 사자상승(師資相承)의 전통 없이 고안된 이론50) 모
두 정당한 불성이론일 수 없다고 비판한다는 점이다. 『대승현론』에서는 이렇
게 열한 명의 이론가들이 성불의 정인, 즉 정인불성으로 간주하는 열한 가지
개념들을 낱낱이 비판한 후, 이에 덧붙여서 어떤 이론이든 논파할 수 있는

---

45) 慧均, 『大乘四論玄義記』(X46), p.601a.
46) 吉藏, 『大乘玄論』(T45), pp.35b-37a.
47) 慧均, 『大乘四論玄義記』(X46), p.601a-b.
48) 『大乘三論略章』(X54), p.839b.
49) '②六法, ④冥傳不朽, ⑩眞諦'를 정인불성으로 보는 이론.
50) '⑨得佛之理, ⑩眞諦'를 정인불성으로 보는 이론.

세 가지 논리를 소개한다. 첫째는 '작유무파(作有無破)'로 '성불의 이치'가 현재 존재하는지 아닌지 여부를 물어서 논파하는 것이고, 둘째는 '작삼시파(作三時破)'로 '성불의 이치'가 과거, 현재, 미래의 삼시 중 어느 때에도 존재할 수 없다는 것을 드러냄으로써 논파하고, 셋째는 '즉리파(即離破)'로 '성불의 이치'가 공성의 진리와 같을 수도 없고 다를 수도 없음을 논증함으로써 논파한다.51) 그런데 『대승사론현의기』에서는 영근사(靈根寺) 승정(僧正) 혜령(慧令)이 주창했다는 '득불지리'를 비판하는 논리로 소개한다. 어쨌든 세 가지 모두 중관논리의 원용이다. 이들 열 한 가지 불성이론을, 출전, 정인의 의미, 주창에 따라서 분류하여 표로 정리하면 다음의 '표3'과 같다.

		대승현론		대승사론현의		삼론약장
		정인	주창자	정인	주창자	정인
중생	①중생52)			⑦중생	河西道朗, 末年의 莊嚴寺 僧旻, 招提寺 白琰公	②중생
	②六法(不卽六法 不離六法53))			⑧假,實 (不卽六法 不離六法인 별개의 心識)		③육법(부즉육법 불리육법)
심心	③心				定林寺 柔法師, 開善寺 智藏이 이용	①심
	④冥傳不朽			⑤명전불후 (用)	中寺 小安法師 招提寺 慧琰	⑥명전불후
	⑤避苦求樂			⑥피고구락성 (用)	光宅寺 法雲	④피고구락심
	⑥眞神			④진신	梁武帝 蕭衍, 小亮과 유사	⑦진신
	⑦阿梨耶識 自性淸淨心			⑨第8無沒識 자성청정심	地論師	⑩리야식
				⑩.第9無垢識	攝論師	
이理	⑧當果		옛날의 여러 스님들	①당과	白馬寺 愛法師 (道生)	⑤당과
	⑨得佛之理		靈根寺 僧正 (師資相承 있다)	②득불지리	靈根寺 僧正慧令 (望法師)	⑧득불지리
	⑩眞諦		和法師, 小亮法師 (師資相承이나 경전적 근거 없다)			
				③眞如性理	靈味寺 小亮, 光宅寺 法雲	⑨진여
	⑪第一義空		北地의 摩訶衍師			

표3 - '정인' 앞에 붙인 원문자 번호는 세 문헌 각각에 실린 순서를 의미한다.

---

51) 吉藏, 『大乘玄論』(T45), p.36c-37a.
52) 『大般涅槃經』(T12), p.775b.
53) 『大般涅槃經』(T12), pp.802b-802c.

용수(龍樹)의 『중론』에서 이를 찾으면 '①작유무파(作有無破, 존재와 비존재 여부를 묻는 논파)'는 『중론』 제1장 제6게의 "연(緣) 속에 미리 결과가 있다거나 또는 없다거나 하는 것은 모두 불가능하다. 미리 없었다면 무엇을 위해 연이 되며 미리 있었다면 연은 어디에 쓸 것인가?"[54]와 동일한 논법이며, '②작삼시파(作三時破, 과거, 현재, 미래의 삼시로 묻는 논파)'는 제2장 제1게의 "이미 가버린 것에는 가는 것이 없다. 아직 가지 않은 것에도 역시 가는 것이 없다. 이미 가버린 것과 아직 가지 않은 것을 떠나서 지금 가고 있는 중인 것에도 가는 것은 없다."[55]의 논리와 그 구조가 동일하다. 또 '③즉리파(即離破, 공과 일치하는지, 별개인지 묻는 논파)'는 제10장 제1게의 "만일 불이 그대로 연료라면 행위와 행위자는 동일하리라. 만일 불이 연료와 다르다면 연료 없이도 불이 있으리라."[56]와 논파 방식이 같다.

상기한 열한 가지 이론들이 정인불성일 수 없는 이유는 그 모두 유소득의 분별일 뿐이기 때문이다.[57] 진정한 불성은 이론이나 개념으로 이해되는 것이 아니라, 이론과 개념의 영역을 벗어남으로써 체득된다. 논의의 틀 자체를 파기한다. 앞으로 보게 될 삼론학의 중도불성이다.

3. 삼론학 중도불성론의 근거와 방법

삼론학에서 불성을 중도로 규정할 때 근거로 삼은 것은 『대반열반경』의 「사자후품」에 실린 다음과 같은 경문이다.

선남자여, 불성을 제일의공이라고 부른다. 제일의공을 지혜라고 부른다. 空이

---

54) "果先於緣中 有無俱不可 先無爲誰緣 先有何用緣": 『中論』(T30), p.2c.
55) "已去無有去 未去亦無去 離已去未去 去時亦無去": 『中論』(T30), p.3c.
56) "若燃是可燃 作作者則一 若燃異可燃 離可燃有燃": 『中論』(T30), p.14c.
57) 慧均, 『大乘四論玄義記』(X46), p.603b.

라고 말한 것은 공이나 불공을 보지 않는 것이다. 지혜로운 사람은 공과 불공, 상주와 무상, 고와 낙, 자아와 무아를 본다. 공이란 일체의 생사이고 불공이란 대열반을 말한다. … 무아란 생사이고 자아는 대열반이다. 일체가 공한 것만 보고 불공을 보지 않는 것을 중도라고 부르지 않는다. … 일체가 무아임을 보고 자아를 보지 않는 것을 중도라고 부르지 않는다. 중도를 불성이라고 부른다.[58]

그런데 이 경문의 서두에서는 불성은 제일의공이며, 제일의공이 지혜인데, 여기서 말하는 空이란 '공이나 불공을 보지 않는 것'이라고 설명했다가, 이어서 지혜로운 자는 "공과 불공을 모두 본다."고 설명한다. 이런 설명을 중관학의 '4구판단(四句判斷)'에 적용하면, 앞의 설명은 제4구에 해당하고, 뒤의 설명은 제3구에 해당한다. 공도 아니고 불공도 아닌 제4구의 통찰이나, 공이면서 불공인 제3구의 통찰 모두 중도를 의미한다.

주지하듯이 삼론학에서는 반야사상과 불성사상의 융합을 과제로 삼았다.[59] 신삼론의 이론가들은 『대반열반경』의 경문 가운데 불성을 중도라고 규정하는 경문을 찾아내어 불성 이론의 근거로 삼긴 했지만, 이를 풀이할 때에는 철저하게 반야중관의 방식을 따랐다. 불성으로서의 중도, 즉 중도불성은 '개념'을 통해서 이해되는 것이 아니다. 삼론학의 중도불성에 대한 『대승현론』의 다음과 같은 설명을 보자.

묻는다. 다른 이론에 대한 논파는 수긍할 만하다. 그러면 삼론학에서는 무엇을 정인(正因)으로 삼는가? 답한다. 일단 다른 이론을 대하면 그대로 뒤집을 필요가 있다. 저쪽에서 모두 다 유(有)라고 말하면 이쪽에서는 모두 다 무(無)라고 말한다. 저쪽에서 '중생'을 정인으로 삼으면 이쪽에서는 '중생이 아님'을

58) 『大般涅槃經』(T12), p.767c.
59) 鈴木哲雄(1990), 「初期禪宗と三論」, 平井俊榮 監修, 『三論教學の研究』(東京: 春秋社), p.426.

정인으로 삼고, 저쪽에서 '육법'을 정인으로 삼으면 이쪽에서는 '육법이 아님'
을 정인으로 삼는다. 나아가 '진제'를 정인으로 삼으면 이쪽에서는 '진제가 아
님'을 정인으로 삼고 '속제'를 정인으로 삼으면 이쪽에서는 '속제가 아님'을
정인으로 삼는다. 그래서 "진제도 아니고 속제도 아닌 중도가 정인불성이 된
다."고 말한다. 약으로 병을 치료하는 경우 이렇게 설명할 필요가 있다.[60]

삼론학에서 중도를 정인불성으로 삼긴 하지만, '중도'라는 개념을 주장하
는 것이 아니다. 상대방이 불성에 대해서 그 어떤 이론을 주장하면 언제나
그와 상반된 이론을 불성으로 제시함으로써 중도를 드러낸다. 그렇다고 해서
이 때 제시하는 이론을 신봉하는 것이 아니다. 상대가 잘못된 주장을 하기에
이를 비판하기 위해서 상반된 이론을 말하는 것일 뿐이다. 상대방이 정인불
성으로 '중생'을 주장하면 이와 상반되게 '중생 아님'을 불성으로 제시하며
'육법'을 주장하면 '육법 아님'을 제시한다. 이렇게 상대의 주장을 '그대로 뒤
집는 것'은 비판이기도 하지만, 중도불성을 드러내는 작용이기도 하다. 파사
(破邪)의 비판이 그대로 현정(顯正)의 작용이다.

이렇게 상대의 주장에 대응하여 그와 상반된 이론을 나란히 제시하는 논
의를 횡론(橫論)이라고 부른다. '가로 방향이 논의'라는 뜻이다. 횡론의 방식
은 '병에 따라서 약을 주는 것(應病與藥, 응병여약)'과 같아서, 상대방이 무
엇을 주장하는가에 따라서 대처방식이 변한다. 그러나 이와 함께 하나의 개
념에 대해서 부정에 부정을 거듭하면서 중도를 추구하는 통찰을 겸해야 한
다. 이를 수론(竪論)이라고 부른다. 횡론은 '상대방에 맞춘 통찰'이기에 수평
적이지만 수론은 '통찰의 깊이'와 관계되기에 수직적이다. 『대승현론』에서는
중도불성을 향한 수론의 통찰을 다음과 같이 설명한다.

횡론이 약의 역할을 한다는 점은 앞에서 논의한 바와 같다. 수론의 통찰에서

---

60) 吉藏, 『大乘玄論』(T45), p.37a.

는 도(道)를 지향한다. 다만 '중생 아님' 등이 바로 정인이라고 했을 뿐인데,
만일 이를 옳다고 말한다면 이는 옳지 못하다. 이 경우에도 무엇이 '중생이 아
님'이어서 '중생'이라고 설하겠는가? 다만 중생이 아니지만 중생을 설할 뿐이
다. 이런 중생의 경우, 어찌 그것을 유라고 말할 수 있고, 어찌 그것을 무라고
말할 수 있으며, 어찌 그것을 역유역무나 비유비무라고 말할 수 있겠는가? 만
일 이런 중생을 안다면 어째서 정인이 아니라고 묻는 것인가? 이어서 육법
(六法)이나 진제의 의미에 이르기까지 모두 역시 이와 마찬가지다. 만일 투철
하게 요달하고 깊이 깨닫는다면, 그 자체로서 정인불성의 뜻이 이미 다 갖추
어진 것이다. 앞의 것은 횡론으로 한 겹이고 이것은 다시 수론으로 한 겹이어
서 문득 두 겹을 이루어 정인의 뜻을 논한다.61)

　　다른 이론가가 정인불성으로 제시한 '중생'을 횡론으로 통찰하면서, 삼론
학에서 '중생 아님'을 정인불성으로 내세우긴 했지만, '중생 아님'이 정인불
성이라고 주장하는 것은 아니다. 이는 다만 상대의 주장을 상쇄시킴으로써
중도불성을 드러내려고 내세운 이론일 뿐이다. 따라서 '중생 아님'이라는 이
론 그 자체에 대해서 다시 수직으로 깊이 통찰해 들어가야 정인불성에 대해
바르게 알 수 있다. 수론(竪論)이다. '중생'이라고 말을 하지만, 원래는 중생
이랄 것도 없다. 따라서 중생은 '유'도 아니고, '무'도 아니며, '역유역무'도
아니고, '비유비무'도 아니다. 중생에 대한 4구부정의 통찰이다. 상대방과 상
반된 이론을 제시함으로써 상대방의 주장을 중화시키는 횡론의 통찰과, 상대
방의 주장에 대한 四句의 이해 모두를 부정하는 수론의 통찰이 함께 할 때
참된 정인인 중도불성이 드러난다. 상대방이 육법이나 진제 등 앞에서 소개
했던 그 어떤 개념이나 이론을 정인불성으로 간주해도 이는 마찬가지다. 횡
론과 수론으로 통찰하여 상대의 주장을 무력하게 만듦으로써 참된 정인인
중도불성을 드러낸다. '개념을 통해 정인불성을 추구하려는 시도' 자체를 전
복시킴으로써 정인불성을 드러낸다. 중도불성을 가르치는 삼론학 특유의 방

---

61) 吉藏, 『大乘玄論』(T45), p.37a.

식이다.

길장과 혜균 모두 과거의 이론들에서 문제점을 지적하면서 중도불성론 제창하긴 했지만, 과거의 이론들을 전적으로 배격한 것은 아니었다. 길장은 다음과 같이 말한다.

> 평등한 대도(大道)는 격식이 없고 머물지 않기에 모두 다 그르며 격식이 없고 걸림이 없기에 모두 다 옳다. 만일 옳음으로써 옳음을 삼고, 그름으로써 그름을 삼는다면 일체의 옳고 그름은 모두 다 옳고 그름일 것이다. 만일, 옳음도 없고 옳지 않음도 없으며, 그름도 없고 그르지 않음도 없어서, 거짓으로 옳거나 그르다고 한다는 점을 안다면, 일체의 옳고 그름이 모두 옳을 것이다. 따라서 다음과 같은 점을 안다. 예부터 내려오던 열한 가지 이론가들이 말하는 정인은 옳음으로써 옳음을 삼기에 모두 정인불성이 아니다. [그러나] 만일 모든 존재가 평등하여 차별이 없어서 옳음도 없고 그름도 없음을 깨닫는다면 열한 가지 이론가들이 말한 것이 모두 정인불성일 수 있다.[62]

원래는 옳거나 그른 것이 없지만, 거짓으로 옳다거나 그르다고 말하는 것인데, 과거의 이론가들은 옳고 그른 것에 대해 집착하였다. 따라서 그들이 제시한 이론들 모두 정인불성일 수 없지만, 만일 모든 존재가 평등하여 옳고 그름이 원래 없다는 점을 깨닫는다면 이들의 이론 모두 정인불성이 될 수 있다는 것이다. 앞에서 보았듯이 『대반열반경』의 전래 이후 동아시아의 이론가들은 중생, 심(心), 진신(眞神), 피고구락(避苦求樂), 명전불후(冥傳不朽) 등 갖가지 개념이나 이론들을 정인불성으로 제시하였다. 그러나 정인불성은 이런 식의 개념이나 이론으로 규정되는 것이 아니다. 어떤 이론이 옳다고 주장하고 다른 이론은 그르다고 배격하는 '옳고 그름의 이분법'을 초월함으로써 만난다. 계형(Type)을 올리는 것이다. 앞에서도 언급한 바 있지만, 불성에

---

62) 吉藏, 『大乘玄論』(T45), p.42a-b.

대해 논의하면서 어떤 이론을 제시하는 것이 아니다. 불성에 대한 개념적 논의 자체를 파기함으로써 불성의 정체를 드러낸다. 그러나 삼론학의 불성론은 여기서 그치지 않는다. 인용문 말미에서 말하듯이 이렇게 옳고 그름에서 벗어날 경우 『대승현론』에 소개된 11가지 이론 모두 정인불성으로 활용할 수 있다. 말하자면 계형을 다시 낮추어 불성으로 활용한다. 남이 세운 것은 부쉈지만, 내가 부순 후에는 다시 세운다. 집착을 하면 모든 것이 그르지만, 집착에서 벗어나면 모든 것이 옳을 수 있다. 입파자재(立破自在)한 삼론학의 중도불성론이다.

Ⅳ. 불성과 관계된 몇몇 이론에 대한 무의무득(無依無得)의 분석

1. 불성은 원래 있었나(本有), 새롭게 생기나(始有)?

동아시아불교계에 『대반열반경』이 번역, 소개되면서 불성이 원래 있던 것인지(本有, 본유), 아니면 새롭게 생기는 것인지(始有, 시유)를 두고 이론가들의 의견이 갈렸다. 『대승현론』의 경우는 '불성의' 가운데 제6장 '본유시유문(本有始有門)'에서, 『대승사론현의기』의 경우는 '불성의' 가운데 제4장 '광료간(廣料簡)' 중의 제4절 '명본시유의(明本始有義)'에서 불성의 본유, 시유 여부에 대해서 논의한다.

『대승현론』에서는 먼저 본유론과 시유론의 근거를 『대반열반경』에서 찾는다. 불성을 '어두운 방 속의 항아리'나 '역사(力士)의 이마에 박힌 구슬' 등에 비유하는 경문은 본유론의 근거가 되며, "말장수가 암말의 값은 책임을 져도 그 새끼의 값은 책임을 지지 않는다."거나 "내일 생소(生蘇)를 먹으려는 사람이 오늘 미리 그 냄새를 걱정하는 것과 같다."는 등의 경문은 시유론의 근거가 된다는 것이다.63) 이렇게 불성에 대한 상반된 비유에 근거하여 불성을 '원래 있는 것(本有)'으로 해석하기도 하고, '새롭게 생기는 것(始有)'으로 해석하기도 한다. 그러나 불성은 원래 본유도 아니고 시유도 아니며, 본유나 시유를 설하는 것은 가명(假名)이고 방편이다. 이런 내용이 담긴 『대승현론』의 설명을 인용해 보자.

> 이제 일가(一家)의 전통에 의거하여 불성의 뜻을 밝힌다. 有도 아니고 無도 아니며, 본유(本有)도 아니고 시유(始有)도 아니며, 당유(當有)도 아니고 현유(現有)도 아니다. 그래서 경전에서는 "다만 세속의 문자로 분별하기에 삼세가 있다고 설하는 것이지, 보리(菩提)에 과거나 미래나 현재가 있는 것이 아니다."64)라고 말한다. 본유도 아니고 시유도 아니기 때문이고, 인연이 있기 때문이며, 설할 수 있기 때문이다. 「열반성품」에서 "불성은 본유인데 가난한 여인의 보물과 같다."고 밝히니까 중생들이 가르침에 집착하여 병을 이루기 때문에 바로 아래 문장에서 시유를 밝히는 것과 같다. 따라서 불성은 본유도 아니고 시유도 아니지만 다만 중생을 위하여 본유나 시유를 설하는 것이라는 점을 알아라.65)

원래 본유도 없고 시유도 없으며, 방편으로 본유나 시유를 설한다는 것이다. 그러면 불성이 본래부터 존재하던 것(本有)도 아니고, 새롭게 생기는 것(始有)도 아닌 이유는 무엇일까? 이를 해명하면서 삼론학 특유의 논법이 구사된다. 이를 인용해 보자.

첫(初) 생각은 새로운 것(新)이고, 그 다음(次) 생각은 지나간 것(故)이다. 비

---

63) 吉藏, 『大乘玄論』(T45), p.39a.
64) 『維摩詰所說經』(T14), p.548c.
65) 吉藏, 『大乘玄論』(T45), p.39c.

유하자면 햅쌀과 같아 처음 나온 것이 새로운 것이고, 다음의 것은 다시 새로운 것이 되지 않는다. 또한 다음과 같을 수도 있다. 첫 생각은 지나간 것이고, 그 다음 생각은 새로운 것이다. 앞선 것을 지나간 것이라고 부르고, 뒤에 비로소 일어나는 것이 새로운 것이다. 이렇다면 앞과 뒤 모두 새로운 것이라는 이름을 얻어서 새롭고 새롭게 생멸한다고 말하며 역시 가히 처음과 나중이 모두 지나간 것이라고 이름할 수 있어서 처음도 지나간 것이고 나중도 지나간 것이라고 말한다. 새로운 것과 지나간 것이 이미 처음과 나중에 통하니, 본유와 시유의 뜻도 역시 다시 그렇다. 새로운 것(新)과 지나간 것(故)의 뜻이 처음과 나중에 통하지만 다만 처음의 지나간 것을 새로운 것이라고 부르고, 과거의 새로운 것을 지나간 것이라고 부르니 무엇이 새로운 것이고 무엇이 지나간 것인가? 따라서 알아라. 전혀 새로운 것이 없고 지나간 것이 없다.[66]

  매 찰나 생각이 생멸할 때, 첫 생각을 '새로운 것' 다음 생각을 '지나간 것'이나 '뒤의 것'이라고 부를 수 있다. 첫 생각을 중심으로 삼을 때 그렇게 부른다. 그러나 이와 반대로 첫 생각을 지나간 것, 그 다음 생각을 새 것이라고 부를 수 있다. 다음 생각을 중심으로 삼으면 그렇게 부른다. 이렇게 첫 생각이든 다음 생각이든 모두 '새로운 것'이라고 부를 수도 있고 '지나간 것'이라고 부를 수도 있기에 '새로운 것'도 실체가 없고, '지나간 것'도 실체가 없다. 삼론학에서는 이런 통찰에 근거하여 불성에 대해서 본유와 시유 여부를 따지는 것이 무의미하다는 점을 변증한다. 상황에 따라서 신(新)이 고(故)가 되고 고가 신이 되며 본(本)이 시(始)가 되고 시가 본이 된다. 따라서 궁극적으로는 본도 없고 시도 없다. 불성이 본유(本有)인지, 시유(始有)인지 묻는 물음에 대해서 양자택일을 하는 것이 아니라 본유와 시유라는 개념 자체가 무의미하다는 점을 논변한다. 삼론학에서는 불성의 본유, 시유의 문제 역시 논의의 틀 자체를 전복시키는 특유의 방식으로 해소한다.

---

66) 吉藏, 『大乘玄論』(T45), p.39c.

2. 보살의 수행계위에 따른 견불성(見佛性)의 정도

『대반열반경』의 「사자후품」에는 "모든 중생들이 비록 십이인연과 함께 行하지만 보거나 알지 못한다. 보거나 알지 못하기 때문에 끝(終, 종)이나 시작(始, 시)이 없다. 십주보살은 오직 그 끝(終)만 보고 그 시작(始)은 보지 못한다. 세존이신 부처님들은 시작도 보고 끝도 본다. 이런 의미에서 부처님들은 분명하게 불성을 볼 수 있다."[67]는 경문이 있다. 『대승현론』 제8장의 '견성문(見性門)'과 『대승사론현의기』 제4장 광료간(廣料簡) 가운데 제6절의 '견불견불성(見不見佛性)'에 이에 대해 논의하는데 후자에 실린 논의가 보다 상세하고 체계적이다.

'견성의 정도', 즉 '견불성의 정도'에 대해서는 '무차별 차별(無差別 差別)'과 '차별 무차별'의 두 가지 방식으로 설명할 수 있다. 전자는 '분별적인 설명'이고 후자는 '분별을 초월한 설명'이다. 먼저 분별적으로 설명하면 견성의 정도를 다음과 같이 4구로 정리할 수 있다.[68]

① 불성의 시작을 보지만 끝을 보지 못한다.: 초지보살.
② 불성의 끝을 보지만 시작을 보지 못한다.: 후신 십지보살(십주보살)
③ 불성의 시작도 보고 끝도 본다.: 불(佛)
④ 불성의 시작도 보지 않고 끝도 보지 않는다.: 정법에 의거한 설명

①의 초지보살은 불성을 처음 깨달았기에 시작을 보지만 끝을 보지 못한다. ②십지보살은 보살로서 닦아야 할 선정(禪定)을 모두 마쳐서 청정하기에 끝을 보지만 시작을 보지 못한다. ③부처의 경우는 초지보살과 십지보살을

---

67) 『大般涅槃經』(T12), p.768c.
68) 慧均, 『大乘四論玄義記』(X46), p.615a.

포함한 모든 중생에게 불성이 있는 것을 알기에 시작도 보고 끝도 본다.[69] 초지를 포함한 구지 이하에서는 불성을 들어서 보거나(聞見, 문견) 믿어서 보기에(信見, 신견) 명료하지 못하고, 십지에서는 부분적으로는 지혜로 보며(慧見, 혜견), 불안(佛眼)으로는 분명하게 본다(了了見, 요요견).[70]

그리고 ④의 "불성의 시작도 보지 않고 끝도 보지 않는다."는 '正法'에 대해서는 이어지는 '분별을 초월한 설명'에서 다음과 같은 논의를 벌인다.

> 초지에서 시작(始)을 본다면 십지에서도 시작을 보며, 십지에서 끝(終)을 본다면 초지에서도 끝을 본다. 초지에서 끝을 보지 못하면 십지에서도 끝을 보지 못하며, 십지에서 시작을 보지 못하면 초지에서도 시작을 보지 못한다. 불지(佛地)에서 시작을 보고 끝을 보면 초지와 십지에서도 시작을 보고 끝을 본다. 이런 세 가지의 봄과 보지 못함 등이 바로 정법이며, 처음도 아니고 나중도 아니다.[71]

부처가 시작과 끝을 모두 본다면 초지와 십지도 시작과 끝을 모두 보고, 초지와 십지의 양자가 모두 끝을 볼 수도 있고 보지 못할 수도 있다는 것이다. 『대승사론현의기(大乘四論玄義記)』에서는 더 이상 그 이유에 대해서 설명하지 않으며, 『대승현론』에서도 그저 "시작도 끝도 없지만 시작하고 끝나며, 보지 않으면서 본다."는 말로 견불성(見佛性)에 대한 논의를 마칠 뿐이다. 그러나 앞 절에서 '새로운 것(新)과 지나간 것(故)', '시유와 본유'의 구분을 비판했던 논리에 준하여 그 이유를 짐작할 수 있다. 시작(始)이 새로운 것(新)이고 끝(終)이 지나간 것(故)이기도 하지만, 시작이 지나간 것이고 끝

69) 부처가 佛性의 처음과 끝 모두 보는 이유는 나와 있지 않지만 "迦葉品云 十地菩薩 唯見 自身成佛 不見 一切衆生成佛 故不明了 所以言少分見"[慧均, 『大乘四論玄義記』(X46), p.614b]이라는 설명에 의해서 위와 같이 추정할 수 있다.
70) 慧均, 『大乘四論玄義記』(X46), p.614b.
71) 慧均, 『大乘四論玄義記』(X46), p.615b.

이 새로운 것일 수도 있기 때문이다. 끝난 것은 옛날의 일이기에 지나간 것이고, 시작하는 것은 지금의 일이기에 새로운 것이지만, 어떤 일이든 '시작한 후에 끝나는 것'을 한 묶에 통찰하면 시작(始)이 지나간 옛날의 일이고 끝(終)이 새로운 사건이 된다. 따라서 "불성에 도달하면 안도 아니고 밖도 아니며 있지도 않고 없지도 않기에 무엇을 알 것도 없고 알지 못할 것도 없어서 궁극적으로 청정하다."72)

삼론학에서는 보살의 수행계위 가운데 어느 단계에서 어느 정도로 佛性을 보는가에 대해 논의하면서 다른 이론에 대해 설명할 때 그랬던 것처럼 '분별을 초월한 중도의 통찰'과 '가명(假名)에 의한 분별적 설명'을 함께 제시하는 것이다.

3. 이내(理內), 이외(理外)의 구분과 불성의 유, 무

삼론학의 독특한 논의방식 가운데 하나가 이내와 이외를 구분하는 것이다. 이내란 '이법(理法)의 내부'를 의미하고 이외는 '이법의 바깥'을 의미한다. 불생불멸, 무의무득(無依無得)은 이내의 통찰이고 유생유멸(有生有滅), 유의유득(有依有得)은 이외의 조망이다.73) 이렇게 이내와 이외를 구분하여 논지를 전개하는 것은 불전에서 유래한 것이 아니라 신삼론의 초조인 승랑의 창안이었다.74) 삼론학에서는 이내와 이외의 구분 위에서 가명과 인연, 생사와 열반, 진제와 속제를 논하기도 하고,75) 유와 무,76) 범부와 성인,77) 선(善)78),

---

72) 慧均, 『大乘四論玄義記』(X46), p.615b.
73) 慧均, 『大乘四論玄義記』(X46), p.612c.
74) "然理內外義 無的所出 而攝嶺師 恒導理內外義": 慧均, 『大乘四論玄義記』(X46), p.612b.
75) 吉藏, 『淨名玄論』(T38), pp.896c-897a.
76) 吉藏, 『大乘玄論』(T45), p.15b.
77) 吉藏, 『大乘玄論』(T45), p.16b.
78) 慧均, 『大乘四論玄義記』(X46), p.591c.

심(心)79) 보리와 해탈80)에 대해 논하기도 한다. 예를 들어서 이외(理外)에서
는 진제와 속제가 모두 범부의 생각으로 속제가 될 뿐이지만 이내에서는 진
제와 속제가 모두 성인의 경계로 진제가 되며,81) 다른 학파는 유와 무에 머
물기 때문에 이외에 있고 삼론학파는 유와 무에 머물지 않기에 이내에 있
다.82) 삼론학에서는 위에 열거한 다양한 개념들을 이내와 이외의 구분 하에
조명하였는데, 불성에 대한 조명은 그 논의가 체계적이다. 『대승현론』에 실
린 순서에 따라 이를 정리하면 다음과 같다.

  ① 이외에 불성이 없다(理外 無佛性).
  ② 이내에 불성이 있다(理內 有佛性).
  ③ 이내에 불성이 없다(理內 無佛性).
  ④ 이외에 불성이 있다(理外 有佛性).
  ⑤ 불성은 내와 외, 유와 무의 구분을 넘어선다(非內非外 非有非無).

『대승사론현의기』에서는 이런 다섯 가지 조망을 다시 다음과 같이 정리한
다. ①먼저, 오안(五眼)83)으로 보아 이외에는 중생이든 법이든 그 어떤 것도
없기에 "이외에 불성이 없다." ②그러나 일반적인 느낌(情)으로 설명하면
"이외에 불성이 있다." ③또 『금강경』에서 아상(我相), 인상(人相), 중생상
(衆生相), 수자상(壽者相)이 있으면 보살이 아니라고 하듯이, "이내에는 중
생이 없기에 불성도 없다." ④반면에 『화엄경』에서 선재동자가 무정물인 미
륵루(彌勒樓)를 보고서 무량한 법문을 얻었다는 예화에서 보듯이 "이내에서

---

79) 慧均, 『大乘四論玄義記』(X46), p.612b.
80) 慧均, 『大乘四論玄義記』(X46), p.612c.
81) 吉藏, 『淨名玄論』(T38), p.897a.
82) 吉藏, 『大乘玄論』(T45), p.15b.
83) 범부의 肉眼, 천신의 天眼, 二乘의 慧眼, 보살의 法眼, 부처의 佛眼: 吉藏, 『金剛
    般若疏』(T33), p.120a.

는 중생뿐만 아니라 초목에게도 불성이 있다." ⑤그러나 궁극적으로 말하면 불성은 내(內)도 아니고 외(外)도 아니고 유도 아니고 무도 아니다.84) 『대반열반경』의 제32 가섭보살품에서 말하듯이 불성이 확실하게 內나 外에 있다고 말한다면 이는 불법승의 삼보를 비방하는 것이다.85)

이상에서 보듯이 삼론학에서는 이내와 이외를 구분한 후 불성의 유무를 판가름하는데, "일천제(一闡提)가 성불한다."거나 "초목에게도 불성이 있다."는 통찰은 모두 "②이내에 불성이 있다."는 선언지(alternative) 내에서 삼론학의 불성론으로 인정될 뿐이다. 그리고 궁극적으로 삼론학에서는 이내와 이외의 구분이나 불성의 유, 무가 모두 무의미함을 드러낸다. 여기서도 역시 앞에서 보았던 여느 논의들과 마찬가지로 논의의 틀 자체를 전복시키면서 무의무득의 통찰로 상승한다.

V. 삼론학 불성론의 얼개와 특징에 대한 개관

삼론학의 여러 이론들을 일목요연하게 정리하는 것은 쉽지 않다. 문헌의 양도 방대할 뿐만 아니라 그 내용도 난삽하기 때문이다. 불성론 역시 예외가 아니다. 연구자마다 소재와 정리방식이 달랐다. 삼론학의 불성론을 다루는 연구물로는 일본의 경우 토키와다이죠오(常盤大定)의 『불성의 연구』86)와 히라이슌에이(平井俊榮)의 『중국반야사상사』87)가 있고 논문으로는 앞에서 소개했던 이토타카토시(伊藤隆壽)와 칸노히로시(菅野博史)의 『대승사론현

---

84) 慧均, 『大乘四論玄義記』(X46), p.613b.
85) 慧均, 『大乘四論玄義記』(X46), p.613b.
86) 常盤大定(1982, 초판 1930), 『佛性の硏究』(東京: 圖書刊行會), pp.182-193.
87) 平井俊榮(1976), 『中國般若思想史硏究』(東京: 春秋社), pp.617-640.

의기』「불성의」관련 논문들이 있다. 중국의 경우 런지위(任繼愈) 주편(主編)의 『중국불교사』[88] 그리고 양후이난(楊惠南)의 『길장(吉藏)』[89]과 둥췬(董群)의 『중국삼론종통사(中國三論宗通史)』[90] 등에서 별도의 장절을 마련하여 삼론학의 불성사상에 대해 논의한다. 그리고 한국의 경우 김인덕의 논문 「삼론학의 중도불성론」[91] 등이 있다. 이들의 연구에서 소재로 삼은 것은 '정인불성에 대한 10여 가지 이설', '오종불성설에 대한 이견', '불성의 본유시유의 문제', '중도불성론', '이내, 이외의 구분에 따른 불성 유, 무의 문제' 등이었다. 이런 소재들 모두를 비교적 균형 있게 다룬 연구도 보이긴 하지만, 일부만 취급한 치우친 연구도 있고, 세부적인 문제를 너무 크게 부각시켜서 전체의 조감(鳥瞰)을 왜곡하는 연구도 있었다. 삼론학의 불성론을 드러내고자 할 때, 문헌자료에 대한 정치(精緻)한 분석도 소홀히 할 수 없겠지만, '핵심이론'을 추출해 내고 체계적으로 정리하는 작업 역시 그 이상으로 중요하다. 본 논문에서는 불성과 관계된 삼론학의 다양한 이론들을 가능한 한 균형 있게 다루면서, 삼론학의 불성론에서 무엇을 지향하고 무엇을 주장하는지 체계적으로 구명해 보고자 하였다.

먼저 정인불성의 문제로 논의를 시작하였다. 남조의 불교이론가들은 『대반열반경』의 4종불성을 골격으로 삼고 이에 정인을 추가하여 불성을 다섯 가지로 구분하였고 각각의 명칭을 '①정인(正因), ②연인(緣因), ③요인(了因), ④과(果), ⑤과과(果果)'라고 불렀다. 오종불성론이다. 이 가운데 '③요인불성'은 '십이인연에 대해 통찰하는 지혜(十二因緣所生觀智)'를 의미하고, '④과불성'은 보리, '⑤과과불성'은 대열반을 의미한다는 점에 대해서는 큰

88) 任繼愈 編(1993, 초판 1988), 『中國佛教史』 第三卷(北京: 新華書店), pp.376-391.
89) 楊惠南(1989), 『吉藏』(臺北: 東大圖書公司), pp.221-252.
90) 董群(2008), 『中國三論宗通史』(南京: 江蘇古籍).
91) 金仁德(1984), 「三論學의 中道佛性論」, 『佛教學報』 21輯(서울: 東國大學校佛教文化研究院), pp.85-121.

이견이 없었다. 그러나 '①정인불성'에 대해서는 다양한 이론이 제시되었다. 양의 3대 법사 가운데 개선사의 지장은 '심(心)'이라고 보았고, 장엄사의 승민은 '중생', 광택사의 법운은 '피고구락성(避苦求樂性)'이라고 보았다. 양무제는 '진신(眞神)', 지론사(地論師)는 '제8 무몰식(無沒識)', 섭론사(攝論師)는 '제9 무구식(無垢識)', 백마사(白馬寺)의 애법사(愛法師)는 '당과(當果)'로 보는 등 10여 가지 이론들이 제시되었다. 삼론학에서는 이런 이론들을 모두 비판한 후, 『대반열반경』「사자후품」의 경문을 근거로 '중도'가 정인불성이라고 주장하였다. 소위 '중도불성론'이었다.

그런데 독특한 것은 삼론학의 중도불성은 개념이나 이론이 아니라는 점이다. 누군가가 어떤 개념이나 이론을 불성으로 규정할 때, 이를 비판함으로써 체득되는 것이었다. 예를 들어 '중생'을 불성이라고 간주하면, 삼론학파에서는 이와 상반된 '중생 아님(非衆生, 비중생)'을 불성으로 제시한다. '육법(六法)'을 불성으로 간주하면, '육법 아님(非六法)'을 제시하고 '진제(眞諦)'를 주장하면 '진제 아님(非眞諦)'을 제시한다. 마치 병에 대해서 약을 처방하듯이 논적의 주장과 상반된 개념을 제시하여 *중도불성*을 자각게 하는 것이다. '수평적인 방법'이라는 의미에서 이를 횡론이라고 부른다. 그러나 이것이 전부가 아니다. 논적을 비판하면서 스스로 제시했던 '상반된 개념'에 대해서조차 다시 부정에 부정을 거듭한다. 예를 들면 다음과 같다. 앞에서 불성을 '중생'으로 본 논적의 주장도 옳지 않지만, 이를 반박하면서 삼론학파에서 제시한 '중생 아님(非衆生)'도 진정한 불성은 아니다. 뿐만 아니라 '중생이면서 중생 아님'도 불성이 아니고, '중생도 아니고 중생이 아닌 것도 아님'도 불성이 아니다. 종적으로는 이렇게 '유, 무, 역유역무, 비유비무'의 패턴으로 이어지는 네 단계 분별(四句)을 모두 끊는다(竪絶四句, 수절사구).[92] 이런 통찰을 '수론(竪論)'이라고 부른다. '수직적인 논의'라는 뜻으로 '통찰의 깊이'를

---

92) 慧均, 『大乘四論玄義記』(X46), p.602b.

은유한다. 삼론학에서 정인불성으로 제시한 '중도'는 '개념'이나 '이론'이 아니다. 그 어떤 개념이든 이러한 횡론과 수론으로 파기하는 '작용'을 통해 체득된다. 달리 표현하면 '개념이나 이론'을 통해 불성을 규정하려는 시도 자체를 전복시킴으로써 중도를 드러낸다. 일반적인 불성론과 계형(Type)을 달리하는 무의무득의 중도불성론이다.

그러나 개념의 파기와 전복이 중도불성론의 종착점이 아니다. 횡론과 수론의 통찰에 의해서 무의무득의 중도를 체득한 후에는 중생, 육법, 심, 명전불후(冥傳不朽), 피고구락, 진신 등 10여 가지 개념들 가운데 어떤 것이든 정인불성으로 활용할 수 있다. 이런 가명(假名)들을 논파하여 무의무득의 중도를 드러내지만, 중도가 드러난 후에는 그 어떤 가명이라도 교화의 방편으로 활용한다.[93] 논파했던 여러 이론들을 불성론으로 다시 세운다(立). 입파(立破)에 자재(自在)하다.

삼론학에서는 정인불성뿐만 아니라, 불성과 관련된 다른 이론들을 풀이할 때에도 무의무득의 정신에 투철하였다. 본고에서는 첫째 "불성이 원래 있었는지(本有), 아니면 새롭게 생기는 것(始有)인지?", 둘째 "보살의 초지와 십지, 그리고 불지 가운데 언제부터 불성을 분명히 보는지?", 셋째 "이내, 이외의 구분에 따라서 불성의 유, 무가 어떻게 달라지는지?"라는 세 가지 문제를 재단(裁斷)하는 삼론학의 방식을 조명해 보았다. 본고 제Ⅲ장의 논의였다. 삼론학에서는 이런 세 가지 문제에 대해서도 궁극적으로는 문제 자체를 파기함으로써 답을 한다.

첫째, "불성이 본유(원래 있는 것)인지 시유(새롭게 생긴 것)인지?" 묻지만, '새로운 것(新)'과 '지나간 것(故)'이 관점에 따라서 바뀌듯이 본유와 시유의 경우도 관점에 따라서 본유가 시유가 되고 시유가 본유가 되기에 궁극적

93) "十說 雖不同 如大經二十淨論 若得方便 無非佛性正道": 慧均, 『大乘四論玄義記』(X46), p.622b.

으로는 본유도 없고 시유도 없다. 둘째, 일반적으로 "보살의 초지에서는 불성의 시작(始)만을 보고 십지에서는 끝(終)만 보며 불지에 이르러야 시작과 끝을 모두 본다."고 하지만, 초지든 십지든 모두 불성의 시작과 끝을 보지 못할 수도 있고 시작과 끝 모두를 볼 수도 있다. 『대승현론』에서 말하듯이 "시작도 끝도 없지만 시작하고 끝나며, 보지 않으면서 본다."[94]는 것이 궁극적 통찰이기 때문이다. 셋째, 이내와 이외를 구분한 후, 불성의 유와 무에 대해서 "이외에 불성이 없다(理外 無佛性)"거나, "이내에 불성이 있다(理內 有佛性)."거나 "이내에 불성이 없다(理內 無佛性)."거나 "이외에 불성이 있다(理外 有佛性)."는 네 가지 방식으로 설명할 수 있다. 그러나 이 모두 궁극적 통찰이 아니다. 불성은 내(內)도 아니고 외(外)도 아니며 유도 아니고 무도 아니다.

이상에서 보듯이 삼론학에서는 정인불성뿐만 아니라 불성과 관련한 다른 세 가지 문제를 구명(究明)할 때에도, 결국에는 논의의 틀 자체를 파기한다. 논의를 전복시키고 계형을 상승함으로써 중도불성을 드러내는 독특한 방식이다. 불성은 본유도 아니고 시유도 아니고, 견(見)이나 불견(不見)의 구분을 초월한다. 또 이내와 이외를 구분하여 유와 무를 논함으로써 이해되는 것도 아니다. 이런 개념과 분별을 모두 초월할 때 진정한 불성이 드러난다. 그러나 모든 존재의 평등중도를 체득한 후에는 갖가지 개념과 온갖 이론들을 불성을 가르치기 위한 방편으로 활용할 수 있다. 입(立)과 파(破)에 자유자재한 무의무득의 중도불성론이다.

---

94) 吉藏, 『大乘玄論』(T45), p.41c.

삼론학의 이제설에 대한 재조명

- 이, 교, 경, 지의 관계 및 어제와 교제의 의미 분석 -

Ⅰ. 삼론학의 이제설에 대한 통념과 문제점
Ⅱ. 삼론학 이제시교론(二諦是教論)의 의미와 기원과 특징
Ⅲ. 삼론학의 이제설에서 이(理), 교(教), 경(境), 지(智)의 관계
Ⅳ. 삼론학의 이제설에서 어제(於諦)와 교제(教諦)의 의미와 유래
Ⅴ. 약경(約境)과 약리(約理)의 이제를 포용하는 방편적 이제시교론

국문초록

일반적으로 삼론학의 이제설은 약교이제설(約教二諦說), 즉 이제시교론(二諦是教論)이라고 알려져 왔다. 그러나 길장이나 혜균의 저술 등 삼론학 문헌을 보면, 이제를 경(境)이나 지(智)라고 부르는 구절들이 적지 않게 보인다. 본고에서는 이런 용례들을 취합한 후 삼론학의 이제설에 대해 면밀히 검토해 보았다. 양(梁)의 3대 법사의 경우 약경(約境), 약리(約理)의 이제설을 견지하였는데, 이는 이제를 '객관 대상[境]'이나 '자연의 이법[理]'으로 간주하는 이제설이었다. 신삼론에서는 이런 이론들의 문제점을 지적하면서 진제와 속제의 이제는 교(教)이고, 진제도 속제도 아닌 비진비속(非眞非俗)의 중도가 이(理)라고 보는 이제시교론을 제시하였다. 그러나 이는 그 당시의 시대 상황에 대응하여 가립(假立)하여 설한 것[對緣假說, 대연가설]이었을 뿐이었다. 삼론학 이론에서도 이제는 상황에 따라서 경이 되기도 하고 교가 되기

도 하고 지가 되기도 한다. 불이중도(不二中道)의 '이(理)'를 체득하기 위한 방편으로 사용될 때에는 이제가 '교'이지만, '경과 지'의 이원적 범주로 조명하면 그런 교로서의 이제는 '경'이며 이를 교제(敎諦)라고 부른다. 또 그런 교제와 대응하는 것을 어제(於諦)라고 하는데 이는 '경과 지'의 범주에서 '지'에 해당한다. 이(理)에 대해서는 교이지만, 지(智)에 대해서는 경이고, 경인 교제(敎諦)에 대응하여 지인 어제가 제시된다. 교제는 '성인(聖人)이 말로 표현한 진리', 어제(於諦)는 '사람에게 나타나 보이는 진리'라고 풀이할 수 있다. 여기서 말하는 사람이란 성인이나 범부를 의미한다. 따라서 어제는 '성인의 진어제(眞於諦)'와 '범부의 속어제(俗於諦)'로 구분된다. 길장은 과거의 약리이제설(約理二諦說)의 이제가 어제에 다름 아니라고 말한다. 이렇게 삼론학에서 이제는 항상 교인 것이 아니라, 상황에 따라서 교, 경, 지로 그 명칭을 달리 하였으며 과거의 약교, 약리의 이제 이론을 완전히 폐기한 것이 아니라, 그 맥락을 수정하고 외피를 바꾸어 삼론학의 이제 이론으로 재창출해내었다. 삼론학의 이제설은 '약교와 약리의 이제 이론을 모두 포용하는 방편적 이제시교론'이었다.

주제어: 삼론학, 이제, 신삼론, 길장, 이제시교론, 약교이제, 어제

Ⅰ. 삼론학의 이제설에 대한 통념과 문제점

진제와 속제의 이제와 관련하여 양(梁)의 3대 법사의 사상과 차별되는 삼론학[1]의 특징은 이제시교론(二諦是教論)에 있다고 한다. 이제시교론이란 약교이제설(約教二諦說)이라고도 불리는데, 양의 삼대법사인 개선사(開善寺)의 지장(智藏, 458-522)과 광택사(光宅寺)의 법운(法雲, 467-529), 그리고 장엄사(莊嚴寺)의 승민(僧旻, 467-527)의 경우 이제를 이(理)나 경(境)으로 보았던 반면 삼론학에서는 이들과 달리 이제는 교(教)일 뿐이며 비진비속의 중도가 이(理)라는 점을 밝혔다는 것이다. 고구려 승랑(僧朗, 450-530경)의 가르침에서 유래한 신삼론(新三論) 사상을 집대성한 길장(吉藏, 549-623)은 『대승현론(大乘玄論)』에서 이제에 대한 3대 법사의 해석을 소개하면서 다음과 같이 설명한다.

> 일반적으로 세 법사의 말은 서로 다르다. 개선은 "이제는 법성의 종착점이고 일진불이(一眞不二)의 지극한 이법(理)이다."라고 말하며, 장엄은 "이제는 의혹을 제거하는 뛰어난 경계(境)이며 도에 들어가는 참다운 나루터다."라고 말하고, 광택은 "이제는 성스러운 가르침의 원천이며 영묘한 지혜의 연원이다."라고 말한다. 이 세 가지 이론이 비록 똑같지 않아서 어떤 말에는 지혜로운 이해를 품고 있고 어떤 말은 성스러운 가르침을 겸하고 있지만, 이 모두 경계(境)나 이법(理)을 진리(諦)로 삼는다는 점에서는 마찬가지다.[2]

1) 三論學은 古三論과 新三論으로 구분되며 僧朗 이후의 삼론학에 대해서는 '신삼론'이라는 別稱을 사용해야 하겠지만 學界의 通例에 따라 '삼론학'이라는 호칭을 竝用한다.
2) 吉藏, 『大乘玄論』(『大正藏』45, 15a), "常途三師置辭各異 開善云 二諦者 法性之旨歸 一眞不二之極理 莊嚴云 二諦者 蓋是祛惑之勝境 入道之實津 光宅云 二諦者 蓋是聖教之遙泉 靈智之淵府 三說 雖復不同 或言含智解 或辭兼聖教 同 以境理爲諦."

개선사의 지장은 이제를 이법(理)으로 보았고 장엄사의 승민은 경계(境)로 보았으며 광택사의 법운은 '성스러운 가르침의 원천'이며 '영묘한 지혜의 연원'이라고 보았는데 이들 모두 경계(境)나 이법(理)을 진리(諦)로 삼는다는 점에서 공통된다는 것이다.[3] 상기한 인용문 중 광택사 법운의 설명 가운데 이법이나 경계라는 표현이 보이지는 않지만 그의 저술『법화경운기』를 보면 삼거화택(三車火宅)의 비유 중 우거(牛車)에 대해 설명하면서 "이제의 이법(理)을 모아 놓았기에 가죽이 충실하다고 말하며 …… 마음으로 이제의 이법(理)의 길을 체득하고 있기에 걸음이 평온하고 올바르다고 말한다."고 쓰고 있기에 길장의 설명이 타당함을 알 수 있다.

현대 삼론학 연구의 전범(典範)인『중국반야사상사(中國般若思想史)』의 저자 히라이슌에이(平井俊榮) 역시 "길장 이제설의 최대의 특징은 소위 약교(約敎)의 이제를 설한 점에 있다."[4]고 말하면서 다음과 같이 설명한다.

> 이제를 어떻게 이해하는지에 대해서는 주지하듯이 약교의 이제와 약리의 이제, 결국 이것을 불타설법의 형식으로 보는지, 진리 그것의 형식으로 보는지 크게 둘로 나누어지는 것이지만, 불교의 교리사적인 전개로부터 보아도 어느 것이 원초적인 형태이며 발전적인 학설인지는 현재 또 학자들마다 의견을 달리하고 있다. 그러나 길장의 이제설이 약교이제설인 점에 관해서는 그의 이제 사상에 관해서 언급하고 있는 논문 모두가 인정하는 것이다.

약교이제와 약리이제 가운데 어느 것이 이제에 대한 원래적인 이해인지는 확정할 수 없어도, 길장이 약교이제설을 주장했다는 점에 대해서는 어느 학

---

3) 길장은 이어서 廣州 大亮의 약교이제설에 대해 언급한 후, 삼론가의 이제시교론은 '상황에 맞추어 가설한 것[對緣假說]'이라는 점에 그 특징이 있다고 설명한다. 양의 삼대법사와 광주의 大亮, 그리고 승랑까지 다섯 사람의 이제설은 慧均의『大乘四論玄義』에도 거의 똑같이 소개되어 있다.: 慧均,『大乘四論玄義』(『新纂藏』46, 573c)
4) 平井俊榮,『中國般若思想史研究』(東京: 春秋社, 1976), p.457

자들이든 인정한다는 것이다. 국내의 삼론 연구자들 역시 승랑에서 승전, 법랑을 거쳐 길장과 혜균(慧均)으로 이어지는 신삼론의 이제설이 약교이제설, 즉 이제시교론이라는 점에 대해서는 이견을 보이지 않았다.[5] 물론 삼론학 문헌 도처에서 이제가 교법이라고 설명한다. 또 양의 삼대법사 등 기존의 성실론사들은 언급하지 않았던 신삼론 특유의 이제설이 이제시교론이다.

그러나 길장이나 혜균의 저술에서는 간혹 이제를 경(境)이라고 표현한 문장도 눈에 띄고[6] 이제는 교(敎)도 아니고 경도 아니라는 설명도 발견된다.[7] 따라서 학계의 통념과 달리 삼론학의 이제설을 획일적으로 '이제시교론'이라고 규정할 수만은 없을 것 같다. 또 길장과 혜균의 저술을 보면 이제에 대해 설명하면서 '이(理)와 교(敎)', '경(境)과 지(智)', '권(權)과 실(實)' 등 다양한 이원적 범주들을 사용하는데 신삼론의 이제설은 이런 개념들과 유기적으로 얽혀 있다. 신삼론 고유의 이제설로 교제(敎諦)와 어제(於諦) 이론을 드는데, 어제의 경우는 '경과 지'의 범주와 관계된다. 따라서 삼론학의 이제 이론을 보다 분명하게 파악하고자 한다면, 신삼론의 이제시교론의 의미와 기원에 대해 재검토하면서 그 특징을 가려내고, 이제가 '이와 교'나 '경과 지' 등 이원적 범주들과 어떻게 관계하는지 분석해 보아야 할 것이다.

---

5) 김잉석, 「승랑을 상승한 중국삼론의 진리성」, 『불교학보』 (서울: 동국대학교불교문화연구원, 1963) 제1집, p.51 ; 고 익진, 『한국고대불교사상사』 (서울: 동국대출판부, 1989), p.106 ; 김성철, 「신삼론 약교이제설의 연원에 대한 재검토」, 『한국불교학』 제45집 (서울: 한국불교학회, 2006), p.48 ; 高岡善彦, 「三論教学における空性と修道の研究三論教学における空性と修道の研究」, 『龍谷大学大学院文学研究科紀要』 32 (京都: 龍谷大学大学院文学研究科紀要編集委員会, 2010), pp. 187-188

6) 慧均, 『大乘四論玄義』(『新纂藏』 46, 631a), "若言轉教為理者 即是二諦境發生二智也." ; 吉藏, 『淨名玄論』(『大正藏』 38, 883a), "如來常依二諦說法 故二諦名教 能生二智 故二諦名境."

7) 吉藏, 『中觀論疏』(『大正藏』 42, 29a), "二諦未曾境教 適時而用之."

Ⅱ. 삼론학 이제시교론의 의미와 기원과 특징

먼저 일반적으로 삼론학의 이제설이라고 간주되는 이제시교론에 대한 설명을 보자. 길장은 『이제의(二諦義)』에서 이제가 교(敎)라는 점에 대해서 다음과 같이 설명한다.

> 다음으로 이제가 교법이라는 뜻에 대해서 밝힌다. '섭령과 흥황' 이래 모두들 이제가 교법임을 밝혔다. 그 까닭은 '산중 스님'의 '필사본(手本) 『이제소』'에서 "이제란 것은 중도를 표출하는 오묘한 교(敎)이고 말과 문장을 궁구하는 지극한 설(說)이다. 도(道)는 유나 무가 아니지만, 유와 무에 의지하여 도를 드러내고, 이(理)는 일(一)이나 이(二)가 아니지만 일과 이로 인해서 이(理)를 밝힌다."고 말했기 때문이다. 그러므로 이제가 교임을 알라.8)

여기서 말하는 '섭령과 흥황'이란 섭령, 즉 섭산(攝山)에 살았던 '승랑과 그 제자인 승전(僧詮, 5세기말-558경)'9), 그리고 섭산에서 승전에게 가르침을 받은 후 진(陳) 무제(武帝, 503-559)의 명으로 흥황사로 나와서 삼론의 가르침을 홍포한 법랑(法朗, 507-581)을 함께 이르는 호칭이다. '산중 스님(山中師, 산중사)'이란 승전을 가리킨다. "이제란 것은 중도를 표출하는 오묘한 교이고 …… 일과 이로 인해서 이(理)를 밝힌다."는 설명은 혜균의 『대승사론현의』10)와 작자미상의 『삼론약장(三論略章)』에서도 거의 그대로 발견

---

8) 吉藏, 『二諦義』(『大正藏』45, 86a-86b), "次明二諦是教義 攝嶺興皇已來 竝明二諦是教 所以山中師手本二諦疏云 二諦者乃是表中道之妙教 窮文言之極說 道非有無 寄有無以顯道 理非一二 因一二以明理 故知 二諦是教也."
9) 승전의 생몰연대에 대한 자세한 분석은 '김성철, 『승랑 - 그 생애와 사상의 분석적 탐구』(서울: 지식산업사, 2011), pp.67-69 ; pp.159-163 참조.
10) 慧均, 『大乘四論玄義』(『新纂藏』46, 573c), "第五 攝嶺西霞寺 無所得 三論大意 大師 詮法師云 二諦者 蓋是表理之極說 文言之妙教 體非有無 有無不乖於體 理非一二 一二不違於理之."

되는데, 『약장』에서는 이를 '섭산의 스님(攝山師, 섭산사)'의 가르침이라고 적고 있다.[11] '섭산의 스님'은 삼론학 문헌에서 고구려 승랑의 특칭으로 사용되기에[12] 이제에 대한 상기한 설명이 승랑에게서 유래했다는 점을 알 수 있다. 따라서 위의 인용문에서 말하는 '필사본(手本, 수본) 이제소'는 '이제에 대한 승랑의 강의를 승전이 받아쓴 강의록'이었을 것으로 추정된다. 요컨대 승랑의 가르침에 의하면 중도나 도(道)는 '이(理)'이고 진속의 이제(二諦), 유와 무, 일과 이는 '교(教)'라는 것이다. 이런 내용을 표로 정리하면 다음과 같다.

이제시교론(二諦是教論)

이(理)	교(教)	
중도(中道)	이제(二諦)	
	진(眞)	속(俗)
도(道)	무(無)	유(有)
이(理)	일(一)	이(二)

이러한 이제시교론은, 그 당시 남조의 불교계에 유포되어 있던 개선사 지장이나 광택사 법운의 약리이제설이나 장엄사 승민의 약경이제설에서는 없었던 '이제를 교법으로 보는 통찰'이다. 이법은 진속의 이제가 아니라 진도 속도 아닌 중도다. 다시 말해 진속 이제의 체(體)는 이법으로서의 중도다.[13] 이런 설명에 근거하여 일반적으로 삼론학의 이제 이론은 약교이제설, 즉 이제시교론이라고 간주해 왔다. 그런데 승랑 이전에 유송(劉宋)의 다보사(多寶

---

11) 作者未詳, 『大乘三論略章』(『新纂藏』 54, 834c), "攝山師云 二諦者 乃是表中道之妙教 窮文言之極說也 道明有無 有無不乖其道理 雖絕要二 因二以得理 是以開眞俗門 說二諦法 以化眾生."
12) 平井俊榮, 『中國般若思想史研究』(東京: 春秋社, 1976), p.271.
13) 吉藏, 『二諦義』(『大正藏』 45, 108a), "何者 攝嶺興皇 皆以中道為二諦體."

寺)에 주석했던 대량(大亮 또는 道亮: 400-470경) 역시 이제시교론을 제시
했다고 한다. 길장의 『대승현론』과 혜균의 『대승사론현의』에서는 양의 삼대
법사의 이제 이론 세 가지를 열거한 후 대량의 이제 이론에 대해 다음과 같이
소개한다.

> 길장의 『대승현론』: 만일 광주의 대량법사에 의한다면, 확고하게(定, 정) 언
> 교로써 진리를 삼았다.[14]

> 혜균의 『대승사론현의』: 넷째는 송나라 다보사의 광주 대량 법사인데 다음과
> 같이 말한다. "이제는 언교의 통전(通詮)이고 상호의존적인 거짓 호칭이며 종
> 지(宗旨)를 궁구(窮究)하는 참된 원인이 아니다."[15]

일본의 사토테츠에이(佐藤哲英)는 이 중에 『대승사론현의』에 실린 이제
에 대한 정의가 길장의 『대승현론』의 서두에 실린 이제에 대한 정의[16]와 일
치하기에 삼론학의 약교이제설, 즉 이제시교론의 창안자가 승랑이 아니라 광
주 대량법사에게 있다고 주장한 바 있다.[17] 그러나 대량의 이제설과 관계된
자료들을 보다 정밀하게 읽어 보면, 대량이 약교이제설의 주장자이긴 했지만
그의 이론은 승랑을 계승한 신삼론의 이제시교론과 다르다는 점을 알 수 있
다. 상기한 『대승현론』의 인용문에서 보듯이 대량은 "확고하게(定) 언교로써
진리를 삼았"지만 신삼론에서 이제가 교법이라고 말하는 이유는 '확고한 언
교'이기 때문이 아니라, 그 당시 남조 불교계에서 '이제를 이법으로 간주하는

---

14) 吉藏, 『大乘玄論』(『大正藏』45, 15a), "若依廣州大亮法師 定以言教爲諦."
15) 吉藏, 『大乘玄論』(『大正藏』45, 15a), "第四 宗('宋'의 오사)國 多寶寺 廣州 大亮
    法師云 二諦者蓋是言教之通詮 相待之假稱 非窮宗之實因也."
16) 吉藏, 『大乘玄論』(『大正藏』45, 15a), "二諦者 蓋是言教之通詮 相待之假稱 虛
    寂之妙實 窮中道之極號."
17) 佐藤哲英, 「三論學派おける約敎二諦說の系譜 - 三論宗の相承論に關する疑問
    -」, 『龍谷大學論集』第380号 (京都, 龍谷學會, 1966), p.12.

것을 대응하기 위한 방편'이었다. 길장은 이제시교론의 '방편적 성격'에 대해
다음과 같이 설명한다.

> 묻는다. 섭령흥황 전통에서는 어째서 언교(言敎)로써 진리(諦)로 삼았는가?
> 답한다. 거기에는 깊은 뜻이 있다. 그 당시에 유포되어 있던 이론에서 이법
> (理法)을 진리로 삼는 것에 대응하기 위한 것이다. '상황에 대응하여 가립(假
> 立)하여 설한 것(對緣假說)'이란 말이다.18)

즉 '[당시의 남조불교계에서 이제를 이법이라고 곡해하는] 상황에 대응하
여 [이제가 교법이라고] 가립하여 [이제시교론을] 설한 것'이지 "이제는 교법
이다."라고 주장하기 위해서 설한 것은 아니라는 설명이다.

또 상기한 『대승사론현의』 인용문에서 보듯이 대량은 이제가 "종지(宗旨)
를 궁구(窮究)하는 참된 원인이 아니다(非窮宗之實因也)."라고 부정적으로
보았지만, 길장의 정의를 보면 이제가 교라는 점을 말하는 앞 문장은 동일하
지만 끝에서는 이와 반대로 "중도를 궁구하는 지극한 호칭이다(窮中道之極
號)."라고 긍정적으로 쓰고 있다. 이제의 역할에 대한 양측의 평가는 상반되
었던 것이다.

이상에서 보았듯이 신삼론에서는 '중도(中道)인 이법(理法)'을 체득케 하
는 교법(敎法)으로서 이제의 역할을 긍정하였고, 신삼론의 이제시교론은 '영
원한 주장'이 아니라 '시대적 방편'이었다. 이제를 아(理, 또는 경)로 보는 당
시의 남조 불교계의 '유소득(有所得)의 이견(理見)'을 타파하기 위한 '대연가
설(對緣假說)'이었다. 대량(大亮) 법사 역시 이제시교론을 제시했지만 이는
'유소득의 교견(敎見)'일 뿐이었다.19) 신삼론의 이제시교론은 '양의 삼대법

---

18) 吉藏, 『大乘玄論』(『大正藏』45, 15a), "問 攝嶺興皇 何以言敎爲諦耶 答 其有深
意 爲對由來 以理爲諦故 對緣假說."
19) 유소득의 理見과 敎見에 대한 길장의 비판은 다음과 같다: 吉藏, 『中觀論疏』(『大
正藏』42, 28c-29a), "爲拔二理之見故 言 眞之與俗皆是敎也 至道未曾眞俗 卽末

사의 이견'과 '대량법사의 교견'을 넘어서 무소득의 정신에 투철하였다.[20]

Ⅲ. 삼론학의 이제설에서 이(理), 교(敎), 경(境), 지(智)의 관계

앞 장에서 보았듯이, 신삼론의 이제시교론(二諦是敎論)은 "이제는 교(敎)다."라는 단순한 주장이 아니라, "이제는 이(理), 또는 경(境)이다."라는 당시의 잘못된 생각을 시정하기 위한 방편으로 제시된 이론이었다. 따라서 상황에 따라서 이제는 경이 될 수도 있다. 길장이 저술한 『정명현론』의 다음과 같은 설명을 보자.

> 물음: 진과 속의 이제는 교(敎)를 말하는가, 경(境)을 말하는가?
> 답변: 교화주체(能化, 능화)인지 교화대상(所化, 소화)인지에 따라서 서로 같지 않다. 교화주체의 입장에서 말하면, 내적으로 진과 속을 비추기에 진과 속을 경이라고 부르고, 외적으로 중생을 위해서 이제에 의지하여 설법하기에 진과 속을 교라고 부른다. 교화대상의 입장에서 말하면 진과 속을 받아 배우기에 진과 속을 교라고 이름하며, 진과 속으로 인하여 이지(二智)가 발생하기에 진과 속을 경이라고 부른다. 그러나 이러한 진과 속은 원래 경이나 교가 아니다.[21]

學者遂守二諦是教 還是投語作解 由來二諦是理爲理見 今二諦爲教復成教見 若得意者境之與教皆無妨也."

20) 이상의 내용에 대한 자세한 설명은, 김성철, 「신삼론 약교이제설의 연원에 대한 재검토」, 『한국불교학』 제45집 (서울: 한국불교학회, 2006), pp.59-65 참조.

21) 吉藏, 『淨名玄論』(『大正藏』38, 868c), "問 眞俗二諦 爲是教名 爲是境稱 答 約能化所化 互望不同 就能化爲言 內照眞俗 故眞俗名境 外爲眾生 依二諦說法 故眞俗名教 就所化爲言 稟於眞俗 別(卽의 誤寫)眞俗名教 因眞俗 發生二智 眞俗名境 然此眞俗 未曾境教."

인용문 서두에서 질문자는 이제가 경인지 교인지 묻는데, 만일 이제시교론
이 만고불변한 삼론학의 주장이라면 길장은 "이제는 경이 아니라 교다."라고
답을 했어야 할 것이다. 그러나 위에서 보듯이 상황에 따라서 이제가 경이
될 수도 있고 교가 되기도 한다는 것이다. 성인(聖人)이 중생에게 진속의 이
제에 대해 가르칠 때 이를 들은 중생에게 이지(二智)가 생한다. 여기서 중생
에게 이제의 가르침을 주는 성인은 '교화주체(能化)'이고 성인에게서 이제의
가르침을 받는 중생은 '교화대상(所化)'이다. '교화주체'인 성인의 입장에서
보면 마음속에 떠올리는 진속의 이제는 경이고, 이렇게 떠오른 이제를 입을
통해서 발화하면 이는 교가 된다. 그리고 '교화대상'인 중생 역시 이렇게 발
화된 진속의 이제를 우선 교로서 받아 배운다. 그런데 진속 이제의 교를 통해
서 중생에게 '권지(權智)'와 '실지(實智, 참된 지혜)'의 이지(二智)가[22] 발생
할 때에는 진과 속의 이제는 境이 된다는 것이다. 문자 그대로 권지란 방편
[權, 권]의 지혜이고 실지는 참된[實, 실] 지혜를 의미하는데, 진제인 공과
속제인 유 가운데, 권지를 발생시키는 것이 유이고 실지를 발생시키는 것이
공이며, 유를 조명하는 것은 권지이고 공을 조명하는 것은 실지이다.[23] 이
때 진제인 공과 속제인 유는 교가 아니라 경이라는 것이다. 위 인용문에서
길장의 풀이 가운데 "진속 이제의 교를 통해서 중생에게 권지와 실지의 이지
가 발생한다."는 내용에는 논지의 비약이 있는데 『정명현론』의 다음과 같은
설명을 통해 공백을 채우면 그 의미가 분명해진다.

> 교화대상인 중생은 ①진과 속의 두 가지 교를 받아서 ②비진비속인 불이의
> 이(理)를 깨닫는다. 이미 ②불이의 이(理)를 깨달았기에 ③불이의 관(觀)이 발

---

22) 후대의 불교문헌을 보면 二智가 眞智와 俗智를 가리키는 경우도 있지만, 길장이
    나 혜균의 저술에서 二智는 예외 없이 權智와 實智였다.
23) 吉藏, 『二諦義』(『大正藏』45, 114c), "二諦 空有二境 生權實二智 照有是權智
    照空是實智."

생한다. 깨달은 내용인 경(境)은 이미 진과 속이 아니고 깨닫는 작용인 지(智) 역시 권(權)도 실(實)도 아니다. 이미 ②이(理)가 유나 무가 아님을 깨달았으면 ④교(敎)에 진과 속이 있음을 알게 된다. ③이(理)를 깨달아서 권(權)도 실(實)도 아닌 지(智)가 발생하면 ④교에 진과 속이 있음을 알게 되기에 ⑤권과 실의 이지(二智)가 발생한다.24)

교는 성인의 입에서 '발화된 것'일 수도 있고, 중생이 귀로 듣고 '배우는 것'일 수도 있고, 중생이 성인이 되는 과정에서 마음속에 '떠오른 것'일 수도 있다. 앞의 인용문에서는 '성인이 발화하고 중생이 배우는 진속의 교(二敎, 이교)'에서 '권실의 이지(二智)'가 발생한다고 썼는데, 위의 인용문을 보면 교에서 직접 지가 발생하는 것이 아니라, 그 사이에서 세 단계를 거쳐야 함을 알 수 있다. 즉, '①이교(二敎)→ ②불이리(不二理)→ ③불이지(不二智)→ ④이경(二境)→ ⑤이지(二智)'로 이어지는 과정에서 ①이교와 ⑤이지 사이에 '②불이리→ ③불이지→ ④이경'의 과정이 개입한다.

①성인이 설하는 '진제와 속제의 가르침(二敎)'을 듣고서 ②먼저 '불이의 이(理)'를 체득해야 한다. '불이의 이'는 진제도 아니고 속제도 아니며[非眞非俗, 비진비속], 유도 아니고 무도 아닌[非有非無, 비유비무] '중도의 이(理)'이다. 이법을 체득한 것이다. ③이때 동시에 불이의 관(觀), 불이의 지(智)가 발생한다. 경으로서 나타난 이(理)가 비진비속으로 불이이기에, 이를 파악하는 지 역시 비권비실(非權非實)의 불이다. 이렇게 이법을 체득한 후에 ④비로소 방편으로 사용될 진제와 속제의 이제가 떠오른다. 이때 진과 속의 이제는 지(智)의 대상이기에 경이다. 그리고 이에 근거하여 ⑤권과 실의 이지가 발생한다.

---

24) 吉藏, 『淨名玄論』(『大正藏』38, 869a), "所化眾生 稟眞俗二敎 即悟非眞非俗不二之理 既悟不二之理 即發生不二之觀 所悟境既非眞俗 能悟之智亦非權實 既悟理非有無 即識敎有眞俗 悟理發生非權實智 即識敎有眞俗 故生權實二智."

일반적으로 삼론학의 이제설을 이제시교론이라고 하면서 이제를 교로 보았다고 하지만, 이상에서 보듯이 이는 ①'성인이 이제의 가르침을 설하고, 중생이 그런 이제의 가르침을 들을 때'에 국한한다. ①이제의 가르침을 통해서 ②불이의 이(理)를 체득하면서 ③불이의 지(智)가 생한 후 다시 중생을 교화하기 위해서 ④진과 속의 이제를 떠올릴 때에는 이제의 가르침은 경(境)이 되는 것이다. 그리고 이런 이제의 경에 근거하여 ⑤권실의 이지(二智)가 생한다. 본 장 서두에 인용했던 『정명현론』의 문답에 이어지는 다음과 같은 문답을 보면 경과 지, 교와 이(理)의 관계가 보다 분명하게 드러난다.

> 물음: 그렇다면 어째서 항상 이제가 교(敎)이지, 경(境)이나 이(理)가 아니라고 말했는가?
> 답변: 이는 "이제에 의지하여 설법한다."는 점에 따라서 이제를 교라고 부른 것이다. 만일 "이지를 발생시킨다."는 점에 의거한다면 진과 속은 경이라고 부른다. 또 진과 속은 불이의 이(理)를 표출하기에 진과 속을 교라고 부른다. 만일 이지(二智)와 상대한다면 경이라고 부른다. 어느 한 쪽을 고집할 수는 없다.[25]

여기서 질문자는 신삼론 전통에서 일반적으로 약경이제설이나 약리이제설을 비판하면서 약교이제설, 즉 이제시교론을 제시한 이유를 묻는다. 그러자 길장은 "성인((聖人)이 '진제와 속제의 이제에 의해서 설법할 때'와 이런 이제의 설법을 듣고서 범부에게 '불이의 이(理)가 표출될 때'에는 이제를 교라고 부르는 반면에, 진속 이제에 의해서 '권지와 실지의 이지가 발생할 때'와 진제와 속제의 이제가 '권지와 실지의 이지와 상대하고 있을 때'에는 이제를 경이라고 부른다."고 답한다. 요컨대 진제와 속제의 이제가 '교화를 위해

---

25) 吉藏, 『淨名玄論』(『大正藏』38, 868c), " 問 若爾 何故垣(恒의 誤寫)言二諦為教 非是境理 答 此約依二諦說法故 二諦名教 若據發生二智 則真俗名境 又真俗表不二理 則真俗名教 若對二智 則稱為境 不可偏執."

성인에 의해서 발화될 때'나 '오도(悟道)를 위해 범부에 의해 학습될 때'에는 교라고 불리고, 이런 과정을 거쳐 불이의 이(理)를 체득한 사람이 진제와 속제의 이제를 대상으로 떠올려서 권지와 실지의 이지를 발생시킬 때에는 경이라고 부른다. 길장은 『중관론소』에는 경, 지, 교, 이(理)의 이러한 관계가 다음과 같이 잘 정리되어 있다.

> 진제와 속제에 의해서 이(理)를 통달하기에 교라고 부르며, 진제와 속제가 지를 생하므로 경이라고 부른다. 여래가 이제를 설하기에 이제는 교가 되며 여래가 이제를 비추므로 이제는 경이 된다. 그러나 이제는 본래 경이나 교가 아니니 상황에 맞추어 이를 활용하라.26)

이제가 지의 대상이 될 때에는 경이 되고, 이(理)에 대해서는 교가 된다. 이지를 생할 때에는 경이 되고, 이제를 설할 때에는 교가 된다. 따라서 이제에 대해 경이라고 규정할 수도 없지만, 교라고 단정할 수도 없다. 교화와 오도의 상황에 따라 이제를 경으로 볼 수도 있고 교로 볼 수도 있다는 것이다. 철저한 무소득의 이제관이다.

IV. 삼론학의 이제설에서 어제(於諦)와 교제(敎諦)의 의미와 유래

일반적으로 양(梁)의 3대 법사의 이제설과 차별되는 신삼론 이제설의 특징이 이제시교론에 있다고 하지만 지금까지 살펴보았듯이, 이는 방편적 이론

---

26) 吉藏, 『中觀論疏』(『大正藏』42, 29a), "以眞俗通理 故名爲敎 眞俗生智 卽名爲境 如來說二諦 故二諦爲敎 如來照二諦 卽二諦爲境 然二諦未曾境敎 適時而用之."

일 뿐이다. 상황에 따라서 이제를 교라고 부를 수도 있고 경이라고 부를 수도 있다. 이(理)에 대해서는 교가 되고, 지(智)에 대해서는 경이 되기 때문이다. 전자는 약교(約敎)의 이제, 후자는 약경(約境)의 이제다. 신삼론 전통에서는 현대 불교학계의 통념과 달리 부분적으로 약경이제설도 수용하였다. 신삼론의 약경이제설은 지와 경의 대립에 근거한다. 교법으로서의 이제였지만, 이런 이제를 통해 불이중도의 이(理)를 체득한 후 권지와 실지의 이지를 발생시키기 위해서 진제인 공과 속제인 유의 이제의 교법을 떠올릴 때 이제 각각은 경이 된다. 그런데 삼론학에서는 이 가운데 교법인 이제를 교제라고 부르며, 교제에 의해서 발생하는 지를 어제(於諦)라고 부른다. 길장의『이제의』에 실린 다음과 같은 문답을 보자.

> 묻는다. 어제는 경에 속해야 하는가, 지에 존재해야 하는가?
> 풀어서 말한다. 어제란 '두 가지 유정(有情)의 지(智)'에 대해서[於] 이름을 붙인 것이다. 범부에게 이해된 것이 속제가 되고, 성인에게 이해된 것이 진제가 된다. '두 가지 유정의 지'에 대해서[於] 진리[諦]로 삼은 것이지 공과 유의 '두 가지 경'을 취하여 진리로 삼은 것은 아니다.[27]

진제와 속제의 이제는 교제이기도 하지만, 어제이기도 하다. 질문자는 어제가 경에 속하는지 아니면 지에 속하는지 묻는다. 경은 '객관대상'을 의미하고 지는 그런 경에 대한 '주관적 앎'을 의미한다. 길장은 어제는 '주관적 앎'인 지에 속한다고 답한다. '두 가지 유정'이란 범부와 성인의 둘을 가리킨다. 진제로서의 어제는 '성인에게 이해된 진리'이고 속제로서의 어제는 '범부에게 이해된 진리'다. 전자를 진어제(眞於諦), 후자는 속어제(俗於諦)라고 부르

---

27) 吉藏,『二諦義』(『大正藏』45, 97a), "問 於諦 爲當屬境 爲當在智耶. 解云. 於諦 於兩情智爲名 何者 於凡所解爲俗諦 於聖所解爲眞諦 於兩情智爲諦 不取空有兩境爲諦也."

기도 한다.28) 요컨대 어제란 '사람에게 파악된 진리[於人所表諦]'다. '사람'
이란 성인 또는 범부다. 이어서 질문자는 교제의 소속을 묻는다.

> 묻는다. 어제가 지라면 교제는 어디에 속하는가? 일체의 법은 경과 지에서 벗
> 어나지 않아서 경과 지가 거두어들이는데 경에 속하는가, 지에 속하는가?
> 풀어서 말한다. 교제는 경에 속한다.29)

　일체의 법을 분류하는 방식이 여러 가지가 있지만, 여기서 질문자는 '경과
지(智)'의 범주를 제시하면서 교제의 소속을 묻는다. 경은 '객관적 대상', 지
는 '주관적 인식'이라고 풀이할 수 있을 것이다. 교제는 성인이 가르친 이제
다. 길장은 교제가 객관 대상인 경에 속한다고 답한다. 이제는 객관세계의
법칙(理)이나 대상(境)이 아니라 교다. 그러나 언표된 이제는 경(境)이다. 언
표된 이제는 귀에 들리는 것(聲境, 성경)에 속하기 때문일 것이다. 이를 교제
라고 부른다. 교제란 '성인이 말로 나타낸 진리[聖人能表諦]'다. 길장에 의하
면 어제와 교제 모두 다른 학파에는 없는 신삼론 고유의 이론이라고 한다.
길장은 다음과 같이 말한다.

> 이제(二諦)에는 두 가지 의미가 있다. 첫째는 중생에 순응하기 때문에 이제를
> 설하는 것으로 교제(教諦)이다. 둘째는 중생에 대해서 이제가 있는데 어제(於
> 諦)이다. 그런데 어(於)와 교(教)의 이제는 다른 학파에는 없다. 오직 산문(山
> 門)의 전통에만 이런 이치가 있다.30)

　여기서 말하는 산문이란 섭산에서 교화활동을 했던 승랑과 승전을 일컫는

28) 吉藏, 『二諦義』(『大正藏』45, 99b)
29) 吉藏, 『二諦義』(『大正藏』45, 113a), "問 於諦是智 教諦屬何耶 一切法不出境智
　　境智往收 為屬境 為屬智耶 解云 教諦屬境."
30) 吉藏, 『二諦義』(『大正藏』45, 103b), "二諦者 有二義 一者隨順眾生故說有二諦
　　即教諦 二者於眾生有二諦 即於諦也 然於教二諦 他家所無 唯山門相承有此義也."

다. 교제의 이론은 이제시교론에 근거하기에 승랑이 그 창안자임을 알 수 있
다. 그런데 어제의 이론 역시 그 기원이 승랑에게 있을 것으로 짐작된다.[31]
그리고 멀리는 『중론』이나 『열반경』과 같은 대승불전에서 그 기원을 찾는다.
교제와 어제 이론의 경전적 근거에 대해서 길장은 『대승현론』에서 다음과
같이 설명한다.

> 묻는다. 『중론』에서 "모든 부처님들께서는 이제에 의지하여 설법하신다."[32]
> 고 말하며, 『열반경』에서는 "중생에 수순하기 때문에 이제를 설하신다."[33]고
> 말하는데 이는 어떤 제(諦)인가?
> 답한다. 능의(能依)는 교제이고 소의(所依)는 어제다.[34]

『중론』의 게송에서 "이제에 의지하여 설법하신다."고 할 때 '의지하는 이
제'와 '설법하는 이제'를 구분할 때 전자는 '의지의 대상[所依]'이고 후자는
'의지하는 주체[能依]'인데, 전자가 어제이고 후자가 교제라는 것이다. 『열반
경』의 경문에서 "중생에 수순하기 때문에 이제를 설하신다."고 할 때, '중생
이 생각하는 이제'가 있고 부처님이 '설하는 이제'가 있는데, 전자가 '의지의
대상[所依]'이고 후자가 '의지하는 주체[能依]'이며 마찬가지로 전자가 어제
고 후자가 교제다.

양무제의 장남 소명태자 소통(蕭統: 501-531)의 「해이제의(解二諦義)」
에 어제(於諦) 이론이 거의 그대로 등장한다. 초제사(招提寺)의 혜염(慧琰)

31) 김성철, 『승랑 - 그 생애와 사상의 분석적 탐구』 (서울: 지식산업사, 2011), pp.31
3-323
32) 원 게송은 다음과 같다.: 龍樹, 『中論』, (『大正藏』30, 32c), "諸佛依二諦 為眾生
說法 一以世俗諦 二第一義諦."
33) 원문은 다음과 같다.: 『大般涅槃經』(『大正藏』12, 684c), "佛言 善男子 有善方便
隨順眾生說有二諦."
34) 吉藏, 『大乘玄論』(『大正藏』45, 15a), "問 中論云 諸佛依二諦 說法. 涅槃經云
隨順眾生故 說二諦 是何諦耶 答 能依是教諦 所依是於諦."

과 소명태자 간에 오간 다음과 같은 문답을 보자.

> 다시 여쭙니다. 만일 무가 유와 다르지 않고 유가 무와 다르지 않다면 다만
> 한 가지만 봐야 할 텐데 어째서 둘이 됩니까?
> 황태자가 대답하였다. 범부는 유를 보고 성인은 무를 봅니다. 양자에게 보이
> 는 것이 이미 나뉘었기에 둘을 이루는 것입니다.
> 다시 여쭙니다. 성인이 무를 본다고 할 때, 무는 가히 진리[諦]라고 부를 수
> 있습니다. 범부가 유를 보는 것을 어째서 진리라고 할 수 있습니까?
> 황태자가 대답하였다. 성인이 무를 보는 것은 성인에게서[在聖] 진리[諦]가
> 되고, 범부는 살펴보아 유라고 말하기 때문에 범부에게[於凡] 진리가 되는 것
> 입니다.35)

이 가운데 "성인이 무를 보는 것은 성인에게서[在聖] 진리[諦]가 되고, 범
부는 살펴보아 유라고 말하기 때문에 범부에게[於凡] 진리가 된다."는 소명
태자의 마지막 대답은 신삼론의 어제 이론과 유사하다. 본 장 서두에서 인용
했던 『이제의』의 문장에서 길장은 어제에 대해서 "어제란 '두 가지 유정(有
情)의 지(智)'에 대해서[於] 이름을 붙인 것이다. 범부에게 이해된 것이 속제
가 되고, 성인에게 이해된 것이 진제가 된다."고 정의하는데 이는 위에 인용
한 소명태자의 이제 이론과 다르지 않기 때문이다. 그러나 소명태자의 이제
관이 신삼론의 이제 이론과 완전히 일치하는 것은 아니었다. 「해이제의」 서
두에서 소명태자는 다음과 같이 말한다.

> 도(道)를 밝히는 방법에서 그 유래가 하나만 있는 것은 아니지만 요약하여 말
> 하면 경과 지에서 벗어나지 않는다. 때로는 경에 의해서 뜻을 밝히고, 때로는
> 지에 의해서 행을 드러낸다. 이제의 경우는 경으로 나아가 뜻을 밝힌 것이

---

35) 道宣, 『廣弘明集』(『大正藏』52, 248b), "又諮 若無不異有 有不異無 但見其一
云何為二 令旨答 凡夫見有聖人見無 兩見既分以茲成二 又諮 聖人見無無可稱諦
凡夫見有何得稱諦 令旨答 聖人見無在聖為諦 凡夫審謂為有 故於凡為諦."

다.36)

도에 대해서는 그 어떤 얘기를 해도 '경과 지'라는 범주를 벗어나지 않는
데, 진속 이제의 경우는 지가 아니라 경에 포함된다는 것이다. 그런데 길장은
「해이제의」의 이런 문장을 의식하고 있는 듯이 본 장 서두의 인용문에서 어
제에 대해 정의를 내린 후 이와 반대로 "'두 가지 유정의 지(智)'에 대해서
[於] 진리[諦]로 삼은 것이지 공과 유의 '두 가지 경'을 취하여 진리로 삼은
것은 아니다."라고 쓰고 있다. 소명태자의 '이제 이론은 그 발상에서 신삼론
의 '어제 이론'과 거의 동일하지만, 소명태자의 경우 이제가 '지와 경'의 구분
에서 경(境)에 해당한다고 본 반면에 신삼론에서는 어제가 경이 아니라 지
(智)라고 보았다는 점에서 양자는 차별된다. 또 신삼론의 어제 이론은 과거
양의 3대 법사의 이론 가운데 약리이제설에 해당한다고 한다. 길장은『정명
현론』에서 이에 대해 다음과 같이 밝힌다.

> 진리[諦]에는 두 가지가 있다. 첫째는 어제이고 둘째는 교제다. 색법(色法)의
> 경우 원래 유도 무도 아닌데 범부에게는 유이고 속제라고 부르며, 성인에게는
> 공이고 진제라고 부른다. 범부에 대해서 유이고 속제라고 부르기에 만법을 잃
> 지 않고, 성인에 대해서 공이고 진제라고 부르기에 부처님이 계시든 안 계시
> 든 성(性)과 상(相)이 상주한다. 교제란 것은 다음과 같다. 제불과 보살의 색
> 은 원래 유나 무가 아닌데, 중생을 교화하기 위해서 유와 무의 이제를 설한다.
> 이런 유와 무로 인하여 유와 무가 아님을 깨닫게 하고자 한 것이 교다. 그런
> 데 옛 이론에서 이제가 이(理)라고 밝혔던 것은 여기서 말하는 두 가지 어제
> 다.37)

---

36) 道宣,『廣弘明集』(『大正藏』52, 247c), "明道之方 其由非一 舉要論之不出境智
或時以境明義 或時以智顯行 至於二諦即是就境明義."
37) 吉藏,『淨名玄論』(『大正藏』38, 894c), "諦有二種 一於諦 二教諦 於諦者 色未曾
有無 而於凡是有 名俗諦 於聖是空 名真諦 以於凡是有名俗諦故 萬法不失 於聖是
空名真諦故 有佛無佛性相常住 教諦者 諸佛菩薩之色未曾有無 為化眾生故 說有

길장은 어제와 교제의 의미에 대해서 해설한 후 말미에서 "옛 이론에서 이제가 이(理)라고 밝혔던 것은 여기서 말하는 두 가지 어제다."라는 설명을 덧붙인다. 여기서 '이제가 이라고 밝혔던 옛 이론'은 약리이제설, 또는 약경이제설이라고 불리는 양의 삼대법사의 이제설이다. 이들의 주장하던 이제가 신삼론의 어제에 해당한다는 것이다. 신삼론에서 이제시교론을 제시하면서 '개선사 지장과 광택사 법운의 약리이제설'과 '장엄사 승민의 약경이제설'을 비판하긴 했지만 이를 완전히 파기한 것은 아니었다. '어제 이론'으로 탈바꿈하여 신삼론 이제설의 한 축을 담당하고 있는 것이다.

V. 약경(約境)과 약리(約理)의 이제를 포용하는 방편적 이제시교론

본고 서두에서 언급했듯이, 삼론학의 이제설을 약교이제설, 즉 이제시교론이라고 규정하는 것이 학계의 통념이었다. 길장이나 혜균 등 삼론가의 저술에서는 이제시교론을 신삼론 이제 이론의 특징으로 들면서 과거 양의 삼대법사의 약리이제설이나 약경이제설을 비판하는 내용들이 많이 발견된 있다. 그런데 간혹 이제를 경(境)이나 지(智)라고 규정하는 문장들도 보인다. 어떤 곳에서는 이제는 경이나 이(理)가 아니라 교라고 하는데, 다른 곳에서는 이제는 교가 아니라 경이라고 쓰고 있으며, 또 다른 곳에서는 이제는 경이 아니라 지(智)라고 쓰기도 한다. 본고에서는 이런 문장들을 단서로 삼아서 신삼론 이제설의 전체적인 모습에 대해 조감해 보고자 하였다.

주지하듯이 이(理)나 경의 실상은 진도 속도 아닌 '불이의 중도'이고, 그런

無爲二諦 欲令因此有無悟不有無 是教 而舊義明二諦是理者 此是二於諦耳."

중도를 가르치고, 체득하기 위해 사용되는 교가 이제의 본질이다. 그런데 일반적인 이해와 달리 삼론학의 이제시교론은 대기설법과 같은 교설이었다. 길장은 이제시교론의 이런 성격을 '상황에 대응하여 가립하여 설한 것[對緣假說, 대연가설]'이라고 표현한다. 신삼론의 약교이제설, 즉 이제시교론은 이제를 '자연의 이법(理法, 理)'이나 '객관 대상[境]'이라고 간주하던 그 당시 남조 불교계의 통념을 시정하기 위하여 제시된 방편적 이론이었다.

또 신삼론 이제설에서 약경과 약리의 이제설을 비판하면서 약교의 이제인 교제를 고안하긴 했지만, '경과 지'라는 이원적 범주의 틀 속에서 판별하면 그런 교제는 지(智)가 아니라 경에 해당한다. 이(理)에 대해서는 이제(二諦)가 교이지만, 지에 대해서는 경인 것이다. 여기서 지에 해당하는 이제를 어제라고 부른다. 교제는 '성인이 말로 나타낸 진리[聖人能表諦]'임에 반하여, 어제는 '사람에게 파악된 진리[於人所表諦]'다. '성인에게 이해된 공의 지(智)'는 진어제(眞於諦), '범부에게 이해되는 유의 지'는 속어제(俗於諦)다. 길장은 이런 두 가지 어제는 '이제가 이(理)라고 밝혔던 옛 이론'인 약리의 이제에 다름 아니라고 말한다.

이렇게 삼론학의 이제는 상황에 따라서 그 역할과 명칭이 달라졌다. 본질적으로는 교이지만, 어떤 때에는 경이라는 이름이 붙고, 다른 때에는 지라는 이름이 붙는다. 어떤 때에는 교제라고 부르고, 다른 때에는 어제라고 부른다. 삼론학의 이제설은 약리와 약경의 이제 이론을 모두 포용하는 방편적 이체시교론이었다.

참고문헌

『大般涅槃經』(『大正藏』12)

龍樹, 『中論』(『大正藏』30)

吉藏, 『淨名玄論』(『大正藏』38)

吉藏, 『中觀論疏』(『大正藏』42)

吉藏, 『二諦義』(『大正藏』45)

吉藏, 『大乘玄論』(『大正藏』45)

道宣, 『廣弘明集』(『大正藏』52)

慧均, 『大乘四論玄義』(『新纂藏』46)

作者未詳, 『大乘三論略章』(『新纂藏』54)

고익진, 『한국고대불교사상사』 (서울: 동국대출판부, 1989)

김성철, 「신삼론 약교이제설의 연원에 대한 재검토」, 『한국불교학』 제45집 (서울: 한국불교학회, 2006)

김성철, 『승랑 - 그 생애와 사상의 분석적 탐구』 (서울: 지식산업사, 2011)

김잉석, 「승랑을 상승한 중국삼론의 진리성」, 『불교학보』 (서울: 동국대학교불교문화연구원, 1963) 제1집

佐藤哲英, 「三論學派おける約敎二諦說の系譜 - 三論宗の相承論に關する疑問 -」, 『龍谷大學論集』第380号 (京都, 龍谷學會, 1966)

平井俊榮, 『中國般若思想史研究』 (東京: 春秋社, 1976)

高岡善彦, 「三論敎学における空性と修道の研究三論敎学における空性と修道の研究」, 『龍谷大学大学院文学研究科紀要』32 (京都: 龍谷大学大学院文学研究科紀要編集委員會, 2010)

승랑과 승조
-생애와 사상, 영향과 극복에 대한 재조명-

논문초록

Ⅰ. 승랑과 승조의 상반된 삶

Ⅱ. 승조와 승랑의 생애

1. 『고승전』을 통해 본 승조의 생애

2. 승랑의 본명과 행적에 대한 추정

Ⅲ. 승조와 승랑의 사상

1. 승조 – 제3구의 변용인 상즉의 비판론

2. 승랑 – 이원적 범주를 통한 무의무득의 구현

Ⅳ. 승랑에게서 보이는 승조의 영향

Ⅴ. 승조를 극복한 승랑의 유무론

논문초록

구마라습이 전한 인도의 중관학은 중국의 전통적 형이상학인 현학(玄學)과 만나서 '동아시아적 중관학'인 삼론학을 창출하였다. 세월이 흐르면서 삼론학의 가르침은 불교교학의 뒷전으로 밀려나기 시작했다. 하북에서는 아비달마, 강남에서는 『성실론』이 불교교학의 중심에 있었다. 승랑은 구마라습 사후 잊혀지고 왜곡되던 삼론의 가르침을 강남의 불교계에서 부흥한 인물이며 승랑을 기점으로 그 이전의 삼론학을 고삼론, 이후의 삼론학을 신삼론이라고 부른다. 승랑과 승조. 승랑은 신삼론의 시조이고 승조는 고삼론의 대표적 저술가인데, 그 성향은 상반되었다. 승조는 후진의 황실과도 가까이 지냈고, 적극적으로 저술 활동을 했으며, 그 전기도 『고승전』에 실려 있는 반면, 승랑은 양무제의 초청을 거절하고 섭산에 은둔하면서 수행과 교화에 전념하였고, 『화엄의소』를 지었다는 기록은 있지만 단 하나의 저술도 남아 있지 않으며, 독립된 전기도 전하지 않는다. 승조가 구체적인 역사 속 인물이라면 승랑은 전설의 인물이었다. 승조의 논문 모음집인 『조론』 가운데, 「물불천론」에서는 '동(動)과 정(靜)의 상즉', 「부진공론」에서는 '유와 무의 상즉', 「반야무지론」에서는 '지(知)와 무지(無知)의 상즉', 「열반무명론」에서는 '세간과 열반의 상즉'을 논변한다. 승조의 사상은 한 마디로 '상즉의 비판론'이었다. 상즉이란 "A이면서 not-A이다."라는 명제로 표현되기에 중관학의 4구판단 가운데 제3구에 해당한다. 인도 중관학의 경우 제1구와 제2구를 비판할 때 제4구를 사용하였는데, 승조는 제3구를 사용하였다는 점에서 독특하였다. 승조의 사상 가운데 많은 내용이 승랑에 의해서 발전적으로 계승되었다. 승랑의 사상은 '이원적(二元的) 범주론', '상즉의 실상론', '방편적 교화론', '무득(無得)의 오도론(悟道論)'의 네 가지로 정리되는데 그 가운데 '상즉의 실상론'이 승조의 사상에 근거한다. 현학에서는 명교(名敎)를 '유', 자연을 '무'로 보았는데, 승조는 '유'와 '무'를 모두 명교로 격하시키고, '비유비무'를 진제(眞諦)라고 불렀다. 명교는 이제(二諦) 가운데 속제에 해당한다. 그러나 승랑은 명교와 진제 모두를 '속제'인 교법으로 격하시키면서 속(俗)도 아니고 진(眞)도 아닌 '비진비속'을 이법(理法)으로 제시하였다. 아울러 중가(中假), 체용(體用) 등의 이원적 범주들을 새롭게 도입하고 변증법적으로 직조함으로써 무득(無得)의 정신에 투철하였다.

주제어: 승랑, 승조, 조론, 현학, 이제, 삼론

Ⅰ. 승랑과 승조의 상반된 삶[1]

승랑(僧朗: 450-530경)[2]과 승조(僧肇: 384-414)[3]. 각각 신삼론(新三論)과 고삼론(古三論)을 대표하는 인물이다. 승조는 구마라습(鳩摩羅什, Kumarājīva: 344-413)[4]이 전한 인도의 반야중관학을 중국의 전통 형이상학인 현학(玄學)의 언어로 재단(裁斷)한 발군의 논문들을 남겼다. 「물불천론(物不遷論)」, 「부진공론(不眞空論)」, 「반야무지론(般若無知論)」 그리고 「열반무명론(涅槃無名論)」 등이 그것이다. 이들 논문들은 『조론』이라는 이름으로 묶여서 동아시아 불교사상사에 큰 영향을 주었고 천육백여 년이 지난 지금까지도 공성의 이해를 위한 지침서로 활용된다. 승랑은 고구려의 요동성(遼東城) 출신으로 구마라습 사후 수십 년이 지나면서 겨우 명맥만 유지하던 고삼론의 가르침을 재정비하여 중국의 남조(南朝) 불교계에 착근(着根)시킨 인물이다. 승랑이 전한 삼론학을 배경으로 지의(智顗: 538-597)의 천태학과 혜능(慧能: 638-713)의 남종선(南宗禪)이 탄생하였다. 승랑은 화엄에도 능해서[5] 남조 불교계에서 『화엄경』을 처음 강의한 인물 역시 승랑이었다.[6] 삼론은 물론이고 천태와 선(禪) 그리고 심지어 화엄까지 동아시아 불교교학 전반에 끼친 승랑의 영향은 지대하다.

승조는 탁월한 저술활동으로, 승랑은 신삼론의 시조로, 양자 모두 동아시

---

1) 본 논문은 2012년 12월23일 동국대학교 불교문화연구원에서 개최한 '한국불교사상가' 학술대회에서 발표했던 것으로, '논쟁적인 연구 논문'이 아니라 주최 측의 요구에 맞추어 작성한 '계몽적인 기획 논문'임을 밝힌다.
2) 승랑의 생몰연대를 이렇게 추정하는 이유에 대해서는 본고 'Ⅱ.생애, 2.승랑'에서 자세히 설명한다.
3) 일본의 츠카모토젠류(塚本善隆)는 승조의 생몰연대를 374-414년으로 추정한다. 본고 'Ⅱ.생애, 2.승조' 참조.
4) 또는 350-409년.
5) 慧皎, 『高僧傳』(大正藏50, p.380中)
6) '김성철, 『승랑 - 그 생애와 사상에 대한 분석적 탐구』(서울:지식산업사, 2011), pp.102-107'의 '제 고제와의 만남과 『화엄의소』의 저술' 참조.

아 삼론학 전통에서 큰 비중을 차지하지만 그 성향은 대조적이었다. 승조는 활동적이었지만 승랑은 은둔자였다. 승조의 경우 「열반무명론」의 저술 과정에서 보듯이[7] 후진(後秦)의 황제 요흥(姚興, 366-416) 등 정치권력과도 긴밀하게 지냈을 뿐만 아니라 『고승전』에 그 전기도 실려 있고 한역불전의 서문이나 주석, 그리고 독자적인 논문 등 적지 않은 저술이 남아있는 반면, 승랑은 양(梁) 무제(武帝, 464-549)의 초청을 거절하고[8] 수도에서 멀리 떨어진 섭산(攝山)에서 교화활동을 했던 은둔수행자였고 여덟 권의 『화엄의소(華嚴義疏)』를 저술했다는 기록은 있지만[9] 이를 포함하여 어떤 저술도 현존하지 않으며 독립된 전기도 없다.

승조의 경우 대표적인 논문 모음집인 『조론』을 위시하여 『주유마힐경』, 『장아함경서』, 『범망경서』, 『백론서』 등의 적지 않은 저술들이 현존하기에 그 사상을 파악하는 것이 어렵지 않지만, 승랑의 사상을 알기 위해서는 길장(吉藏: 549-623)이나 혜균(慧均) 등 삼론가의 저술은 물론이고 다른 불전이나 비문(碑文), 역사서 등에서 그의 사상을 찾아 취합해 보아야 한다. 승랑의 생애 역시 마찬가지다. 여러 문헌에 단편적으로 소개되어 있는 그의 행적 관련 기록들을 대조하면서 재구성해야 한다.

승조가 구체적인 역사 속의 인물이라면, 승랑은 그야말로 전설의 인물이었다. 양자를 비교하고자 할 때 먼저 해야 할 작업은 승랑을 역사 속으로 불러내는 일이다. 깨져서 흩어지고 망실된 토기의 파편들을 주워 모아서 원형을 복원하듯이, 불전과 비문과 사료(史料)에서 승랑과 관련된 자료들을 취합한 후 추리와 상상으로 빈틈을 메우면서 그 행적을 추적하고 사상을 드러내야

---

7) 「열반무명론」 서두에 실린 저술동기와[慧皎, 『高僧傳』(大正藏50, p.157上-中)]와 『고승전』의 「승조전」에 실린 그에 대한 요흥의 반응[慧皎, 『高僧傳』(大正藏50, p.366上)] 참조.

8) 江總持, 「棲霞寺碑銘」(中國佛寺誌叢刊23, p.493)

9) 安澄, 『中論疏記』(大正藏65, p.3中)

한다.

II. 승조와 승랑의 생애

1. 『고승전』을 통해 본 승조의 생애

헤교의 『고승전』에 의하면[10] 승조는 경조(京兆) 출신으로 집안이 가난하여 책을 베껴 쓰는 것을 직업으로 했기에 경전과 역사에 밝았다고 한다. 경조란 장안 지역의 옛 이름이다. 노자와 장자를 좋아하여 마음의 의지처로 삼았는데 『도덕경』 가운데 후반부인 『덕장』을 보다가 "좋기는 좋지만 마음 수양의 지침으로 기대하기에는 아직 완벽하지 않다."고 한탄했다고 한다. 그런데 나중에 구역 『유마경』을 보고는 기뻐하면서 "비로소 귀의할 곳을 알았다."고 말한 후 출가하였다. 승조가 보았던 『유마경』은 지겸(支謙: 222-253활동)이 번역한 『불설유마힐경(佛說維摩詰經)』[11]이었을 것이다.

대승과 소승을 모두 공부했는데 약관의 20세 나이에 장안에서 명성이 자자했고, 이른 나이에 성공했기에 경쟁상대 가운데 질투하지 않는 사람이 없었다. 먼 곳에서 찾아와 논쟁을 거는 사람도 있었지만, 승조는 이미 깊은 통찰을 갖추고 논변에도 능했기에 그들을 모두 제압하였다. 또 장안에 사는 원로 유학자든 장안 밖의 뛰어난 선비들이든 누구나 승조의 날카로운 말솜씨를 우러르며 기를 펴지 못했다.

구마라습이 고장(姑藏)에 왔다는 소식을 들은 승조는 그곳까지 찾아가서 가르침을 받는다. 승조를 접한 구마라습은 감탄과 칭찬을 그칠 줄 몰랐다.

---

10) 慧皎, 『高僧傳』(大正藏50, 365上-366中)
11) 『佛說維摩詰經』(大正藏14, p.519上)

구마라습이 장안으로 이동하자 승조도 함께 돌아온다(401년). 그리곤 후진의 황제 요흥의 명으로 승예 등과 함께 소요원에 들어가 과거에 번역된 불전을 윤문하는 일에 종사한다. 승조는 구마라습에게 물어가면서 작업을 했으며 그 과정에서 새롭게 깨달은 것이 많았다. 구마라습이 『마하반야바라밀다경』을 번역하자(404년) 이를 계기로 승조는 「반야무지론(般若無知論)」을 저술하였는데, 구마라습에게 보이니 칭찬하면서 "내 해석은 그대보다 못하지 않지만, 문장에서는 마땅히 서로 존중해야겠다."고 말했다고 한다.

 승조와 함께 구마라습 문하의 4대 제자 가운데 하나인 도생(道生: ?-434)이 「반야무지론」을 남쪽으로 가져갔는데 은둔한 선비인 유유민이 이를 보고서 "방포(方袍)를 입은 자[승려] 가운데에도 평숙(平叔)12)과 같은 문장가가 있구나!"라고 감탄했다고 한다. 또 이를 여산(廬山)의 혜원(慧遠: 334~416)에게 보이니 책상을 어루만지면서 "이런 일은 일찍이 없다!"라고 말하며 감탄했다고 한다.

 승조의 저술 가운데 「반야무지론」은 404년 『마하반야바라밀경』이 역출된 직후 작성되었지만 「부진공론」과 「물불천론」은 『중론』이 역출된 409년에 이후, 「열반무명론」은 구마라습이 천화한 직후인 413년이나 414년에 저술된 것으로 추정된다.13) 그 이외에 「백론서」(404년 이후)14), 「유마힐경서」와 『주유마힐경』(406년 이후)15), 「답유유민서」(412년)16), 「장아함경서」(412년

---

12) 현학가 하안(何晏: 193?-249)의 자(字).
13) 許抗生, 『僧肇评传』(南京: 南京大學出版社, 2003, 초판1998), pp.16-17.
14) 404년 「백론」 역출 이후.
15) 406년 『유마힐경』 역출 이후.
16) 「반야무지론」의 부록인 답유유민서(答劉遺民書) 가운데 "삼장법사가 중사에서 율장을 펴냈다(三藏法師於中寺出律藏)."라는 문장이 있는데, 승조 찬, 「사분율서(四分律序)」에서도 불타야사가 요흥의 청으로 장안의 중사에서 율장을 펴냈다고 하며, 『사분율』의 번역은 410-412에 이루어지기에 「답유유민서」의 찬술시기 역시 이 때일 것으로 추정한다: 許抗生, 『僧肇评传』(南京:南京大學出版社, 2003), pp.12-13 참조.

이후)17), 「사분율서」(412년 이후)18), 「범망경서」(시기 미상)19), 「구마라습법사뢰병서(鳩摩羅什法師誄并序)」(413년 이후)20), 「상진왕표(上秦王表)」(413년 이후)21)가 현존한다.22)

승조의 탄생연대에 대해서는 논란이 많다. 그 이유는 『고승전』에 실린 승조의 전기를 보면 불일치하는 점이 있기 때문이다. 「승조전」의 말미에서 승조가 진(晉)의 의희(義熙) 10년, 즉 414년에 31세의 나이로 천화했다고 하기에 384년에 탄생한 것으로 계산되지만, 「승조전」 서두에서는 약관의 20세에 명성을 날리다가 고장(高藏)에 구마라습이 왔다는 소식을 듣고 찾아갔으며 401년에 구마라습과 함께 장안으로 돌아왔다고 하기에 이에 의거하여 계산하면 그 탄생연대가 382년 이전이어야 한다. 모순된다.

일본의 츠카모토젠류(塚本善隆)는 이런 모순을 해결하기 위해서 『고승전』에서 승조가 천화한 나이라고 쓴 31세가 41세의 오사일 것이라고 추정하면서 승조의 탄생 연대를 전진(前秦)의 건원(建元) 10년, 즉 374년으로 계산하였다.23) 그러나 한국의 손병철(孫炳哲)은 「반야무지론」의 "위대한 진나라의 천왕께서는 …… 그 때에 학승 5백여 명을 모아서 소요관에서 몸소 한역불전을 들고서 구마라습과 함께 대승경전들의 확정본을 만들었다. …… 나는 부족한 사람인데도 일찍이 훌륭한 모임의 한 귀퉁이에 참석하여 이를 높은 가르침으로 삼는 것을 이때에 시작하였다."24)라는 문장 가운데 "이 때에 시작

---

17) 412년 『장아함경』 역출 이후.
18) 412년 『사분율』 역경이 끝난 이후.
19) 위작으로 의심되며, 구체적 제작 연대 미상.
20) 413년 나습 사망 이후.
21) 나습 사망 이후, 413 또는 414년.
22) 許抗生, 『僧肇評传』(南京:南京大學出版社, 2003), pp.16-17 참조.
23) 塚本善隆, 「佛教史上における肇論の意義」, 『肇論研究』(京都:法藏館, 1954), p.121.
24) 僧肇, 『肇論』(大正藏45, p.153上) "大秦天王者 … 時乃集義學沙門五百餘人 於逍遙觀 躬執秦文 與什公參定方等 其所開拓者 豈謂當時之益 乃累劫之津梁矣 余以短乏 曾廁嘉會 以為上聞異要 始於時也"

하였다(始於時也).”는 문구에 근거하여 승조가 구마라습에게 배운 것은 나습이 장안에 들어온 이후일 것이라고 추정한다.[25] 따라서『고승전』에서 기록하듯이 31세에 천화한 것이 옳다는 것이다. 중국의 쉬캉성(許抗生)은 이를 인용한 후 승조가 20세에 장안에서 명성이 자자했고 경쟁상대와 논쟁했다고 하는데 이때는 홍시(弘始) 5년, 즉 403년이고 구마라습이 장안에 온 시기는 홍시 3년, 즉 401년이기에 승조가 20세 이후에 다시 고장에 가서 배우는 것은 불가능했을 것이라고 분석한다. 그리고『고승전』의 승조 전기에서 “구마라습이 고장(姑藏)에 왔다는 소식을 들은 승조는 그곳까지 찾아가서 가르침을 받는다.”라는 문장은 문제가 있으며 믿을 수 없다고 쓰고 있다.[26] 쉬캉성은 다시 주석을 달면서 승조가 19세에 구마라습을 만나서 31세에 사망했다는『조론중오집해(肇論中吳集解)』의 내용 역시 이를 뒷받침한다고 밝힌다.[27]『고승전』의 서두에 실린 승조의 전기가 옳다면 말미에 실린 천화한 나이 31세가 오사(誤寫)이어야 하며, 31세에 천화한 것이 옳다면 승조가 20세 이후에 고장으로 구마라습을 찾아갔다는 전기가 허구이어야 할 것이다. 이와 관련하여 결정적인 자료가 새롭게 발견되지 않는 이상, 두 가설의 시비를 가리기는 쉽지 않을 것 같다.[28]

『고승전』에서는 승조가 천화한 시기만 기록할 뿐 그 원인에 대한 설명이 없는데, 후대의 선종문헌인『경덕전등록』에서는 승조가 진왕의 비난을 받고 참수형을 당했다고 기록한다. 극형을 언도받은 승조는 7일간 여유를 달라고 부탁하여『보장론(寶藏論)』을 저술한 후 다음과 같은 게송을 남겼다고 한

---

25) 孫炳哲의 박사학위 논문『肇論通解及研究』의 내용으로 ‘許抗生,『僧肇评传』(南京:南京大學出版社, 2003), p.4’에 인용된 내용임.
26) 許抗生,『僧肇评传』(南京:南京大學出版社, 2003), p.4.
27) “僧肇十九見什法師 三十一亡” 許抗生,『僧肇評传』(南京:南京大學出版社, 2003), p.4.
28) 이상은 ‘慧皎,『高僧傳』(大正藏50, p.365上-366上)’에 실린「僧肇傳」에 근거한 설명이다.

다.29)

> 사대(四大)에는 원래 주인이 없고, 오음(五陰)은 본래 공(空)하니, 목에 흰 칼
> 날이 닥치려 하나 봄바람을 베는 듯하네.30)

송(宋)의 도원(道原)이 지은 『경덕전등록』에 이 게송이 승조의 임종게로 그대로 소개되어 있지만, 청대(淸代)에 찬술된 『어선어록(御選語錄)』에서는 이는 허구일 것이라고 설명한다. 승조는 구마라습의 으뜸 제자로 진왕 요흥의 명을 받아 소요원에 들어가 역경에 동참했을 뿐만 아니라 진왕으로부터 존경을 받은 인물이었고 『고승전』에서도 천화 시기만 기록하고 있기에, 승조가 극형을 언도받고 형리에게 부탁하여 형집행을 미루고 『보장론』을 지었다는 일화도 허구이고 이 게송 역시 승조가 지은 것이 아니라는 것이다.31) 또 『보장론』에는 도교신선 사상이 섞여 있을 뿐만 아니라,32) 육조시대나 수, 당 시대에 발간된 경전목록에는 그 제명이 보이지 않는 등 문헌학적으로 많은 문제가 있기에33), 승조에게 가탁된 위서로 보는 것이 학계의 통설이다.34)

2. 승랑의 본명과 행적에 대한 추정

승랑의 생몰 연대를 전하는 기록은 없다. 다만 여러 사료에 실린 기록들을

---

29) 『御選語錄』(新纂藏68, p.526上)
30) 『景德傳燈錄』(大正藏51, p.435中) "四大元無主 五陰本來空 將頭臨白刃 猶似 斬春風"
31) 『御選語錄』(新纂藏68, p.526上)
32) 불교적인 宿命, 天眼, 他心, 天耳, 神足의 五神通 대신에 道通, 神通, 依通, 報通, 妖通을 열거한다.
33) '一卽一切 一切卽一'이라는 화엄사상도 등장하고, 700년에 실차난타가 번역한 『대승입능가경』의 인용문도 보인다.
34) 汤用彤, 『汉魏兩晋南北朝佛教史』(北京:北京大學出版社, 1997, 초판1938), pp. 233-234. : 许抗生, 『僧肇评传』(南京:南京大學出版社, 2003), pp.24-25.

종합하여 그 시기를 추정할 수 있을 뿐이다. 먼저 탄생 시기를 보자. 혜교의
『고승전』에서는 법도가 승랑의 스승이었다고 적고 있는데 법도가 437년에
탄생했고 제자인 승랑이 10세 이상 연하라고 가정할 경우 승랑의 탄생연대
는 447년 이후가 되어야 할 것이다. 「서하사비명」에 의하면 승랑이 요동을
떠나서 36년[三紀, 삼기] 정도 될 무렵인 천감 11년(512년)에 양무제가 승랑
에게 10인의 승려를 보냈다고 하기에 승랑이 요동을 떠난 시기는 476년 이
후가 되어야 할 것이다. 또『삼론조사전집』에 실린『대승사론현의』단편에
서는 승랑이 요동에서 구족계를 받고 온갖 불전을 섭렵했다고 하는데, 20세
이상이 되어야 구족계를 받을 수 있기에 476년에 승랑의 나이는 적어도 20
세 이상이 되어야 하며 역산하면 늦어도 457년 이전에 태어났어야 한다. 따
라서 승랑의 탄생시기는 447-457년 사이, 즉 450년경이라고 추정할 수 있
다.

　승랑이 사망한 시기는 대략 530년 전후일 것으로 추정되는데 그 이유는
다음과 같다. 혜교의『고승전』에는 양의 보통(普通) 3년(522년)까지의 기사
가 실려 있는데,[35] 승랑에 대해서는 법도의 전기 말미에서 간략하게 소개할
뿐 별전(別傳)이 없다. 그런데 승랑뿐만 아니라 그 당시 명성을 날리던 개선
사(開善寺)의 지장(智藏: 458-522)과, 광택사(光宅寺)의 법운(法雲: 467-5
29), 그리고 장엄사(莊嚴寺)의 승민(僧旻: 467-527) 역시 별전으로 다루지
않고 다른 승전에서 간략하게 언급할 뿐이다. 그와 달리 큰 역할을 하지 않은
승려의 경우도 522년 이전에 사망한 경우는 별전을 통해 소개한다. 천감(天
監) 17년(518년)에 사망한 담비(曇斐)[36]와 혜미(慧彌),[37] 천감 18(519년)에
사망한 도림(道琳)[38] 등이 그 예이다. 이렇게『고승전』의 저자 혜교가 당시

에 생존해 있던 승려는 별전으로 다루지 않았다고 보이기에 승랑 역시 『고승전』 탈고 시점인 522년에도 생존해 있었다고 볼 수 있다.

그러면 사망한 시기는 언제일까? 승랑의 직제자인 승전은 558년에 사망한 것으로 추정되며,[39] 법랑(法朗: 507-581), 혜포(慧布: 518-587), 지변(智辯) 그리고 혜용(惠勇: 515-583) 등의 제자들이 섭산의 승전 문하로 들어간 것은 후경(候景: 503-552)의 난이 있었던 548년 8월 이후로 생각되는데,[40] 『속고승전』의 「법랑전」을 보면 법랑이 승전을 찾아갔을 때 "인물[승랑]이 살던 때는 오래 전에 지나갔지만, 그 계승자[승전]는 아직 살아있었다."고 쓰고 있다.[41] 법랑이 승전 문하에서 최소한 6년 이상 수학한 것으로 기록하고 있기에[42] 법랑이 승전을 찾아간 것은 550년 즈음이었을 것이고, 그 때는 승랑이 천화하고서 오랜 세월이 지난 다음이기에 승랑의 사망 시기는 늦어도 540년 이전일 것이다. 이런 분석에 근거할 때 승랑이 사망한 시기는 522년-540년 사이, 즉 530년경으로 추정된다.

일반적으로 승랑이라는 호칭을 사용하지만 일본의 삼론종 전통에서는 승랑을 도랑(道朗)이라고 쓴다. 일본의 사토타이슌(佐藤泰舜)은 이는 『대승사론현의』 필사본에 실린 승랑의 '승(僧)'자를 '도(道)'자로 오독했기 때문에 발생한 혼란이며, 원래의 이름은 승랑이라고 주장했지만 '승'자와 '도'자의 초서체는 전혀 다르다. 또 길장이나 혜균 등 삼론가의 저술에서 법랑이든 승전이든 그 선대 스승의 이름을 직접 거명하지 않는다는 점에 비추어 보아도 사토타이슌의 추정과 달리 원래의 글씨가 '승랑'이었을 리가 없다. 그러면 무

39) 이렇게 추정하는 이유에 대해서는 '김성철, 『승랑 - 그 생애와 사상에 대한 분석적 탐구』(서울:지식산업사, 2011), pp.150-159'의 '승전의 말년과 사망 시기' 참조.
40) 이에 대해서는 '김성철, 『승랑 - 그 생애와 사상에 대한 분석적 탐구』(서울:지식산업사, 2011), pp.163-168'의 '후경의 난과 삼론학파의 성립' 참조.
41) 道宣, 『續高僧傳』(大正藏50, p.477中)
42) 吉藏, 『大品經義疏』(新纂藏24, p.196上) "止觀師 六年在山中 不講餘經 唯講大品"

슨 글자를 어떻게 오독했을까? 삼론학 문헌에서는 승랑이나 법랑 모두를 '낭공(朗公)'이라고 부르기도 하는데 양자를 구분하여 승랑을 대랑(大朗)이라고 쓰는 경우가 많다.

또 〈그림1〉에서 보듯이 초서체의 '대'자와 '도'자는 유사하다. 현존하는『대승사론현의』교정본을 보면 난독자의 경우 그 서체를 그대로 남겨 놓은 경우가 많은데, 승랑을 가리키는 것이 분명한 〈그림2〉역시 그 예 가운데 하나다.『대승사론현의』초서체 필사본에 쓰인 이 글자를 해서체로 옮기면서 누군가가 '대'가 아니라 '도'로 잘못 읽었기에 '도랑'이라는 이름이 창출되었을 것으로 추정된다.[43]

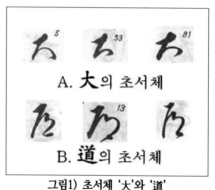

그림1) 초서체 '大'와 '道'

그림2) 『대승사론현의』의 난독자

---

43) 승랑의 본명에 대한 보다 자세한 논의는 '김성철,『승랑 - 그 생애와 사상에 대한 분석적 탐구』(서울:지식산업사, 2011), pp.38-44'의 '대랑을 도랑으로 오독하였다.' 참조.

『삼론조사전집』에 실린『대승사론현의』단편을 보면 승랑의 풍모와 인품을 짐작할 수 있다. 승랑이 비구계를 받고나서 다른 사찰에 가서 계본을 빌려왔는데 본사로 오는 길에 모두 암송하였기에 도착 즉시 다시 되돌려 보냈고 사람들이 이를 다시 암송하라고 하자 물 흐르듯이 단 한 구절도 막힘이 없었다고 한다.44) 승랑은 이렇게 총명했을 뿐만 아니라 얼굴은 매우 희고 잘 생겼으며, 체구도 우람했고, 도덕적이며, 위덕에는 당할 자가 없었다.45)

구족계를 받은 후 고구려에서 온갖 불전을 섭렵한 승랑은 476년 이후 어느 해 요동을 떠나서 중국의 돈황으로 간다. 안징(安澄: 763-814)이 저술한『중론소기』에 실린『술의(述義)』의 인용문을 보면 승랑이 돈황의 담경(曇慶) 법사에게 가서 삼론을 학습했다고 하는데,46) 담경이 정체불명의 인물이긴 하지만 이는 충분히 가능한 일이다. 당시의 고구려는 장수왕(394-491) 통치기(413-491)로 위나라와 정치적으로 선린관계에 있을 때였다. 승랑은 스텝로를 따라서 직접 돈황으로 갔고 담경법사를 만나 삼론에 대해 배운 후 하서회랑(河西回廊)47)을 돌아 장안으로 들어갔을 것으로 추정된다. 승랑이 남조 불교계에 전한 사상 가운데 하나가 중도불성론(中道佛性論)인데 이는 돈황에 인접한 하서(河西) 지방에서 활동했던 도랑(道朗) 법사에게서 유래하기 때문이다. 돈황의 담경에게 삼론학을 배운 후 도랑의 중도불성론을 익히고 장안으로 들어가 고삼론의 가르침을 익힌 승랑은 위(魏)나라의 수도이면서 운강(雲岡)석굴이 조성되고 있던 평성(平城)으로 갔고 그 때 운강석굴의 건립에 참여했던 석공들이 대거 남쪽으로 이동했는데 승랑은 이들의 무리에

44) 作者未詳,『三論祖師傳集』(日佛全111, p.520中)
45) "法師不但聰明 復道德 好形 容至白長大也"作者未詳,『三論祖師傳集』(日佛全 111, p.519上-520中) ; "聰明超倫 道德至泰 容顏長大威德無敵"作者未詳,『三論祖師傳集』(日佛全111, p.521中)
46) 安澄,『中論疏記』(大正藏50, p.22上)
47) '돈황(敦煌)→ 주천(酒泉)→ 장액(張掖)→ 무위(武威)'의 하서사군(河西四郡)으로 이루어진 굴곡진 경로.

섞여서 남조의 건강 지역으로 들어왔을 것으로 추정된다. 그 시기는 승랑이 고구려 요동을 떠난 후 만 3년이 지난 479년으로 유송(劉宋)이 멸망하고 소도성이 제(齊)를 건국한 해였다.[48]

　건강에 도착한 승랑은 건강성 북동쪽에 있는 종산의 초당사에 머문다. 초당사는 불교에 해박하며 송과 제의 양대에 걸쳐 관리를 지낸 주옹(周顒)의 개인 사찰로 법도(法度) 역시 여기에 머물고 있었다.[49] 초당사에 머물면서 승랑은 주옹에게 공과 이제에 대한 가르침을 전한다. 당시에 남조 불교계에서는 전혀 알지 못했던 유무상즉(有無相卽)의 사상이었다. 승조(僧肇)가 「부진공론(不眞空論)」에서 토로했던 고삼론의 가르침이었다. 이를 배운 주옹은 『삼종론(三宗論)』을 저술한다.[50] '삼종'이란 공(空)과 이제(二諦)에 대한 세 가지 이론으로 불공가명, 공가명, 가명공이다.[51] 이 가운데 가명공이 올바른 이론으로 승랑에 배운 것이었다. 『삼종론』을 저술하긴 했지만, 잘못된 내용이 있을까 두려워서 출간을 주저하자, 그 소식을 들은 지림(智琳: 409-487) 법사가 주옹에게 출간을 권하는 편지를 보낸다.[52] 편지에 의하면 그 시기는 '묘음이 단절된 지 67년'이 지난 때이고,[53] '묘음이 단절된 해'는 구마라습이 사망한 413년이라고 볼 수 있기에[54] 지림이 주옹에게 편지를 보낸 시기는 승랑이 강남에 내려온 이듬해, 즉 480년일 것이다.

　『삼론조사전집』에 실린 『대승사론현의』의 인용문에는 승랑이 강남 도래

---

48) 승랑이 건강 지역으로 내려온 시기를 479년으로 보는 이유에 대해서는 '김성철, 『승랑 - 그 생애와 사상에 대한 분석적 탐구』(서울:지식산업사, 2011), pp.93-102'의 '승랑의 강남 도래 시기' 참조.
49) 慧皎, 『高僧傳』(大正藏50, p.380下)
50) 吉藏, 『中觀論疏』(大正藏42, p.26中)
51) 『南齊書』 卷四十一, 「列傳」二十二 : 吉藏, 『二諦義』(大正藏45, p.115上)
52) 吉藏, 『二諦義』(大正藏45, p.108中) : 慧皎, 『高僧傳』(大正藏50, p.376中)
53) 慧皎, 『高僧傳』(大正藏50, p.376中)
54) 僧肇의 「구마라습법사뢰(鳩摩羅什法師誄)」의 기록. 道宣, 『廣弘明集』(大正藏52, p.264下)

초기에 천자를 만나서 대화를 나눈 후『화엄경』을 강의하고 그에 대한 여덟
권의 소를 지었다고 한다.

> 고구려의 승랑법사가 처음 양주에 왔을 때 천자가 법사에게 칙명으로 물었다.
> "어떤 경론을 강의하는가?" 법사가 칙명을 받들어 [답했다.] "큰 경전은 모두
> 강의합니다."[천자가] 우러르며 물었다. "『화엄경』을 강의할 수 있는가?" [승
> 랑법사는] 다시 그에 대해 답하지 않고 "대승의 의소(義疏)와 마찬가지로 아
> 주 간단한데 바로 무소득(無所得)의 이치입니다."[라고 말했다.] 천자가 크게
> 기뻐하자 [승랑은] 그를 위해서 곧 여덟 권의 소(疏)를 지었다.55)

이 대화가 있던 시기가 강남도래 초기이기에 여기서 말하는 천자는 이제
막 제(齊)를 건국한 고조(高祖) 소도성(蕭道成: 427-482)이었을 것으로 추
정된다. 그리고『화엄경』에 대한 여덟 권의 소는『중론소기』에서 승랑의 저
술이라고 소개하는『화엄의소(華嚴義疏)』일 것이다.56)

승랑은 서하사(棲霞寺)의 전신인 오산사(五山寺)에서 경릉왕(竟陵王: 46
0-494)이 개최한 법회에 초빙되어 대승의 이치에 대해서 강의하였지만 그
당시 양주(揚州)의 고승들은 이를 수용하지 않았다고 한다.57) 경릉왕의 재위
기간이 482년-493년이기에 이는 482년 이후의 일일 것이다. 제의 건원년(4
79-482) 초에 주옹이 회계(會稽) 산음(山陰)의 영(令)이 되었는데58) 승랑은
그를 따라 산음으로 이동하여 머물다가,59) 건무년(建武年: 494-498)에 법

---

55) 作者未詳,『三論祖師傳集』(日佛全111, pp.520上-520中)
56) 安澄,『中論疏記』(大正藏50, p.3中)
57) 作者未詳,『三論祖師傳集』(日佛全111, pp.521中-522上)
58)『南齊書』卷四十一.
59) 作者未詳,『三論祖師傳集』(日佛全111, pp.519上-520中)에 실린 "周氏既衰老
己己(已已)化也 朗法師既先(与)周氏往會稽山陰縣 小時講說 後時齊嘯(蕭)所職"
이라는 문장에서 난해한 구절을 ( )괄호 속의 글자로 교정하여 "주옹은 이미 쇠약하
고 늙어서 천화하였다. 도랑법사는 그 전에 이미 주옹과 함께 회계의 산음현에 가서
잠깐 동안 강설을 하였다. 나중에 제나라 소씨 가문에서 관직을 맡았다."고 번역한

사들의 요청으로 섭산의 지관사(止觀寺)로 들어와서60) 가르침을 펼친다.61)

그리고 십여 년 이상의 세월이 흐른 후 승랑의 명성을 들은 양의 무제가 승랑을 황실로 초청하는데 승랑이 이를 거부하자, 천감 11년(512년)에 승전(僧詮)을 비롯하여 승회(僧懷), 혜령(慧令), 지적(智寂) 등 열 명의 학승을 보내어 승랑에게 배우게 한다.62) 이 가운데 승전만 삼론의 이치를 체득하여 승랑의 제자가 되었다고 한다.63) 이들로부터 간접적으로 가르침을 받은 양무제는 대승으로 전향하여 친히 『대품반야경』을 주석한다. 양무제의 주석은 망실되었지만, 그 서문인 「주해대품서」가 현존하는데 그 내용에서 승랑의 사상 가운데 '무의무득 사상', '오시교판에 대한 비판', '이제시교론', '중도불성론' 등을 찾아볼 수 있다.64) 사람들은 양무제의 새로운 불교관을 제지의(制旨義)라고 불렀다.65) 제지의는 '황제가 고안한 이론'이란 뜻이다.

또 그 장남인 소명태자는 천감 17년(518년) 동궁의 혜의전에서 양의 승려 및 황실 주변의 2세들과 진속이제에 대해 문답을 벌였으며 그 내용이 「해이제의(解二諦義)」라는 제목의 문헌으로 전해오는데 그 가운데 이제(二諦)를 해석하기 위해서 『중론』의 삼제게(三諦偈)에서 사용하는 '중도(中道)'와 '가명(假名)'이라는 용어를 도입한 것과66) 삼론학의 '어제(於諦) 이론'에 해당하는 '약인이제설(約人二諦說)'에서 승랑의 영향을 엿볼 수 있다.67) 양무제

데 근거한 추정이다.

60) 安澄, 『中論疏記』(大正藏50, p.46中) : 作者未詳, 『三論祖師傳集』(日佛全111, p.519中)

61) 湛然, 『法華玄義釋籤』(大正藏33, p.951上)

62) 江總持, 「棲霞寺碑銘」(中國佛寺誌叢刊23, p.493)

63) 湛然, 『法華玄義釋籤』(大正藏33, p.951上) : 作者未詳, 『三論祖師傳集』(日佛全111, pp.519-520)

64) 이에 대해서는 '김성철, 『승랑 - 그 생애와 사상에 대한 분석적 탐구』(서울:지식산업사, 2011), pp.126-140'의 '양무제에게 끼친 영향'과 'pp.256-268'의 '하서도랑의 중도불성론'과 'pp.269-277'의 '오시교판에 대한 비판과 오승중도' 참조.

65) 吉藏, 『二諦義』(大正藏45, p.108b)

66) 이에 대해서는 '김성철, 『승랑 - 그 생애와 사상에 대한 분석적 탐구』(서울:지식산업사, 2011), pp.277-282'의 '『중론』 삼제게의 활용' 참조.

에게 간접적으로 가르침을 준 승랑은 곧이어 서하사(棲霞寺)로 거처를 옮겨
서 말년을 보내다가 530년 경 천화하여 섭산 어느 곳에 묻힌다.68)

Ⅲ. 승조와 승랑의 사상

1. 승조 - 제3구의 변용인 상즉의 비판론

　주지하듯이 승조의 사상이 집약되어 있는 저술은 그 논문모음집인 『조론
(肇論)』이다. 『조론』은 「물불천론」, 「부진공론」, 「반야무지론」 그리고 「열반
무명론」 등 네 편의 논문과 서문격의 「종본의」로 이루어져 있는데 「종본의」
의 경우 양대(梁代) 이전의 불전목록에서는 그 제명이 보이지 않기에 후대에
이들 논문들이 『조론』으로 묶여지면서 누군가가 작성하여 추가한 글로 추정
된다.69) 「열반무명론」의 경우 탕용통(湯用彤)에 의해서 위찬설이 제기되기
도 했지만70) 오초에니치(橫超慧日)가 이를 낱낱이 반박한 바 있으며71), 일
반적으로 승조의 원 저술에 후대에 부분적으로 가필이 이루어졌을 것으로
추정한다.72)

67) 이는 '김성철, 『승랑 - 그 생애와 사상에 대한 분석적 탐구』(서울:지식산업사,
　2011), pp.313-323'의 '어제(於諦) 이론' 참조.
68) 이에 대한 근거와 상세한 설명은 '김성철, 『승랑 - 그 생애와 사상에 대한 분석적
　탐구』(서울:지식산업사, 2011), pp.159-163'의 '승랑의 사망 시기와 장소' 참조.
69) 塚本善隆, 「佛敎史上における肇論の意義」, 塚本善隆 編, 『肇論硏究』(京都:法
　藏館, 1954), pp.152-157 : Walter Liebenthal, *Chao Lun: The Treatises of Seng
　-Chao*: 2nd rev. ed., (Honk Kong: Honk Kong University Press, 1968), p.9.
70) 湯用彤, 『漢魏兩晋南北朝佛敎史』(臺灣:商務印書館, 1938) : 許抗生, 『僧肇評
　传』(南京:南京大學出版社, 2003), pp.26-27에 요약.
71) 橫超慧日, 「涅槃無名論とその背景」, 塚本善隆 編, 『肇論硏究』(京都:法藏館, 19
　54), pp.191-194.
72) 許抗生, 『僧肇評传』(南京:南京大學出版社, 2003), pp.38-40 참조.

「물불천론」에서는 먼저 '과거의 사물'과 '현재의 사물' 간의 동적(動的)인 관계에서 '과거의 사물'이 불래(不來)이고 불멸(不滅)이라는 점, 즉 정적(靜的)이고 불천(不遷)이라는 점을 논증한다. 그리고 말미에서는 동일한 방식으로 '업'과 '과보'의 관계, '원인'과 '결과'의 관계에서 업이나 원인이 정적(靜的)이고 불천(不遷)이라는 점을 논증한다.[73] 요컨대 물불천(物不遷)의 논리에 근거하여 업불천(業不遷)과 인불천(因不遷)에 대해서 설명한다.

「부진공론」은 공의 진정한 의미를 구명하는 논문이다. 먼저 격의불교 시대의 잘못된 공의 이해 세 가지를 소개하면서 비판한다. 이들 격의삼가(格義三家) 가운데, 첫째 '심무(心無)의 이론'에서는 '만물에 대해서 무심한 것'이 공이라고 이해하는데, 이는 마음이 공한 것은 알지만 사물이 공한 것은 모르기에 옳지 않으며, 둘째 '즉색(卽色)의 이론'에서는 "색법이 그 자체가 공하다."고 하지만 특수한 색법이 공한 것은 알 뿐이며 색법 그 자체가 보편적으로 공하다는 점은 모르기에 문제가 있고, 셋째 '본무(本無)의 이론'에서는 유도 무화(無化)하고 무도 무화한 비유비무의 상태를 본무인 공이라고 하지만 이는 옳지 않으며, 비유비무라고 할 때 비유는 '참된 유가 아니라는 비판'일 뿐이고 비무는 '참된 무가 아니라는 비판'일 뿐이라고 설명한다.[74] 이어서 사물에 이름을 붙이지만 그 이름이 사물과 일치하는 것이 아니라는 점,[75] 공이란 사물이 "아예 없다(眞無)."는 것이 아니라 "진짜 있다(眞有)."는 것을 부정하는 것이라는 점을 미려한 문체로 토로한다. 요컨대 부진공(不眞空)이란 '부진유이고 부진무인 공'이라는 뜻이다.[76]

「반야무지론」에서는 제명 그대로 "반야는 일반적인 앎이 아니다."라는 점을 강변한다. 무언가 앎이 있다면 상대적으로 알지 못하는 것이 있는 법이다.

---

73) 僧肇, 『肇論』(大正藏45, p.151下)
74) 僧肇, 『肇論』(大正藏45, p.152上)
75) 僧肇, 『肇論』(大正藏45, p.152上)
76) 僧肇, 『肇論』(大正藏45, p.152下)

그러나 반야를 갖춘 성인(聖人)의 경우는 앎이 없기에 알지 못하는 것이 있을 수 없다. 그래서 모든 것에 대한 앎인 일체지가 가능한 것이다.77) 요컨대 "모르기에 모두 다 안다."는 반야에 대한 역설적 통찰이다. 이어서 아홉 번에 걸친 문답을 통해서 반야가 무지라는 점을 밝힌다. 그리고 유유민의 질문을 담은 편지와 그에 대한 승조의 답장이 이어진다.

「열반무명론」에서 승조는 "진왕께 아뢰어 밝힙니다(奏秦王表, 주진왕표)."라는 문장을 시작으로 이 논을 짓게 된 계기에 대해 설명한 후, '무명(無名)'과 '유명(有名)'이라는 가상의 인물을 설정하여 문답형식을 통해 열반의 정체에 대해서 논의한다. 여기서 '무명'은 열반에 대해 어떤 무엇이라고 '규정할 수 없음[無名]'을 논증하는 필자 승조를 대신하고, '유명'은 그래도 열반에 대해 어떠어떠하다고 '규정할 수 있다[有名]'고 생각하는 가상(假想)의 논적이다. 총 19회에 걸쳐서 유명과 무명 사이에 문답이 오가는데, 이 가운데 유명의 질문을 '아홉 가지 힐난(九折)'이라고 부르고 이에 대한 무명의 대답을 '열 가지 해명(十演)'이라고 명명하여 '구절십연(九折十演)'이라는 부제를 달았다. 먼저 '①종지를 열다(開宗)'에서 무명이 열반에 대해서 이름 붙일 수 없다는 점을 역설하자, 유명은 '②실체를 조사하다(覈體)'에서 이를 비판하면서 열반의 실체에 대해서 묻는다. 그러자 '무명'이 '③실체를 규정하다(位體)'에서 그에 대해 답한다. 이어서 '④유명: 책망하여 내보이다(徵出)'→ '⑤무명: 대상을 초월하다(超境)'→ '⑥유명: 현묘함을 찾다(搜玄)'→ '⑦무명: 현묘하게 존재하다(妙存)'→ '⑧유명: 차별을 비판하다(難差)'→ '⑨무명: 차별을 변명하다(辯差)'→ '⑩유명: 다름을 책망하다(責異)'→ '⑪무명: 다름을 회통하다(會異)'→ '⑫유명: 단계를 힐난하다(詰漸)'→ '⑬무명: 단계를 구명하다(明漸)'→ '⑭유명: 동요함을 나무라다(譏動)'→ '⑮무명: 동요함이 고요함이다(動寂)'→ '⑯유명: 근원을 추궁하다(窮源)'→ '⑰무명: 옛날과 통하다

77) 僧肇, 『肇論』(大正藏45, p.153上)

(通古)'→ '⑱유명: 생각하여 얻다(考得)'→ '⑲무명: 심오하게 얻다(玄得)'의 순서로 문답이 이어진다.

혜달의 『조론소』에서는 「열반무명론」의 문답을 '결과를 밝힘(明果: ①-⑦)', '삼승행에 대한 비판(難三乘行: ⑧-⑮),[78] '근본 시작을 밝힘(明本始: ⑯-⑲)[79]의 세 단락으로 구분하지만, 마지막의 '제18 고득-제19 현득'을 별도의 내용으로 볼 수 있기에 좀 더 세분하면 네 단락으로 나누어진다. 승조는 이들 문답을 통해서 열반에 '이름이 없고(無名: ①-⑦)', '단계가 없으며(無階: ⑧-⑮)', '시작이나 끝과 같은 궁극이 없고(無極: ⑯-⑰)', '포착할 수 없다(無得: ⑱-⑲)'는 점을 역설하는 것이다.

「열반무명론」의 열반관은 『중론』 제25 관열반품의 "열반은 세간과 조금도 구별되지 않는다. 세간도 열반과 조금도 구별되지 않는다."[80]는 제19게와 "열반의 참된 한계와 세간의 한계, 이 양자의 한계는 털끝만큼의 차이도 없다."[81]는 제20게에 근거한 통찰로 생각된다. 이는 『반야심경』의 '색불이공 공불이색 색즉시공 공즉시색'의 경문에서 색을 '세간', 공을 '열반'으로 대체한 것에 다름 아니다.

이상 『조론』이라는 제목으로 묶여진 승조의 논문 네 편을 개관해 보았다. 다시 정리하면 「물불천론」에서는 과거 사물의 '동(動)과 정(靜)의 상즉(相卽)', 「부진공론」에서는 법에서 '유(有)와 무(無)의 상즉', 「반야무지론」에서는 반야의 지혜에서 '지(知)와 무지(無知)의 상즉', 「열반무명론」에서는 깨달음에서 '열반과 세간의 상즉'을 논변한다.[82] 중관학의 4구판단으로 분류하면

이 모두 제3구에 다름 아니다. 「물불천론」에서는 과거의 모든 사물(物)과 업(業), 원인(因)이 '동이면서 정(亦動亦靜)'이라는 제3구의 동정상즉(動靜相卽)을 논변하고, 「부진공론」에서는 현재의 모든 존재(法)는 '유이면서 무(亦有亦無)'라는 제3구의 유무상즉(有無相卽)을 역설한다. 반야의 지혜는 '무지의 지'라는 「반야무지론」, 불교수행의 목표인 '열반은 그대로 세간'이기도 하다는 「열반무명론」 모두 제3구인 상즉(相卽)을 논변한다. 『중론』 귀경게의 팔부중도(八不中道)에서 보듯이 인도 중관학의 경우 제1구와 제2구를 비판할 때 일반적으로 제4구를 사용하였다. 물론 이 때 사용된 제4구의 표현은 '주장'이 아니라, '비판'이었다. 승조 역시 제4구를 통해 제1구와 제2구의 분별을 비판하기도 했지만, 주로 사용했던 것은 제3구 판단이었으며 이는 '상즉(相卽)'의 형태로 나타났다. 요컨대 승조의 사상은 '상즉의 비판론'이었다.

2. 승랑 - 이원적 범주를 통한 무의무득의 구현

승랑의 저술이 현존하지 않기에 그 사상을 조명하는 것은 쉬운 일이 아니다. 길장이나 혜균 등 삼론가의 저술이나 각종 사서(史書)에서 승랑의 특칭과 함께 소개된 사상을 취합한 후 이를 다시 체계적으로 정리해 보아야 한다. 길장과 혜균은 선대의 스승들에 대해서 산중사(山中師), 지관사(止觀師), 산문(山門), 섭령흥황(攝嶺興皇), 흥황사(興皇師), 일가(一家), 일사(一師), 대사(大師), 사(師) 등 다양한 호칭을 사용하면서 그 사상에 대해 설명하지만 그 용례를 면밀하게 검토해 보면 승랑의 특칭이 확실한 것은 고려 낭대사(朗大師), 섭산대사(攝山大師), 섭산사(攝山師), 섭령사(攝嶺師), 대랑법사(大朗法師) 등이다. 이들 호칭과 함께 소개된 승랑의 사상 가운데 유의미한 것

즉유즉공관(卽有卽空觀), 반야성지관(般若聖智觀), 열반성경관(涅槃聖境觀)이라고 명명한다. 劉貴傑, 『僧肇思想硏究 - 魏晋玄學與佛敎思想之交涉』(台北:文史哲出版社, 民國 74年), pp.61-108.

들을 열거하면 다음과 같다.

① 『중론』제24 관사제품의 삼제게(三諦偈)에 의거하여 중도(中道)와 가명(假名)의 이론을 창안하였다.[83]

② 중도와 가명에 의거하여 교설을 체가(體假), 용가(用假), 체중(體中), 용중(用中)의 넷으로 구분하였다.[84]

③ 삼론 해석에서 횡수(橫竪),[85] 소밀(疏密), 쌍척(雙隻), 단복(單複)의 틀을 중시하였다.[86]

④ 항상 이내(理內)와 이외(理外)의 이치에 대해 설명했는데 이는 불전에서 추출한 것이 아니라 승랑의 창안이었다.[87]

⑤ 주옹(周顒)에게 "가명이 그대로 공하다."는 가명공, 유무상즉(有無相卽)의 사상을 전했다.[88]

⑥ 승랑의 가르침을 들은 양무제가 「주해대품서」에서 새롭게 피력한 중도불성론(中道佛性論)[89]

⑦ '둘이지만 둘이 아닌(不二而二)' 이치로 천승(天乘), 인승(人乘), 성문승(聲聞乘), 연각승(緣覺乘), 불승(佛乘)의 오승(五乘)에 대해 밝혔다.[90]

---

83) 吉藏, 『中觀論疏』(大正藏42, pp.22下-23上)
84) 吉藏, 『大乘玄論』(大正藏45, p.28下)
85) '吉藏, 『大乘玄論』(大正藏45, p.25中'에서 말하듯이 '竪'는 '縱'의 의미이다.: "今明 以不而爲義 義卽該廣也 言豎者謂之縱"
86) 伊藤隆壽, 「『大乘四論玄義』逸文の整理」, 『駒澤大學佛教學部論集』第5號(東京:駒澤大學校, 1974), p.70.
87) 慧均, 『大乘四論玄義』(新纂藏46, p.612中)
88) 吉藏, 『大乘玄論』(大正藏45, p.19中) ; 吉藏, 『二諦義』(大正藏45, p.108中) ; 吉藏, 『中觀論疏』(大正藏42), p.26b, p.29b : 作者未詳, 『三論祖師傳集』(日佛全, p.43中)
89) 吉藏, 『大乘玄論』(大正藏45, p.19中) ; 吉藏, 『二諦義』(大正藏45, p.108中) ; 吉藏, 『維摩經義疏』(大正藏38, p.912上) : 江總持, 「栖霞寺碑銘」(中國佛寺誌叢刊23, p.493) : 作者未詳, 『三論祖師傳集』(日佛全, p.43中, 44上)
90) 慧均, 『大乘四論玄義』(新纂藏46, p.655中)

⑧ 무쟁자(無諍者)라고 불리듯이 다른 학파나 학승에 대해서 포용적이었다.91)

⑨ 이제시교론(二諦是敎論)과 이내이제설(理內二諦說)을 제창하였으며 이는 시대와 교화대상에 따른 방편설법[對緣斥病, 대연척병]이었다.92)

⑩ 교법(敎法)으로서의 이제(二諦)는 이법(理法)을 나타내는 지극한 가르침으로 보았다.93)

⑪ 대승에 대해 무소득(無所得)으로 해석하였다.94)

이상의 내용에 의거하면 승랑의 사상은 'a.이원적 범주론(二元的 範疇論), b.상즉(相卽)의 실상론(實相論), c.방편적 교화론(方便的 敎化論), d.무득(無得)의 오도론(悟道論)'의 넷으로 정리된다. 체(體)-용(用), 단(單)-복(複), 중(中)-가(假), 진(眞)-속(俗) 등 대립하는 한 쌍의 범주들을 고안하여 공성을 구명하기에 '이원적 범주론'이며(①,②,③), 승랑의 가르침을 받아 주옹이 저술한 『삼종론』의 가명공(假名空) 사상에서 보듯이 '가명 그대로가 공한 것', 다시 말해 유(有)와 무(無)가 상즉한 것이 모든 법의 참 모습이기에 '상즉의 실상론'이고(④,⑤,⑥,⑦), 승랑의 신삼론 이론은 주장이 아니라 방편이며 승랑의 모든 교화는 상황과 상대에 따라서 베풀어지기에 '방편적 교화론'이며(⑧,⑨), 상즉의 실상 또는 중도인 불성에 대한 깨달음은 내용을 갖는 것이 아니라 수행자의 질문이나 주장을 타파하는 파사현정의 방식으로 체득되기

---

91) 『陳書』卷三十,「列傳」第二十四, '傅縡傳' : 『神異典釋敎部紀事』(新纂藏88, p.487中) : 『居士傳』(新纂藏88, p.192中)
92) 吉藏, 『中觀論疏』(大正藏42, p.28下) ; 吉藏, 『大乘玄論』(大正藏45, p.22下) ; 吉藏, 『淨名玄論』(大正藏38, p.893上, p.894上) : 慧均, 『大乘四論玄義』(新纂藏46, p.114上)
93) 慧均, 『大乘四論玄義』(新纂藏46, p.573下) : 作者未詳, 『三論略章』(新纂藏54, p.834下)
94) 慧均, 『大乘四論玄義』(新纂藏46, p.655中) : 作者未詳, 『三論祖師傳集』(日佛全, p.43中, p.44上)

에 '무득의 오도론'인 것이다(⑩,⑪). 이 넷의 관계를 도시하면 다음과 같다.

『삼론조사전집』에 실린 『대승사론현의』 단편에 의하면 승랑은 북지에서 무의무득(無依無得)의 대승사상을 체득하여 남조 불교계에 전했다고 한다. 또 혜균은 삼론학파를 '무의무득가'라고 쓰면서[95] 삼론학의 종지를 '무의무득의종' 또는 '무의무득대승종'이라고 부르고,[96] 승랑을 '무소득삼론대의대사'라고 부르기도 한다.[97] '무의'란 용어는 『화엄경』에 가장 많이 등장하는데 '어디에도 의지하지 않는 주체의 태도'를 의미하고, '무득'은 『반야경』이나 『중론』 등에서 자주 사용되는데 '어떤 자성도 성립하지 않는 객체의 성격'을 의미한다.[98] 삼론학 문헌이나 각종 사서에서 취합한 승랑의 사상이 위와 같이 네 가지로 정리되지만, 이 가운데 '이원적 범주론'을 제외한 나머지 세 가지는 '무의무득 사상'에 다름 아니다. 유와 무가 상즉하는 모든 법의 참 모

---

95) 慧均, 『大乘四論玄義』(新纂藏46, p.642中)

96) 慧均, 『大乘四論玄義』(新纂藏46, p.648下)

97) "다섯째는 섭령 서하사의 무소득 삼론대의대사'다. 승전법사는 다음과 같이 말한다(第五 攝嶺西霞寺 無所得 三論大意大師 詮法師云) …" 慧均, 『大乘四論玄義』(新纂藏46, p.573下)

98) '무의'와 '무득'이라는 용어의 의미에 대해서는 '김성철, 『승랑 - 그 생애와 사상에 대한 분석적 탐구』(서울:지식산업사, 2011), pp.236-247'의 '무의무득 사상의 유래와 뜻' 참조.

습[상즉의 실상]은 우리의 이분법적인 사고, 흑백논리적인 사고로 포착되는 것이 아니기에 무의무득이고, 그런 상즉의 실상은 내용을 갖는 것이 아니라 파사현정의 과정을 통해 드러나기에 무의무득이며[무득의 오도], 상즉의 실상은 주장이나 이론으로 주입되는 것이 아니라 교화 대상과 상황에 맞추어 제시되기에[방편적 교화] 무의무득인 것이다.[99]

Ⅳ. 승랑에게서 보이는 승조의 영향

승랑의 사상 가운데 승조로부터 가장 큰 영향을 받은 것은 '상즉의 실상론'이었다. 앞에서 소개한 바 있지만 승랑은 강남으로 내려온 직후 제(齊)의 관리 주옹(周顒)을 만나 가르침을 주어 『삼종론(三宗論)』을 저술하게 했다고 한다. 『삼종론』은 『삼종이제론(三宗二諦論)』이라고도 불리는데 현존하지는 않지만 길장의 설명을 통해서 그 내용을 짐작할 수 있다. 『삼종론』에서는 그 당시 유포되어 있던 진속 이제에 대한 세 가지 이론 즉 불공가명(不空假名), 공가명(空假名), 가명공(假名空)의 이론에 대해 설명한다. 먼저 불공가명은 '불공인 가명'이라고 풀이되는데 진제는 공이지만 속제는 불공이라고 보는 잘못된 이론으로 서루율(鼠嘍栗)[100]에 비유된다. 서루율이란 껍데기는 남아 있지만 속은 텅 빈 '쥐가 파먹은 밤톨'이라는 뜻이다. 이 때 '껍데기'는 불공

---

99) 이상 승랑의 사상에 대한 설명은 '김성철, 『승랑 – 그 생애와 사상에 대한 분석적 탐구』(서울:지식산업사, 2011), pp.219-224'의 '승랑의 고유사상' 및 'pp.381-395'의 '승랑 사상의 네 가지 축'에서 발췌 요약한 것이다.

100) 鼠樓栗[吉藏, 『中觀論疏』(大正藏42, p.29中)]이나 鼠婁栗[吉藏, 『二諦義』(大正藏45, p.78上, p.115上) ; 慧均, 『大乘四論玄義』(新纂藏46, p.584下)]로 쓰기도 하지만 그 의미상 鼠嘍栗[吉藏, 『二諦義』(大正藏45, p.84上) ; 吉藏, 『大乘玄論』(大正藏45, p.24下) ; 作者未詳, 『三論略章』(新纂藏54, p.835中)]로 표기한다.

인 속제에 해당하고, '텅 빈 속'은 진제인 공에 대비된다. 서루율에 텅 빈 속과 껍데기가 공존하듯이 진제인 공과 속제인 유가 공존한다.101) 공가명 역시 잘못된 이론으로 '공과 가명'으로 풀이되며 안과(安瓜)102)에 비유되는데 안과란 '오이(瓜)를 고정시킴(安)'이란 뜻이다. 물과 비중(specific gravity)이 같은 오이의 경우 물속에 넣고 누르면 가라앉고 들면 떠있는데, 이런 오이와 마찬가지로 모든 사물은 관점에 따라서 진제인 무(無)가 되기도 하고 속제인 유(有)가 되기도 한다.103) 마지막 가명공 이론은 올바른 이론으로 '가명인 공'이라고 풀이되는데 길장에 의하면 이는 승랑이 장안에서 알게 되어 주옹에게 전한 것이라고 한다. 길장은 『중관론소』에서 다음과 같이 말한다.

> 가명공은 주옹이 사용했던 것으로 요컨대 "가명이 완연히 그대로 공이다."라는 뜻이다. 주옹의 가명공 이론의 기원을 추적해 보면 원래 승조의 「부진공론」에서 나온 것이다. 「부진공론」에서는 "비록 유(有)이지만 무(無)이고 비록 무이지만 유이다. 비록 유이지만 무라서 이른 바 비유이고 비록 무이지만 유라서 소위 비무(非無)다." 이와 같다면 사물이 아예 없는 것이 아니며, 사물이 실제의 사물이 아니다. 사물이 실제의 사물이 아닌데 무엇에 대해서 사물이라고 하겠는가? 승조는 다음과 같이 말한다. "사물이 실제의 사물이 아니기에 허구의 사물이며, 허구의 사물이기에 공이다." 승랑 스님께서 관내(關內, 長安)에서 이런 이치를 얻어서 주옹에게 가르쳤으며 주옹은 이로 인해서 『삼종론』을 저술하였다.104)

---

101) "彼云 色性空者 明色無定性 非色都無 如鼠嘍栗中 肉盡栗猶有皮殻形容宛然 栗中無肉故言栗空 非都無栗故言空空也 卽空有倂成有也" 吉藏, 『二諦義』(大正藏45, p.84上)
102) 安苰[吉藏, 『中觀論疏』(大正藏42, p.29中)]나 案苰[吉藏, 『二諦義』(大正藏45, p.78上, p.115上)]라고 쓰기도 하지만 의미상 安瓜[慧均, 『大乘四論玄義』(新纂藏46, p.584下); 作者未詳, 『三論略章』(新纂藏54, p.835中)로 표기한다.
103) "第二空假名 謂此世諦擧體不可得 若作假有觀 擧體世諦 作無觀之擧體是眞諦": 吉藏, 『大乘玄論』(大正藏45, p.24下)
104) "第三 假名空者 卽周氏所用 大意云 假名宛然卽是空也 尋周氏假名空原出僧肇不眞空論 論云 雖有而無 雖無而有 雖有而無所謂非有 雖無而有所謂非無 如此

앞의 두 가지 이론에서 공인 진제와 가명인 속제는 서로 분리되어 있었다. 그러나 가명공 이론에서 말하듯이 "가명이 완연히 그대로 공이다." 가명과 공은 상즉한다. 모든 법에는 가명인 유와 공인 무가 중첩되어 있다. 유와 무가 상즉한다. 그리고 이런 유무상즉의 사상은 승조의 「부진공론」에서 유래하며, 이를 장안에서 알게 되어 주옹에게 전한 인물이 승랑이었다.

승랑 당시 성실론사(成實論師)라고 불리던 양(梁)의 3대 법사들은 진제와 속제의 이제를 대상[境]이나 이법[理]으로 보았다. 진제인 무와 속제인 유 모두 실재하는 대상이라는 것이다. 그러나 승랑은 진제와 속제의 구분은 언교의 차원에서 이루어진 구분이며, 실재하는 법에는 진제인 무(無)와 속제인 유(有)가 상즉(相卽)한다고 보았다. 『삼종론』에서 말하는 '가명'은 속제인 유에 해당하고 '공'은 진제인 무에 해당한다. 실재인 법에서는 가명이 그대로 공이다. 유가 그대로 무다. 모든 법은 유이면서 그대로 무다. 유와 무가 상즉하며 무애하다. 예를 들어서 어떤 방에 대해서 '큰 방'이라는 생각이 들 경우 큰 방이 객관적으로 실재하는 것이 아니다. '작은 방'을 염두에 두었기에 '큰 방'이라고 판단을 하게 된 것이다. 만일 '더 큰 방'을 염두에 두었다면 그 방에 대해서 '작은 방'이라고 생각했을 것이다. 따라서 그 방에 원래 크기가 있는 게 아니다. 그 방은 큰 방이기도 하지만 큰 방이랄 것도 없다. 그 방에는 '큰 방이라는 분별'과 '큰 방이랄 것도 없다는 통찰'이 중첩되어 있다. '유(有)의 분별'과 '무(無)의 통찰'이 상즉한다. 이와 마찬가지로 모든 법들에는 유와 무가 중첩되어 있다. 유인 가명(假名)과 무인 공(空)이 중첩되어 있다. 가명이 그대로 공이다. 가명즉공(假名卽空), 유즉무(有卽無)인 '상즉의 실상론'이다.

即非無物也 物非眞物也 物非眞物於何而物 肇公云 以物非眞物故是假物 假物故卽是空 大朗法師關內得此義授周氏 周氏因著三宗論也"吉藏, 『二諦義』(大正藏42, pp.29中－下)

　　승랑이 주옹에게 전한 '가명공' 사상, 상즉의 실상론은 승조가 「부진공론」에서 토로한 유무상즉의 사상에 기원을 두지만 승랑은 여기서 한 걸음 더 나아가 이제시교론(二諦是敎論)을 제창하였다. 모든 법들에 유와 무가 상즉하고, 가명과 공이 상즉하지만 성인(聖人)은 그런 법에 대해서 가명으로 부르기도 하고 공이라고 말하기도 한다. 유라고 하기도 하고 무라고 하기도 한다. 따라서 속제인 유와 진제인 무는 외부에 실재하는 법에 있는 것이 아니라, 성인의 교설에만 있을 뿐이다. 진속의 이제는 이(理)나 경(境)이 아니라 교(敎)다. 모든 법 그 자체는 '유이면서 무인 유무상즉의 중도', 또는 '유도 아니고 무도 아닌 유무상리(有無相離)의 중도'다. 승조의 유무상즉 사상에서 유래한 가명공 이론은 승랑의 사유를 거치면서 "이제는 교(敎)이며 중도를 체로 삼는다."는 '이제시교 중도위체(二諦是敎 中道爲體)'의 이론으로 발전하였다.105) 그리고 승랑은 여기서 더 나아가 중도불성(中道佛性), 중가체용(中假體用), 이내이제(理內二諦), 무쟁교화(無諍敎化) 등 특유의 신삼론 사상을 창출하였다.

V. 승조를 극복한 승랑의 유무론

　　인도의 중관학은 용수와 아리야제바의 저술에 대해 주석한 문헌들을 많이 산출했기에 '주석학', 티벳의 중관학은 학파를 가르고 계보를 만드는 데 주력했기에 '계보학(系譜學)'이라고 명명할 수 있을 것이다. 이와 달리 동아시아의 삼론학은 유(有)와 무(無)를 소재로 삼아서 공과 이제에 대해 구명한다는 데 그 특징이 있기에 '유무학(有無學)' 또는 '유무론(有無論)'이라고 부를 수

---

105) 吉藏, 『二諦義』(大正藏45, pp.107下-108中)

있다. 그런데 삼론학에서 소재로 삼았던 유와 무의 개념은 중국의 전통적 형이상학인 현학(玄學)에서 유래한다. 위진시대 현학가 가운데 대표적인 인물로 하안(何晏: 193?-249)과 왕필(王弼: 226-249), 배위(裴頠: 267-300), 곽상(郭象: 253-312)을 들 수 있는데 이들의 사상을 차례대로 귀무론(貴無論), 숭유론(崇有論), 독화론(獨化論)이라고 부른다. 유와 무 가운데 무엇을 더 중시하는가에 따라 사상이 갈리는 것이다. 이들이 벌인 '유-무 논쟁'을 '명교(名敎)-자연(自然) 논쟁'이라고 부른다. 명교인 유와 자연인 무 가운데 무엇이 사물의 본질인가를 두고서 하안과 왕필에서 시작하여 배위를 거쳐 곽상으로 논의가 이어졌다.[106]

현학의 소재였던 유와 무 개념을 그대로 도입하여 공과 이제에 대해 해석하려고 했다는 점에서 격의삼가(格義三家)와 승조, 승랑 모두 공통된다. 그러나 이들의 사상조차 일치하는 것은 아니었다. 격의삼가의 경우 비유비무 등 불전의 언어를 사용하긴 했지만 '명교-자연'이라는 현학의 이론 틀 안에서 공과 이제를 이해하고자 했던 반면, 승조는 현학의 소재였던 유와 무, 즉 명교와 자연 모두를 명교로 격하시키고 유와 무에 대한 비판인 비유비무 또는 유무상즉에 대해서 '진제'라고 불렀다.[107] 그리고 승랑의 이제시교론(二諦是敎論)에서는 승조의 '명교와 진제' 모두가 다시 '진속이제의 교법(敎法)'으로 격하되고 진도 속도 아닌 비진비속이 이법(理法)으로 제시된다. 이렇게 현학의 유무론이 불교와 만난 후 승랑의 유무론으로 발전해 가는 과정을 표로 정리하면 다음과 같다.[108]

106) 이런 과정에 대한 상세한 설명은 '김성철, 『승랑 - 그 생애와 사상에 대한 분석적 탐구』(서울:지식산업사, 2011), pp.169-184' 참조.
107) "真諦 獨靜 於名敎之外" 僧肇, 「般若無知論」, 『肇論』(大正藏45, p.152上)
108) '김성철, 『승랑 - 그 생애와 사상에 대한 분석적 탐구』(서울:지식산업사, 2011), p.404'에 실린 표.

현학		격의삼가			승조		승랑			
		본무의	심무의	즉색의						
유	명교 名敎	유, 무	유	유	유, 무	명교 名敎	유, 무 (진, 속)	교 敎	가 假	용 用
무	자연 自然	비유비무	심무	유무상즉	비유비무 유무상즉	진제 眞諦	비유비무 (비진비속) 유무상즉 (진속무애)	이 理	중 中	체 體

승조의 진제를 명교인 교법에 포함시킨 승랑은, 중(中)과 가(假), 체(體)와 용(用) 등의 이원적 범주들을 새롭게 도입하고 이들을 변증법적으로 직조(織造)함으로써 진제와 속제를 모두 비판하는 비진비속의 이법, 무득(無得)의 이법을 구현하고자 하였다.109)

참고문헌

『佛說維摩詰經』(大正藏14)

湛然, 『法華玄義釋籤』(大正藏33)

吉藏, 『淨名玄論』(大正藏38)

吉藏, 『中觀論疏』(大正藏42)

---

109) 이상의 내용과 표는 '김성철, 『승랑 - 그 생애와 사상에 대한 분석적 탐구』(서울: 지식산업사, 2011), pp.396-406' 참조.

僧肇, 『肇論』(大正藏45)

吉藏, 『二諦義』(大正藏45)

吉藏, 『大乘玄論』(大正藏45)

慧皎, 『高僧傳』(大正藏50)

道宣, 『續高僧傳』(大正藏50)

『景德傳燈錄』(大正藏51)

道宣, 『廣弘明集』(大正藏52)

安澄, 『中論疏記』(大正藏65)

吉藏, 『大品經義疏』(新纂藏24) 新纂藏 = 新纂續藏經

慧均, 『大乘四論玄義』(新纂藏46)

作者未詳, 『三論略章』(新纂藏54)

『御選語錄』(新纂藏68)

『神異典釋教部紀事』(新纂藏88)

『居士傳』(新纂藏88)

作者未詳, 『三論祖師傳集』(日佛全111) 日佛全 = 大日本佛教全書

江總持, 「棲霞寺碑銘」(中國佛寺誌叢刊23)

『南齊書』(卷四十一)

『陳書』(卷三十)

김성철, 『승랑 - 그 생애와 사상에 대한 분석적 탐구』(서울:지식산업사, 2011)

汤用彤, 『汉魏兩晋南北朝佛教史』(北京:北京大學出版社, 1997, 초판1938)

许抗生, 『僧肇评传』(南京:南京大學出版社, 2003, 초판1998)

劉貴傑, 『僧肇思想硏究 - 魏晋玄學與佛敎思想之交涉』(台北:文史哲出版社, 民國 74年)

Walter Liebenthal, Chao Lun: The Treatises of Seng-Chao: 2nd rev. ed., (Honk Kong: Honk Kong University Press, 1968)

塚本善隆, 「佛敎史上における肇論の意義」, 『肇論硏究』(京都:法藏館, 1954)

横超慧日, 「涅槃無名論とその背景」, 塚本善隆 編, 『肇論硏究』(京都:法藏館, 1954)

伊藤隆壽, 「『大乘四論玄義』逸文の整理」, 『駒澤大學佛敎學部論集』第5號(東京:駒澤大學校, 1974)

깨달음과 선

깨달음이란 무엇인가?

Ⅰ. 들어가는 말
Ⅱ. 소승의 깨달음
Ⅲ. 대승의 깨달음
Ⅳ. 금강승의 깨달음
Ⅴ. 맺는 말

Ⅰ. 들어가는 말

불교는 깨달음의 종교라고 한다. 재가자든 출가자든 깨달음을 궁극적 목표로 삼고 신행생활을 한다. 그런데 "무엇이 깨달음이냐?"고 물을 경우 우리는 어떻게 답해야 할까?

현재 전 세계 불교권은 남방상좌부의 소승불교권(Hīnayāna)과 동아시아의 대승불교권(Mahāyāna), 그리고 티벳의 금강승불교권(Vajrayāna)으로 삼분된다. 인도에서 불교가 도입된 시기에 의해 이 세 지역의 불교권을 비교하면, 소승불교권의 경우 서력 기원 전의 인도불교를 신봉하고, 대승불교권은 서력 기원 후부터 8세기까지의 인도불교를 신봉하며, 금강승불교권은 8세기 이후 13세기까지의 인도불교를 신봉한다. 이 중 소승에서 말하는 '깨달음'은 아라한이 되는 것이고, 대승과 금강승에서 말하는 '깨달음'은 부처가 되는 것이다.

대승불교권에 속해 있는 우리나라 불자들 대부분은 선불교에 의거해 신행

생활을 해 왔다. 선불교가 불교인 이상, 그 궁극적 목표 역시 불교적이어야 할 것이다. 흔히 선불교에서 추구하는 깨달음이란 '자신이 본래 부처임을 아는 것'이라고 말한다. 그렇다면, 소승과 대승과 금강승의 교학에 비추어 볼 경우 자신이 본래 부처임을 알게 된 선승(禪僧)의 정체에 대해 우리는 어떻게 규정해야 할 것인가? 아라한인가, 아니면 부처인가? 아니면 제3의 누구인가? 앞으로 선불교에서 말하는 '깨달음'의 의미 역시 교학적 견지에서 명확히 구명되어야 할 것이다. 본고에서는 이런 연구의 기초자료로 삼기 위해, 소승과 대승, 그리고 금강승의 교학에서 말하는 깨달음의 의미를 비교 검토해 보기로 하겠다.

Ⅱ. 소승의 깨달음

소승불교의 수행자는 아라한을 지향한다. 아라한이란 모든 번뇌가 소진되어 다시는 윤회의 세계에 태어나지 않게 된 최고의 성자를 말한다. 아라한과를 얻은 수행자는 일률적으로 다음과 같이 노래한다.

나의 삶은 이미 다했으며 청정한 행은 이미 세웠노라. 할 일을 다 했으니 내 생에 다시 삶을 받지 않을 것을 스스로 아노라.[1]

계행(戒行)을 어기지 않고 살며, 수행을 통해 모든 번뇌가 소진된 아라한은 결코 내생에 다시 태어나지 않는다. 계행이 완성될 경우 삼계(三界) 중 욕계의 정상에 태어날 수 있다. 그러나 계행만으로 아라한과를 얻을 수는 없

---

1) 我生已盡 梵行已立 所作已作 自知不受後有(대정장2, 잡아함경, p.1a, 2b, 3a, 3c, 6b, 7b, 7c, 8a, 9a, 10b, 10c, 12a, 12c … 等).

다. 계행과 함께 좌선이 겸수되어야 한다. 계행을 갖춘 수행자의 마음은 좌선을 통해 욕계를 초월하여 색계의 초선, 2선, 3선, 4선의 상태로 향상하게 된다. 그리고 제4선의 상태에서 연기의 지혜를 추구할 때, 비로소 아라한과가 열려 유여의열반(有餘依涅槃)에 들게 되며, 육신의 죽음과 함께 오는 무여의 열반 역시 제4선에서 이루어진다. 색계 제4선에 윤회로부터의 탈출구가 있는 것이다.[2] 이런 과정을 계정혜 삼학이라고 부른다. 수행자는 지계행 이후에 선정을 닦고 선정 이후에 지혜를 닦아야 한다. 그리고 최종적인 혜학의 단계는 철정한 계행과 제4선의 선정력에 의해 뒷받침되고 있다. 제4선의 경지에서 계, 정, 혜 3학이 병수(竝修)될 때 소승적 깨달음을 얻게 된다.[3] 그 결과 아라한이 되며 다시 태어나지 않을 것이라는 자각을 하게 된다(自知不受後有, 자지불수후유).

그런데 여기서 한 가지 의혹이 생길 수 있다. "여래는 사후(死後)에 존재하는가, 아닌가?"라는 문제를 무기답(無記答)으로 처리하는 경문도 발견되기 때문이다.[4] 깨달은 자의 사후에 대해 부처님은 답을 하지 않은 반면, 깨달은 자인 아라한은 삶을 받지 않을 것이라고 선언한다. 이를 어떻게 이해해야 할까? 『잡아함경』에 등장하는 염마가(焰摩迦, Yamaka) 비구의 일화를 통해 우리는 이에 대한 해답을 얻을 수 있다.

염마가라는 이름의 비구가 "번뇌가 모두 사라진 아라한은 열반한 이후 존재하지 않는다(漏盡阿羅漢 身壞命終 更無所有, 누진아라한 신괴명종 갱무

---

2) 이는 석가모니 부처님의 다음과 같은 수행담에 근거한 설명이다. "… 入識處定 從識處定起 入空處定 從空處定起 入第四禪 從第四禪起 入第三禪 從三禪起 入第二禪 從二禪起 入第一禪 從第一禪起 入第二禪 從二禪起 入第三禪 從三禪起 入第四禪 從四禪起 佛般涅槃 當於爾時 地大震動 諸天·世人皆大驚怖 …"(대정장1, 『장아함경』, p.26c). 『구사론』(대정장29, p.32a)에 의하면 색계 초선의 미지정(未至定)을 비롯하여 무색계의 무소유처정(無所有處定)에 이르기까지 아홉 가지 경지에서 무루지(無漏智)가 생할 수 있다.
3) 선불교에서 말하는 정혜쌍수도 지계 수행이 뒷받침이 되어야 가능하다.
4) 대정장2, 『잡아함경』, pp.226a-b. 등.

소유)."고 주장하자 많은 비구들이 염마가를 악사견(惡邪見)의 비구라고 말
하며 이를 사리불에게 이른다. 그 때 사리불은 염마가를 별도로 불러 비유로
서 가르치는데 이를 요약하면 다음과 같다.

> 재산이 많은 한 장자가 하인을 구하는데, 장자에게 원한을 가진 사람이 하인
> 으로 가장하고 들어와 온 정성을 기울여 일을 하여 장자의 신임을 얻게 된다.
> 그래서 하인을 좋아하게 된 주인이 방심하게 되자, 하인은 장자를 칼로 찌르
> 고 달아난다. 장자가 하인의 정성이 거짓임을 알 경우에는 결코 방심하지 않
> 았을 것이다. 이와 마찬가지로, 윤회하는 세속의 진상에 무지하여 세속에 집
> 착하는 사람에게는 먼저 세속이 마치 원한을 가진 하인과 같이 자신을 해치
> 는 것임을 가르쳐야 한다. 그럴 경우 세속에 대해 집착하지 않게 되어 스스로
> 열반을 자각하게 될 것이다.[5]

여기서 부자를 속인 하인은 윤회하는 세속을 비유한 것이고, 부자는 어리
석은 비구승들을 비유한 것이다. 아직 세속에 대한 집착이 남아 있는 사람들
은 열반 후 사라진다는 말을 들을 경우, 공포심을 느끼게 된다. 여래나 아라
한의 사후 유무의 문제를 물을 경우, 세속에 대해 집착이 있는 사람에 대해서
는 유무로 답할 것이 아니라, 먼저 세속의 고통에 대해 가르쳐야 한다. 무상
(無常), 고(苦), 공(空), 무아(無我)인 세속의 진상을 모르는 사람들에게 아라
한 사후의 무는 공포를 의미하지만 무상, 고, 공, 무아의 고성제(苦聖諦)를
철견한 사람에게 아라한 사후의 무는 평화와 안온(安穩)을 의미한다. 따라서
소승아라한을 지향할 경우 세속이 모두 고통임을 철저히 체득하는 수행이
선행되어야 한다. 그래야 다시는 태어나지 않는 열반을 향해 진심으로 정진
할 수 있는 것이다.

소승불교에서 추구하는 아라한이 될 경우 우리는 내생에 다시 태어나지

---

5) 대정장2, 『잡아함경』, pp.30c-31c.

않게 된다. 이를 위해 수행자는 탐욕, 진에(瞋恚), 우치, 교만, 의심, 유신견(有身見), 변집견(邊執見), 견취견(見取見), 계금취견(戒禁取見), 사견(邪見) 등의 번뇌들을 하나하나 끊어야 한다. 이와 같은 번뇌가 남아 있는 한 내생에 그 번뇌로 인해 구성되는 삶을 다시 받게 되기 때문이다.

Ⅲ. 대승의 깨달음

대승불교에서 말하는 깨달음이란 성불을 의미한다. 그렇다면 성불은 무엇일까? 소승에서 말하는 아라한이 된다는 것과 부처가 된다는 것은 어떻게 다를까? 아라한이라는 호칭은 부처에게도 부여된다. 교진여 등 다섯 비구를 교화한 후 부처님께서는 이 세상에 여섯 명의 아라한이 있다고 선언하신다. 그러면 아라한과 부처는 같은 것일까, 아니면 다른 것일까? 『대지도론』에서는 부처와 천신과 이승(二乘)의 차이에 대해 다음과 같이 설명한다.

> 부처는 다음과 같은 두 가지를 갖추고 있다. 첫째는 대공덕의 신통력이고 둘째는 모든 번뇌의 소멸된 지극히 청정한 마음이다. 천신들의 경우 복덕의 신통력이 있기는 하지만, 모든 번뇌를 소멸하지 못했기에 그 마음이 청정하지 못하다. 또, 마음이 청정하지 못하기 때문에 신통력도 역시 적다. 그리고 성문과 벽지불은 비록 번뇌를 소멸하여 그 마음이 청정하지만, 복덕이 약하기 때문에 그 세력 역시 적다. 부처는 두 가지를 완전히 갖추었기 때문에, 누구든 이기지만, 다른 자들은 모든 자를 이기지 못한다.[6]

---

6) 復次佛有二事 一者大功德神通力 二者第一淨心諸結使滅 諸天雖有福德神力 諸結使不滅故心不清淨 心不清淨故神力亦少 聲聞辟支佛雖結使滅心清淨 福德薄故力勢少 佛二法滿足故 稱勝一切人 餘人不勝一切人(대정장25, 『대지도론』, p.73b).

아라한은 그 마음이 청정하다는 점에서 천신과 구별되지만, 마음의 청정과 복덕의 세력이 부처에 못 미친다. 아라한은 모든 번뇌를 끊어 깨닫긴 했어도[7] 전생의 습(習)으로 인해 번뇌의 기운이 남아 있다. 사리불에게는 진에의 습기가 남아 있고, 난타에게는 음욕의 습기가 남아 있으며, 필릉가파차에게는 교만의 습기가 남아 있다[8]고 『대지도론』에서는 각각의 예화를 들어 설명한다.

성문과 연각의 이승과 부처 모두 색계 제4선에서 깨달음에 든다. 그리고 깨달음에 들기까지, 초야, 중야, 후야에 걸쳐 숙명통과 천안통과 누진통이 차례로 열리게 된다. 그런데 이런 삼명(三明)의 힘에서도 아라한은 부처와 차별된다. 『대지도론』에서는 다음과 같이 말한다.

> 이러한 삼명은 대아라한과 벽지불도 획득한다.
> 문: 그렇다면 부처와 무슨 차이가 있는가?
> 답: 이들은 비록 삼명을 획득했지만 그 밝기가 완전하지 못하다. 그러나 부처는 완전하다. 이것이 차이점이다.
> 문: 어째서 완전하지 못하다는 것인가?
> 답: 아라한과 벽지불들의 숙명지는 자신에 대해서든 타인에 대해서든 완벽하지 못하다. 전생 하나만 아는 아라한도 있고, 2생, 3생, 10생, 천겁, 만겁 내지 팔만겁까지 아는 아라한도 있지만 이 이상을 넘어가게 되면 알지 못한다. 그래서 천안통이 완전하지 못하다.[9]

그렇다면 이렇게 아라한과 차별되는 부처의 복덕과 지혜는 어떻게 얻어진

7) 阿羅漢雖斷結得道 猶有殘氣不得稱婆伽婆(위의 책, p.71b)
8) 如舍利弗瞋恚氣殘 難陀婬欲氣殘 必陵伽婆磋慢氣殘(위의 책, p.70c).
9) 是三明大阿羅漢大辟支佛所得 問曰 若爾者與佛有何等異 答曰 彼雖得三明明不滿足 佛悉滿足 是爲異 問曰 云何不滿 云何滿 答曰 諸阿羅漢辟支佛宿命智 知自身及他人亦不能遍 有阿羅漢知 一世或二世三世十百千萬劫乃至八萬劫 過是以往不能復知 是故不滿天眼明(위의 책, p.72c).

것일까? 『대지도론』이나 『성유식론』10) 등 대승논서는 물론이고 『구사론
』11)이나 『아비달마대비바사론』12) 등 소승 논서에서도 부처와 아라한을 구
별하며, 부처의 복덕과 지혜는 3아승기겁의 수행을 통해 축적되는 것이라고
설명한다. 아승기(asaṃkhya)란 무수(無數), 또는 무량(無量)으로 번역되며
인도에서 사용되는 숫자 단위 중 가장 큰 단위이다. 세 번의 아승기겁 각각에
서의 보살행은 다음과 같이 구별된다.

> 첫 번째 아승기겁 동안에는 자신이 부처가 될 것인지, 부처가 되지 않을 것인
> 지 스스로 알지 못한다. 두 번째 아승기 동안에는 자신이 부처가 될 것이라고
> 알긴 하지만, 그것을 발설하지 않는다. 세 번째 아승기 동안에는 자신이 부처
> 가 될 것을 알뿐만 아니라 그것을 공공연히 발설함을 두려워하지 않는다.13)

그리고 제3 아승기겁의 보살행이 끝나면, 100겁에 걸쳐 32상(相)의 과보
를 초래하는 공덕을 짓게 된다.14) 부처가 32상으로 몸을 장엄하는 이유는
사람들에게 청정한 믿음을 일으키고, 비단 지혜와 선정 등에서뿐만 아니라
모든 면에서 가장 뛰어난 분임을 나타내기 위해서이다.15)

성불을 위해 우리는, 초발심 이후 3아승기 100겁의 보살행을 닦아야 한다.
이는 대소승 논서의 공통된 가르침이다. 『성유식론』에서는 초지(初地) 보살

---

10) 대정장31, p.54c 등.
11) 대정장29, p.141b 등.
12) 대정장27, p.131b 등.
13) 初阿僧祇中 心不自知我當作佛不作佛 二阿僧祇中 心雖能知我必作佛 而口不稱
    我當作佛 三阿僧祇中 心了了自知得作佛 口自發言無所畏難 我於來世當作佛(위
    의 책, p.87a).
14) 問曰 何時種三十二相業因緣 答曰 過三阿僧祇劫 然後種三十二相業因緣(위의
    책, p.86c).
15) 問曰 菩薩何以故以相嚴身 答曰 有人見佛身相心得信淨 以是故以相嚴身 復次
    諸佛以一切事勝故 身色威力種姓家屬智慧禪定解脫衆事皆勝 若佛不莊嚴身相是
    事便少(위의 책, p.91b).

이 되기 이전에 제1 아승기겁의 수행을 완성하고 초지에서 제7지까지 향상하는 기간이 제2 아승기겁이며, 제7지에서 제10지까지가 제3 아승기겁에 해당한다고 설명한다.[16]

　이렇게 무량한 세월의 수행으로 가능한 성불을 지향하며 윤회의 세계 속에서 살아갈 경우, 3아승기겁의 보살행 기간 동안 수많은 중생을 제도할 수 있으며, 성불한 이후에도 그 공덕의 힘으로 수많은 중생을 제도하게 되는 것이다. 그러나 아라한과의 경우, 둔근기는 최소 3생의 수행, 이근기(利根機)는 최대 60겁의 수행만 하면 성취된다.[17] 부처가 되든 아라한이 되든 대열반의 의미는 마찬가지다. 대열반에 든 자는 다시는 윤회의 세계에 들어오지 않게 된다.

　대승불교에서 지향하는 성불이란 이렇게 지난한 일이며, 그 동기는 모든 생명에 대한 무한한 자비심이다. 물론 오늘날에도 전생에 3아승기 100겁의 수행을 모두 마치고, 현생에 성불하는 수행자가 있을 수 있다. 그러나 그러하기 위해 그는 태어날 때부터 32상을 갖추고 있어야 한다.

　대승불교에서 말하는 깨달음을 얻기 위해서는 무량한 세월 동안 무량한 공덕을 쌓아야 한다. 대승불교에서 말하는 깨달음은 조바심 내며 기다려 얻어지는 것이 아니다. 성불이라는 목표는 지워버린 채, 항상 깨달음을 추구하며 수행하고(상구보리), 항상 남을 도우며 살아갈 때(하화중생), 미래세에 언젠가 성불의 과보가 나타나게 된다. 다시 말해 수억 겁에 걸친 무한한 과정적 신행을 통해 귀결되는 것이 대승불교의 깨달음, 즉 성불이다. 그리고 이렇게 구원겁(久遠劫) 이후의 목표를 지향하며 살아가는 것이 대승불교의 보살이다. 여기서 우리는 자문해 보아야 한다. 나는 그럴 자신이 있는가?

---

16) 김동화, 『유식철학』, 보련각, p.385.
17) 김동화, 『구사학』, p.326.

Ⅳ. 금강승의 깨달음

밀교 또는 '불교 Tantrism'으로 불리는 금강승은 크게 보아 대승에 속한다.[18] 대승과 마찬가지로 성불을 지향하기 때문이다. 그러나 대승과 차별되는 점은 3아승기겁이라는 보살행의 기간을 현생의 1생으로 단축시킨다는 데 있다. 그리고 이렇게 성불의 기간을 단축하는 이유는 보다 빨리 더 많은 중생을 제도하기 위해서이다.

3아승기겁 동안 무량한 공덕을 쌓아야 부처가 될 수 있는데, 어떻게 하면 그 기간을 1생으로 단축시킬 수 있을까? 부처가 된다는 것은 부처의 몸을 성취한다는 것이다. 그러면 부처의 몸을 성취하기 위해서는 어떻게 해야 할까? 부처는 법신(法身)과 보신(報身)과 화신(化身)의 삼신을 갖추고 있다. 따라서 부처가 되기 위해서는 이 세 가지 몸을 성숙시켜야 한다.

법신은 공성과 무아(無我)에 대한 조망을 통해 성숙한다. 그러나 법신만 성숙시킬 경우 소승 아라한이 될 뿐이다.[19] 그래서 금강승의 수행에서는 보신과 화신의 성숙을 목표로 삼는다.[20] 보신은 일반적 공덕을 지음으로써 성숙한다. 그리고 화신은 32상 80종호를 위한 공덕을 통해 성숙한다. 대승불교

---

18) 티벳에서는 밀교를 금강승(Vajra-yāna) 밀교 이외의 대승을 바라밀승(Pāramitā-yāna)이라고 부른다.
19) 한문불교권에서는 我空法有와, 我空法空에 의해 소승과 대승을 구별하지만, 티벳에서는 대승과 소승의 수행자 모두 我法兩空를 체득한다고 말한다. 그리고 대승과 소승의 차이는 자비심의 대소에 있다고 말한다. 이는 중기중관파 논사인 청변(Bhavaviveka)의 교학과 월칭(Candrakīrti)의 교학의 차이이기도 하다. 청변의 교학은 현장에 의해 번역되어 한문불교권에 도입된 반면 시기적으로 늦게 구성된 월칭의 교학은 도입되지 않는다. 청변과 월칭의 교학을 모두 도입한 후 월칭의 교학을 정통시(Atiśa의 개혁)한 티벳이기에 위에서 보듯이 소승 아라한도 공성을 철저히 체득한다고 설명하는 것이다. 같은 대승불교이면서, 티벳의 불교와 중국의 불교가 큰 차이를 보이게 된 것은 청변의 교학과 월칭의 교학의 차이에 기인한다고 생각된다.
20) H. H. Dalai Lama, Tsong kha pa, Jeffrey Hopkins, *Tantra in Tibet*, Snow Lion Publication, p.115.

수행에서 3아승기 100겁의 수행이 필요한 것은 보신과 화신을 성숙시키기 위함이다. 대승은 보살행의 인(因)을 통해 불과(佛果)를 얻기에 인승(因乘, Hetu-yāna)이라고 부르며, 금강승은 수행의 결과인 부처의 보신과 화신을 수행의 인으로 삼기 때문에 과승(果乘, Phala-yāna)이라고 부른다.21) 대일(大日)여래를 주존(主尊)을 삼아 관상(觀想)하며 자기 자신의 신구의(身口意) 삼업(三業)을 부처의 삼업에 일치시킨다. 손(身)으로는 수인(무드라)을 짓고, 입(口)으로 만뜨라를 암송하며, 만다라를 보며 마음(意)으로는 자신이 부처로 출현하는 모습(생기차제, 生起次第)을 관상하면서 자신의 몸을 부처의 몸으로 성숙시킨다(구경차제, 究竟次第). 이런 수행을 통해 우리의 육체는 화신(化身)으로 성숙하고, 우리의 영혼(= 중음신)은 보신으로 성숙하게 된다. 금강승에서 즉신성불(卽身成佛)을 기치로 내거는 이유가 여기에 있다. Ratnakaraśanti는 다음과 같이 말한다.

> 공성에 대해서만 명상할 경우 성불은 무량겁이 걸린다. 반대로 불존수행(佛身修行, Deity yoga)만 할 경우 성불은 완전치 못하다. 공성에 대한 명상과 불존에 대한 명상을 겸할 때 성불의 시기는 단축된다22)

그런데 이러한 금강승의 수행은 누구에게나 허용되는 것이 아니다. 달라이 라마가 이끄는 티벳 겔룩파의 경우 『보리도차제론』 체계에 의거해, 부정관(不淨觀)과 자비관(慈悲觀)이 철저히 완성되고, 지관(止觀) 수행을 통해 공성에 대한 조망을 어느 정도 갖춘 수행자에 한해 금강승을 수행할 자격을 부여한다. 금강승의 수행에 들어가기 전에 수행자는 먼저, 세속에 대한 욕심을 버리게 하는 부정관을 닦고, 수많은 중생을 제도하겠다는 마음을 키우기 위해 자비관을 닦아야 한다. 그 후 삼매력(三昧力)도 훈련하고 공성을 파악

---

21) Ibid, p.105.
22) Ibid, p.119.

하는 논리적 사고도 훈련해야 한다. 금강승의 수행에 들어가기 위해서는 그 마음이 철저히 보살을 닮아 있어야 한다. 아직 세속적 음욕이나 재물욕, 명예욕이 남아 있고, 질투심과 분노심이 조금이라도 남아 있으며, 선정력이 깊지 못하고, 공성에 대한 지혜를 갖추지 못한 자에게 금강승의 수행은 금지된다. 약이 오히려 독으로 변할 수 있기 때문이다. 이렇게 보살로서의 마음이 철저히 갖추어진 수행자는 10만 번의 오체투지를 하고, 자신이 금강살타(Vajrasattva)로 된 모습을 명상하며 100자 진언을 10만 번 암송하여 업장을 정화하며, 쌀과 보석 등을 만달라 판 위에 올려 쌓고 허물기를 되풀이하며 기도문을 10만 번 암송한다. 그 후 금강승 수행으로 이끌어 줄 스승과 자신이 하나가 됨을 관상하며 스승에게 귀의하는 기도문을 암송하는 구루요가(Guru yoga) 의식을 치른다. 이런 모든 의식을 마쳐야 비로소 금강승, 즉 밀교 수행에 들어갈 자격이 부여된다. 이렇게 어마어마한 불교의식을 치르는 것은 보살로서 살아가며 3아승기 겁에 걸쳐 지어야 할 공덕을 농축하여 현생에 모두 짓기 위해서이다. 3아승기겁에 걸쳐 부처님께 절을 올리고 공양을 바쳐야 하는 대승 보살의 수행과 비교할 경우 10만 번의 오체투지, 10만 번의 진언암송, 10만 번의 공양기도는 그 양이 너무 적다고 하겠다. 이러한 금강승의 교학에 대한 올바른 이해와 철저한 믿음이 티벳 불교인들의 자발적이고 강력한 신행 활동을 뒷받침하고 있는 것이다.

V. 맺는 말

지금까지 소승의 깨달음과 대승의 깨달음 그리고 금강승의 깨달음을 비교해 보았다. 소승 수행자의 경우 아라한을 지향하고, 대승과 금강승 수행자의 경우 부처를 목표로 삼는다. 금강승의 경우 3아승기겁 수행 후의 성불을 현생 성불로 단축시킨다는 점에서 대승과 차별된다. 그러나 이 세 가지 길에 공통되는 것은 아라한이 되든 부처가 되든 내세에 다시 태어나지 않는다는 점이다. 그리고 내세에 다시 태어나고 싶지 않은 마음이 들기 위해서는 윤회하는 세속의 고통에 대한 철저한 자각이 선행되어야 한다.

여기서 우리는 다음과 같이 자문해 보아야 한다: "'개똥밭에 굴러도 이승이 좋다.'는 속담에 공감하는 우리들 중 다시는 태어나지 싶지 않을 정도로 고성제, 즉 일체개고(一切皆苦)를 깊이 자각한 사람이 몇이나 되는가?"라고 ···. "지금 위빠싸나 등 소승수행에 전념하고 있는 불자들 중 내생에 다시 태어나지 않기 위해 수행하는 사람이 몇이나 되는가?"라고 ···.

또, 모든 중생에 대한 자비심을 갖춘 수행자의 마음에는 '나만 다시 태어나지 않을 것이 아니라, 모든 중생을 다시 태어나지 않게 도와야겠다'는 마음이 생기게 된다.

여기서 우리는 다시 다음과 같이 자문해 보아야 한다: "현재 대승 또는 금강승의 수행에 관심을 갖는 사람들 중에 다른 모든 중생을 다시 태어나지 않게 하겠다는 자비심을 가진 사람이 몇이나 되는가?"라고 ···.

선불교에서 말하는 깨달음 역시 위와 같은 조망 하에 재검토되어야 할 것이다. 선승의 깨달음은 아라한의 깨달음인지, 부처의 깨달음인지, 아니면 제3의 무엇인지 ···.

부기: 깨달은 선승은 아라한인가, 보살인가, 부처인가?

본 논문에서는 위의 마지막 질문 "선승의 깨달음은 아라한의 깨달음인지, 부처의 깨달음인지, 아니면 제3의 무엇인지 ···."에 대해 답을 내지 않았지만,

필자가 운영하는 Daum카페 '김성철 교수의 체계불학(www.kimsch.net)'의 〈불교문답게시판〉에서 이란 의문에 대해 답글을 단 적이 있다. '선불교적 오도(悟道)'에 대한 독자의 이해를 돕기 위해 아래에 인용한다.

질문: 조현TV 인터뷰 감사히 잘 보았습니다. 그 중에서 선종과 밀종의 비교 부분에 대해 더 질문드리고 싶은데요. 선종에서는 복덕자량을 어떻게 쌓는지 궁금합니다. 밀종에서는 지혜와 방편의 합일을 통해 지혜자량과 복덕자량을 구족하여 부처의 법신과 색신을 이룬다고 하는데요. 선종의 참선을 통해 지혜자량을 쌓아 법신의 원인을 얻을 수는 있을 것 같지만, 참선으로 복덕자량까지 쌓아 색신의 원인도 얻을 수 있는지 궁금합니다.

P.S. 선종과 밀종의 뿌리가 같다는 말씀에 반쯤은 공감이 가고 반쯤은 약간 의문스러웠습니다. 개인적으로 밀교 중에서도 티벳 닝마파 족첸 전승과 선불교 간에 분명 연결고리가 있다고 생각하는데, 유사점 가운데 일부는 뿌리가 같다기보다는 일종의 수렴진화 현상이 아닐까 싶은 부분도 있어 조심스러워지기도 합니다. (2021년 1월 17일)

답변: 조현TV 인터뷰에서 해탈지견(解脫知見)에 대해 설명하다가, 보충설명이 길어져서 선불교와 밀교와 샤먼 얘기까지 꺼내게 되었습니다. 제가 선불교를 밀교와 동일시 한 것은, 선불교나 밀교 모두 사자상승(師資相承)의 전등법(傳燈法)이기 때문입니다. 밀교를 수행의 최정상에 두는 티벳스님들의 경우 불법승 삼귀의에 스승에 대한 귀의 한 가지를 더 추가하여 사귀의(四歸依)를 한다고 합니다. 이 때의 스승이 바로 제자에게 관정을 주는 라마입니다. 무속에서 신어미에게 내림 굿을 받아서 신딸로 등극하여 샤먼의 역할을 하는 방식과 유사합니다. 물론 선불교의 경우 제자에게 파격의 지혜로 인가를 하고, 밀교의 경우 스승의 자비와 지혜가 제자에게 전수되기에 , 세속의

복락을 추구하는 무속적 샤먼과는 그 질이 전혀 다릅니다. 그러나 스승에게서 제자로 그 맥이 이어진다는 점에서 샤먼, 밀교, 선불교의 방식은 유사합니다.

티벳불교를 전문적으로 연구한 영국출신의 인류학자 Geoffrey Samuel은 자신의 저술 〈CIVILIZED SHAMANS: Buddhism in Tibetan Societies〉에서 티벳의 라마를 '문명화된 샤먼'이라고 규정합니다. (작년 1학기에 경주 동국대 대학원 불교학과 수업에서, 이 책의 내용 중의 일부를 수강생들이 분담 번역하여 발표였습니다.) 샤머니즘과 밀교에는 유사한 점이 아주 많습니다.

고려시대 3대 화상 가운데 하나인 지공화상(1300-1363)은 인도출신인데, 19세에 남인도에서 법을 이어받아 선종에서 서천 108조가 되었다는 기록이 있습니다. 그런데 인도에 선불교가 있었을 리가 없기에 이는 허구일 것이라는 것이 현대 학계의 통설입니다. 그러나 지공화상이 인도에서 밀교의 사자상승 법을 이어받은 것으로 해석할 경우 이런 전법의 스토리가 진실일 수 있습니다.

그리고 질문에서 복덕자량에 대해 물으셨는데, 선불교의 경우 별도로 복덕자량을 쌓는 방법을 제시하지 않습니다. 밀교의 경우 방편승이라고 부르듯이, 그 내용 가운데 많은 부분이 부처의 삼신 가운데 보신과 화신(색신)을 성취하기 위한 복덕 자량의 축적 방법에 할애되고 있습니다. 이런 점에서는 선불교와 밀교는 다릅니다.

제가 말하는 선불교와 밀교, 샤먼의 공통점은 복덕자량이 아니라 '사자상승의 전등법'이라는 점에 있습니다.

답변을 마무리하면서, 깨달은 선승의 경우 부처일까? 아라한일까? 보살일까?라는 질문을 제기해 봅니다. 이에 대한 대답은 아래와 같습니다.

1.깨달은 선승이 삶과 죽음을 초월하는 지혜가 열려서 돌아가셨다면 아라

한입니다.

2. 깨달은 선승이 삶과 죽음을 초월하는 지혜도 갖추었지만, 수많은 제자를 두었고 후세에도 영향력이 크다면 그 분은 부처와 같은 분입니다. 육조 혜능 스님이 바로 그와 같은 분입니다. 지혜와 복덕을 모두 갖춘 분입니다. 그래서 그 분의 생애와 어록이 실린 문헌을 『법보단경』이라고 부릅니다. 부처님의 가르침에만 붙일 수 있는 '경'자가 붙습니다.

3. 깨달은 선승이 돌아가실 때, 미륵보살님 계신 도솔천과 같은 천상이든 인간계든 내생에 어디에 태어나겠다고 발원을 하셨다면 그 분은 보살입니다. 아라한이나 부처와 같이 무여의열반의 적멸에 들지 않기 때문입니다. 근대 우리나라 선승 가운데 이런 분들이 몇 분 계셨습니다.

요컨대, 인도불교적으로 평할 때, '깨달은 선승' 중에는 부처도 계시고, 아라한도 계시고, 보살도 계십니다.

샤머니즘과 밀교와 선의 관계에 대한 연구는 앞으로 불교학계의 큰 과제가 될 것입니다. 선과 족첸의 유사성에 대해서 많은 학자들이 얘기하지만, 티벳불교계에서는 선의 영향을 극구 부인하려고 합니다. 이에 대한 객관적 조망 역시 앞으로 불교학자들의 연구 과제입니다. (2021년 1월 18일)

선(禪)의 깨달음, 그 정체와 문제점

프롤로그

I. '선'은 선인가?

II. '선'은 성불을 지향하는가?

  1. '부처 되기'와 '부처라는 개념을 해체하기'

  2. 초기불교의 아라한과 선에서 말하는 부처

III. 간화선에 대한 인도불교적 조망

IV. 맺는 말: 의미있는 선 수행이 되기 위한 전제조건

프롤로그

최근 우리의 '선'은 재 탄생을 위한 산고(産苦)를 겪고 있다. 근원의 불교인 인도불교의 시각에서 선을 분석함으로써 선을 소생시키는 데 일조(一助)하고자 이 글을 쓴다. 결론부터 말하면, '선'이란 '초기불교의 진정한 부흥'이다. 소승의 현학주의와 대승의 허구, 금강승의 번잡함을 모두 넘어서 일격(一擊)에 분별고(分別苦)를 타파하는 '최상승'(最上乘)의 가르침이 바로 '선'일 수가 있는 것이다.

I. '선'은 선인가?

'선'은 선인가? 다시 말해 동아시아불교에서 말하는 선(禪)은 인도불교에서 말하는 선(禪: dhyāna)과 그 의미가 같은가? 선에 대한 혼란은 일차적으

로 그 용어의 혼란에 기인한다. 우리는 선사들의 문답을 선문답(禪問答), 이런 문답이 담긴 문헌을 선어록(禪語錄)이라고 부른다. 그러나 인도불교적 관점에서 볼 때 선문답이나 선어록에는 선(dhyāna)이 아니라, 반야(prajñā)에 대한 가르침이 담겨 있다. 보시(dāna), 지계(śīla), 인욕(kṣānti), 정진(vīrya), 선(dhyāna), 반야(prajñā)의 육바라밀 가운데 '불교의 명상수행법'인 선이 아니라 '불교적 지혜'인 반야에 대한 내용을 담고 있는 것이 바로 선문답과 선어록인 것이다.

우리의 앎에는 지식과 지혜의 두 가지가 있다. 그런데 이 두 가지 앎은 그 성격이 상반된다. 지식은 쌓아서 이룩되고 지혜는 부수어서 얻어진다. 『반야심경』이나 『중론』과 같은 반야의 가르침에 등장하는 무수한 부정표현을 통해 짐작할 수 있듯이 불교에서 말하는 지혜는 우리의 고정관념을 해체하는 앎이다. 우리가 보기에는 이 세상에 더러운 것도 있고 깨끗한 것도 있으며, 무엇이 생기기도 하고 무엇이 사라지기도 하며, 눈도 있고, 코도 있고 귀도 있고 혀도 있는 것 같다. 그러나 엄밀히 보면 본래 아무 것도 없다. 『반야심경』에서 노래하듯이 눈도 없고, 코도 없고, 귀도 없고, 혀도 없으며, 무엇이 생기는 일도 없고, 사라지는 일도 없으며, 깨끗한 것도 없고 더러운 것도 없다. 엄밀히 보면 『반야심경』에서 노래하듯이 모든 것이 해체된다.

선사들 역시 제자들과의 문답이나 행동을 통해 이런 해체의 지혜를 가르쳤다. 기상천외한 답변을 통해 제자의 고정관념을 해체하지만, 그런 해체에 집착할 경우 그런 해체 역시 다시 해체해 버린다. '부처란 무엇인가?' 라는 물음에 대해 마조는 '이 마음이 그대로 부처다'라는 가르침을 내리지만, 시일이 지난 후 '마음도 아니고 부처도 아니다'라고 말을 바꾼다. 구지선사는 일반인들에게 한 손가락을 들어 설법했지만, 그 한 손가락의 설법에 집착했던 동자승은 거꾸로 한 손가락이 없음을 보고 깨닫는다. 개에게 불성이 없다고 대답했던 조주는 얼마 후 태연하게 개에게 불성이 있다고 말한다. 반야경에서 '모든 것이 공하다'고 가르치지만, 그런 공에 집착할 때 다시 '공도 역시 공하다'[空亦復空]고 그 계형을 상승시키듯이 반야의 가르침, 해체의 가르침에서는 궁극적으로는 그 가르침조차 해체시킨다. 그리고 이런 해체의 가르침이 가득한 선어록은, 인도불교적 견지에서 볼 때 선에 대한 어록이 아니라, 해체의 지혜인 반야에 대한 어록이다.

이렇게 볼 때 『육조단경』에서 말하는 신수와 혜능의 게송의 경우도, 둘 중 어느 것이 옳고 어느 것이 그르다고 말할 수 없다. 각자 본심의 반야의 성품을 포착해서 게송 하나를 지어보라는 홍인의 지시에 따라 신수와 혜능은 각각 다음과 같은 게송을 짓는다.

- 신수 -
身是菩提樹 신시보리수 / 몸은 보리의 나무요
心如明鏡臺 심여명경대 / 마음은 밝은 거울 면과 같구나
時時勤拂拭 시시근불식 / 부지런히 털고 털어서
勿使惹塵埃 물사야진애 / 속진(俗塵)이 묻지 않게 할 지어다

- 혜능 -
菩提本無樹 보리본무수 / 보리에는 본래 나무가 없고
明鏡亦非臺 명경역비대 / 밝은 거울 또한 면이 아니어서
本來無一物 본래무일물 / 원래 아무 것도 없는데
何處惹塵埃 하처야진애 / 어디에 속진이 묻겠는가?

『단경』의 편집자 하택 신회(668-760)가 남종의 우월성을 주장하기 위해 이 두 수의 게송을 대비시킨 것일지 몰라도, 이 두 게송은 그 우열을 가를 수 없다. 양자의 주제가 다르기 때문이다. 인도불교적 견지에서 볼 때, 신수는 '선' 수행에 대해 노래했고, 혜능은 '반야' 지혜에 대해 노래했던 것이다. 양자를 비교하는 것은 논리적으로 '범주의 오류'(Category mistake)를 범하

는 일이다.

선어록에는 우리의 일상적 사유를 뒤집는 선사들의 일화들이 가득하다. 다시 말해, 신수의 게송과 같은 선 수행에 대한 가르침이 아니라, 혜능의 게송과 같은 반야의 가르침으로 가득하다. 따라서 선어록은 선어록이 아니라 '반야어록'이라고 불러야 하고, 선문답은 '반야문답'이라고 불러야 옳을 것이다. 또, 선종은 '반야종'이라고 불러야 마땅할 것이다. 인도불교의 견지에서 볼 때 동아시아의 불교계에서 말하는 선은 선이 아니라 반야다.

현재 제3의 수행법들이 범람하게 된 것은, '선문답'이나 '선어록'이라는 이름만 믿고 과거 조사스님들의 '반야의 가르침'을 '선에 대한 가르침'으로 오해하여 좌선 수행법의 개발에 소홀했기 때문일 수가 있다. 그러나 선어록에는 반야에 대한 내용만 가득할 뿐 '좌선 수행법'에 대한 가르침은 극히 적다. 앞으로 불교적 '좌선 수행법'들이 많이 발굴되고 개발되어 선어록에 담긴 반야의 가르침을 보완해야 할 것이다.

Ⅱ. 선 수행은 성불을 지향하는가?

1. '부처 되기'와 '부처라는 개념을 해체하기'

초기불전의 수행자들은 '다시는 윤회의 세계에 태어나지 않는 아라한'을 수행의 목표로 삼았다. 초기불교의 가르침을 체계적으로 정리한 아비달마 논서에서 이러한 아라한을 수행의 정점에 위치시키긴 하지만, 이에 곁들여 3아승기 100겁에 걸친 석가모니 부처님의 '보살' 수행을 소개한다. 여기서 말하는 보살은 '석가모니 부처님'의 전생을 의미하는 '고유명사'였다. 그러나 대승불전이 출현하면서 보살은 '보통명사'로 그 외연이 확장되었고, 불자의 수행목표는 아라한이 아니라 보살도를 통한 성불로 상승하였다.

성불하려는 사람, 즉 부처가 되려는 사람은 3아승기 100겁에 걸쳐 상구보리 하화중생의 보살도를 닦아야 한다. 부처가 된다는 것은 법신(法身)과 보신(報身)과 화신(化身)의 삼신(三身)을 완성하는 것인데, 법신은 공성(空性)을 자각함으로써 완성되기에 단기간에 이루어질 수 있다. 그러나 무량한 공덕을 갖춘 아뢰야식인 보신을 완성하기 위해서는 3아승기 겁에 걸쳐 공덕을 쌓아야 하고, 32상(相) 80종호(種好)를 갖춘 육체인 화신을 완성하기 위해서는 그 후 다시 100겁에 걸쳐 상호(相好) 업을 쌓아야 한다. 이것이 아비달마 논서나 대승불전에서 말하는 성불의 방법이다. 복덕과 지혜를 구족한 분이 부처님이라고 할 때 복덕의 완성은 보신과 화신으로 구현되고 지혜의 완성은 법신으로 구현되는 것이다.

그런데 선에서는 '이 마음이 그대로 부처다', 더 나아가 '내가 곧 부처다'라든지, '누구나 다 부처다'라든지, '두두물물 부처 아닌 것이 없다'고 말한다. 그렇다면 3아승기 100겁이 걸려야 이룩되는 성불이 선 수행을 할 경우 단 한순간에 일어날 수 있다는 것일까? 그럴 수는 없을 것이다. 대승불교의 교학에 비추어 볼 때 누군가가 부처가 되기 위해서는 태어날 때부터 그 모습이 32상 80종호를 갖추고 있어야 하고, 그 아뢰야식 내에는 3아승기겁에 걸쳐 쌓은 무량한 공덕이 저장되어 있어야 하기 때문이다. 그러나 선에서는 깨달음의 조건으로 32상 80종호의 외모와 무량공덕의 아뢰야식을 갖출 것을 요구하지 않는다. 따라서 깨달은 선승이 '내가 곧 부처이다'라고 말할 때, 그 부처는 대승교학에서 말하는 부처와 그 의미가 같지 않다.

그러면 '내가 부처다'라거나 '누구나 부처다'라거나 '두두물물이 부처 아닌 것이 없다'는 선승의 말은 어떻게 이해해야 할까? 단적으로 말해, 이는 '부처에 대한 고정관념을 해체한 말'일 뿐이다. '반야경'의 공 사상에서는 우리가 사용하는 갖가지 개념에 실체가 없다는 점을 가르친다. 예를 들면, '긴 것'에는 실체가 없다. '짧은 것'과 대비할 때 '긴 것'이 되었지만, 더 긴 것과 비교하면 짧아지기 때문이다. 모든 사물은, 그것이 처한 상황에 따라 긴 것이 되기도 하고 짧은 것이 되기도 한다. 다시 말해 '긴 것'이라든지, '짧은 것'이라는 생각은 연기(緣起)한 것이란 말이다. 그리고 '실체가 없다'는 것은 '공하다'는 말과 그 의미가 같다. 이렇게 모든 개념들은 연기한 것이기에 그 실체가 없다. '부처'라는 개념 역시 우리가 사용하는 '갖가지 개념들' 가운데 하나일 뿐이다. 긴 것에 실체가 없기에 내 눈앞에 놓인 볼펜도 긴 것일 수가 있고, 서울에서 부산까지의 거리도 긴 것일 수가 있으며, 내 눈썹의 길이도 긴 것일 수가 있고, 내 손가락의 길이도 긴 것일 수가 있다. 눈에 보이는 모든 것이 긴 것일 수가 있다. 이와 마찬가지로 '부처'라는 개념에 실체가 없기에 모든 것이 부처가 될 수 있는 것이다. 여기서 '실체가 없다'는 절대부정의 조망은 일체개공(一切皆空)의 '반야'적인 조망이고, '모든 것이 될 수 있다'는 절대 긍정의 조망은 일즉일체(一卽一切)의 '화엄'적인 조망이다. 그래서 '그 어디에도 부처가 없고, 그 어떤 것도 부처가 아니지만, 모든 곳에 부처가 있고 모든 것이 부처다'라고 말할 수 있는 것이다.

선사들의 교화대상이 되었던 사람들 대부분은 불교와 성불에 대해 강한 집착을 가진 수행자들이었다. 그래서 선어록에는 부처와 불교에 대한 고정관념을 타파하는 가르침이 자주 등장한다. '개에게도 불성이 있는가?'라는 질문에 대한 상식적인 대답은 '불성이 있다'가 되어야 할 것이다. 『열반경』에서 말하듯이 모든 중생이 다 불성을 갖고 있기 때문이다[一切衆生 悉有佛性]. 그러나 그런 '지식'을 가르치는 것은 불교적 앎이 아니다. 불교적인 앎, 다시 말해 반야 지혜는 그런 지식체계를 포함한 모든 고정관념들이 해체될 때 체득된다. 그래서 조주는 '개에게도 불성이 있는가?'라는 질문에 대해 상식을 초월하여 '무'(無)라는 답을 던졌던 것이다. 그 때 질문자의 지식체계는 모두 무너지면서 해체의 지혜인 반야가 체득된다. 그러나 세월이 흘러 조주의 이런 '무'라는 대답이 또 다른 고정관념으로 굳어지자, 조주는 '유'(有)라고 답함으로써, 지식으로 변질된 '무'를 해체시킨다. 지금은 상투적 문답으로 회자되기에 그 맛을 상실했지만, 부처의 정체를 묻는 물음에 대한 선사들의 다종다양한 답변들 역시 그 당시에는 기상천외한 것들이었다. '마른 똥막대기다', '마삼근이다', '그대는 누구인가?' ….

이렇게 볼 때, 선사들이 말하는 '내가 곧 부처다'라는 명제는, 내가 법신과 보신과 화신의 삼신을 갖춘 부처라는 말이 아니라 '부처에 실체가 있다'든지, '부처가 별도로 존재한다'는 실체론적 부처관에 대한 비판일 뿐이라고 해석해야 한다. 부처라는 개념은, 눈, 귀, 코, … 산, 돌, 나무, … 삶, 죽음 등과 같은 갖가지 개념들 가운데 하나일 뿐이다. 선에서 말하는 '내가 부처다'라는 명제는 내가 실제로 대승불교에서 말하는 법보화 삼신을 갖춘 부처가 되었다는 말이 아니라, '부처가 따로 있다'는 고정관념을 해체하는 말이라고 해석해야 한다. 다시 말해 부처라는 개념이 공(空)하다는 선언이다.

2. 초기불교의 아라한과 선에서 말하는 부처

초기불전에서는 부처님은 물론이고 그 제자들 역시 수행의 목표로 아라한과 부처를 구별하지 않았다. 『사분율』에는 석가모니 부처님께서 성도한 후 제자들을 만나 교화하는 일화들이 소개되어 있는데, 어떤 일화에서든 교화된 제자와 부처가 동등하게 아라한이라고 간주되는 것을 볼 수 있다. 교진여 등의 다섯 명의 비구를 교화한 석가모니 부처님은 야수가(耶輸伽: Yasa)라는 청년을 교화한 후 그 친구 네 명과 오십 명을 차례대로 교화하는데 그에 대한 『사분율』의 설명 일부를 인용하면 다음과 같다.

그 때에 세존께서 이런 가르침을 내리셨을 때 다섯 비구 모두는 번뇌로 가득

했던 마음에서 벗어나 아무 것에도 걸림 없는 해탈의 지혜를 얻었다. 그 때
이 세상에는 여섯 명의 아라한이 존재하였다. 다섯 제자와 여래가 참된 등정
각에 도달하여 모두 여섯이 되었던 것이다.[1] … 부처님께서 말씀하셨다. '오
너라 비구들이여!' 나의 가르침 속에서 고결한 행을 닦기를 결심하고 괴로움
의 뿌리를 제거하거라. 이를 이름하여 '구족계를 받는다'고 하느니라.' 이들이
앞에서 설명한 것과 같이 거듭거듭 관찰하자 번뇌에 찌들은 마음에서 벗어나
걸림 없는 해탈의 지혜가 생겼다. 그 때 이 세상에는 육십 명의 아라한이 존
재하였으며 제자들과 여래를 합하면 육십 한 분이었다.[2]

　　여기서 부처와 해탈한 그 제자들은 모두 아라한이라고 불린다. 이렇게 부
처와 아라한을 구분하지 않는 것은 '아함경'의 경우도 마찬가지다.[3] 부처는
'대승적 의미의 부처'가 될 것을 가르치는 것이 아니라, 다만 이 윤회의 세계
에서 벗어날 것을 가르칠 뿐이다. 『잡아함경』에 자주 등장하는 해탈의 가르
침 한 대목을 인용하면 다음과 같다.

　　그 때에 세존께서 비구들에게 다음과 같이 말씀하셨다. 물질과 형상의 세계
　　[色]가 무상함을 관찰해야 하느니라. 이와 같이 관찰하는 것은 올바른 관찰이
　　며 이렇게 올바로 관찰하는 사람에게는 그것을 싫어하는 마음이 생긴다. 그것
　　을 싫어하는 사람에게서 애착은 사라지며 애착이 사라진 사람을 심해탈(心解
　　脫)한 사람이라고 부른다. 이와 같은 방식으로 느낌의 세계[受], 온갖 생각들
　　[想], 의지적인 것들[行]은 물론이고 인식된 모든 것들[識]이 무상하다는 점을
　　관찰하거라. 이렇게 관찰하는 것은 올바른 관찰이며 … 심해탈한 사람이라고
　　부른다. 비구들이여, 이와 같이 심해탈한 사람이 만일, 스스로 깨닫고자 한다

---

1) 爾時世尊說此法時　五比丘一切有漏心解脫　得無礙解脫智生　爾時此世間有六羅
　 漢　五弟子如來至眞等正覺爲六: 『사분율』, 대정장22, p.789b.
2) 佛言來比丘　於我法中快修梵行盡苦源　即名爲受具足戒　如先所見重觀已　有漏心
　 解脫無礙解脫智生　時此世間　有六十阿羅漢　弟子如來爲六十一: 같은 책, p.790c.
3) 『증일아함경』에서만은 보살도를 말하며 부처와 아라한을 구분한다. 그러나 그에
　 상응하는 남방의 Aṅguttara Nikāya와 비교할 때, 한역 『증일아함경』에 등장하는
　 이러한 대승적 시각은 후대에　삽입된 것임을 알 수 있다.

면, '나의 삶은 이제 다 끝났다. 청정한 수행을 모두 완성했고, 할 일을 다 마
쳤으니 내생에 다시 태어나지 않을 것을 내 스스로 아노라'라는 것을 능히 깨
달을 수 있느니라. 무상함을 관찰하는 것과 마찬가지로, 고(苦), 공(空), 비아
(非我)를 관찰하거라.[4]

초기불전에서 말하는 불교수행의 목적은 현생에 당장 모든 번뇌를 제거하
고 아라한이 되는 것이었다. 아라한이 된 자는 내생에 다시는 태어나지 않는
다. 다시는 이 괴로운 윤회의 세계에 태어나지 않는다. 그렇다고 해서 다른
어떤 곳에 태어난다는 말도 아니다. 지금까지 무량겁에 걸쳐 계속되어 온 생
존을 마감하는 것이다. 세속에 대한 애착이 남아 있는 사람의 경우 다시 태어
나지 않는 열반은 공포로 느껴질지 모른다. 그러나 위의 인용문에서 가르치
듯이, 색, 수, 상, 행, 식이 모두 무상하다는 점, 다시 말해 쉼 없이 변해가기에
그 어디에도 안주할 곳이 없다는 점에 대해 철저히 자각한 수행자는 색, 수,
상, 행, 식이 궁극적으로 괴로운 것[苦]일 뿐임을 알고, 그 모두 실체가 없어
서[空] 영원한 아뜨만일 수 없음[非我]을 알게 되어 다시는 태어나지 않는
해탈을 진정으로 희구하게 된다.

이렇게 초기불전에서 부처님은 제자들에게 내생에 다시 태어나지 않는 해
탈을 가르칠 뿐 보살의 이념을 가르치지도 않고 부처와 아라한을 구분하지도
않는다. 그리고 이런 해탈은 먼 미래에 일어나는 것이 아니라, 현생에 완성될
수 있다. 혹 세속에 대한 집착의 일부가 아직 남아 있는 경우에는 내생에 색
계의 하늘나라에 태어나 열반하는 아나함이 되거나, 내생에 한 번은 욕계에
태어난 후 그 다음에 색계의 하늘나라에 태어나 열반하는 사다함, 또는 내생

---

4) 爾時 世尊告諸比丘 當觀色無常 如是觀者 則爲正觀 正觀者 則生厭離 厭離者 喜
　貪盡 喜貪盡者 說心解脫 如是觀受想行識無常 如是觀者 則爲正觀 正觀者 則生厭
　離 厭離者 喜貪盡 喜貪盡者 說心解脫 如是 比丘 心解脫者 若欲自證 則能自證
　我生已盡 梵行已立 所作已作 自知不受後有 如觀無常 苦空非我亦復如是:『잡아
　함경』, 대정장2, p.1a.

에 많아야 일곱 번 욕계에 태어난 후 그 다음에 색계의 하늘나라에 태어나 열반하는 수다원이 된다. 어쨌든, 부처와 아라한을 구분하지 않고, 궁극적으로는 내생에 다시 태어나지 않는 것을 지향할 뿐이란 점에서 초기불교의 모든 가르침은 공통된다. 초기불전에서는 부처든 아라한이든 모두 아라한이라고 불릴 뿐이다.

그러면 선의 경우를 보자. 선사들이 아라한이나 보살, 또는 부처의 구분을 거론하긴 하지만, 선 수행의 범위 내에서는 이런 구분이 사라진다. 수행을 통해 성불하든, 아니면 본래 부처임을 자각하든 선 수행자는 단지 '깨달음'을 지향할 뿐이다. 그리고 선 수행자가 깨달음을 얻는 시기(時期)는 대승에서 말하듯이 3아승기 100겁 이후가 아니라 바로 현생이다. 선 수행자는 현생에서 자신이 본래 부처였음을 자각한다. 자신뿐만 아니라 두두물물 가운데 부처 아닌 것이 없음을 자각한다. 그러나 앞에서 설명했듯이, 대승에서 말하는 부처이기 위해서는 태어날 때부터 32상 80종호의 육체를 갖고 있었어야 한다. 그러나 선 수행에서는 이런 부처의 상호를 수행자에게 요구하지 않는다. 그렇다면 선 수행자가 말하는 부처는 결코 대승교학에서 말하는 부처일 수는 없다. 그러면 무엇인가? 깨달은 선사의 정체는 도대체 무엇이란 말인가?

여기서 아라한이라든지, 부처라는 이름을 모두 지워버리고 초기불교의 수행과 선 수행의 의미만을 비교해 보자. 그럴 때 초기불교의 수행과 선 수행의 공통점이 발견된다. 첫째는 양쪽 모두 그 수행 목표를 현생에 달성한다는 점이고, 둘째는 양쪽 모두 '깨달은 자'를 양분하지 않는다는 점이다. 초기불교의 경우도 현생에 해탈, 열반하는 것이 목적이고, 선의 경우도 현생에 깨달음을 얻는 것이 목적이다. 또 초기불교의 경우 부처든 아라한이든 해탈한 자 모두 '아라한'으로 동등한데, 선의 경우에도 부처와 아라한과 보살의 구분 없이 '깨달은 자'만 거론할 뿐이다. 깨달은 자에 대해 부여하는 호칭이 서로 다를지 몰라도, 수행의 궁극에 도달한 성자를 다시 구분하지 않는다는 점에서 초기불교와 선은 공통된다.

초기불전에는 아직 대승적인 성불의 교리가 등장하지 않았다. 그러나 아비달마 논서에 이르러 부처와 아라한의 차별이 발생하였고, 석가모니 한 개인의 전생을 의미할 뿐이었던 보살이라는 호칭이 대승불자들에 대한 일반적 호칭으로 바뀌면서 3아승기 100겁의 수행이라든지 무주열반(無住涅槃)이라는 엄청난 이념들이 탄생했던 것이다. 그러나 선 불교가 등장하면서 이런 대승의 이상 모두가 허물어진다. '수행자는 현생에 모든 것을 끝낸다. 깨달은 자는 오직 한 종류일 뿐이다.' 대승의 허구를 깨고 초기불전에 나타난 불교의 참 뜻을 다시 살려낸 것이 바로 선인 것이다.

Ⅲ. 간화선에 대한 인도불교적 조망

조주(趙州: 778-863) 스님에게 어떤 제자가 물었다. '스님, 개에게도 불성(佛性)이 있습니까?' 『열반경』에서는 '모든 생명체에게 불성이 있다'고 가르친다. 그 제자 역시 이런 가르침을 알고 있기는 하지만, 도대체 개와 같은 미물에게도 불성이 있는지 궁금하였다. 만약 『열반경』의 가르침에 따른다면, '개에게도 불성이 있다'고 대답했어야 한다. 그러나 조주 스님은 '없다'고 대답했다.

여기서 의문이 생긴다. 조주 스님은 왜 개에게 불성이 없다고 하셨을까? 조주 스님은 『열반경』의 가르침을 거스르며 왜 개에게 불성이 없다고 하셨을까? 참선 수행자는 가부좌 틀고 앉아 호흡을 가다듬은 후 이와 같은 화두를 들고 그 답을 찾아내기 위해 몇 달, 몇 년을 노력한다. 화두를 풀기 위해 머리를 굴려서는 안 된다. 단지 의문만 강화시키면 된다. 조주스님은 왜 개에게 불성이 없다[무(無)]고 했을까? 조주스님은 왜 무(無)라고 했을까? 왜 무(無)라고 했을까? … 이것이 참선하는 방법이다. 앞이 꽉 막혀 있다. 출구가 없다. 너무 궁금하고 참으로 의심스러운 '화두'만이 마치 은산철벽(銀山鐵壁)과 같이 앞을 가로막고 있을 뿐이다. 조주가 내린 '무'(無)라는 답을 '있음'에 대립되는 '없음'이라고 이해해서는 안 된다. 그렇다고 '있음'이라고 이해해도 안 되며, '있음도 아니고 없음도 아니다'라고 이해해도 안 된다. 조주의 '무'자에 대해 우리의 생각을 집어넣을 수가 없다. 이것이 화두이다. 백 척이나 되는 긴 장대 끝에 올라갔을 때 더 이상 발을 디딜 곳이 없듯이, 칠통(漆桶) 속에 들어간 쥐가 막다른 곳에 다다라 옴짝달싹 못하듯이, 화두를 대하고 있으면 더 이상 생각이 나아갈 곳이 없다. 그러나 의심만 떠올리며 집요하게 물어 들어가다가 은산철벽과 같던 화두가 와르르 무너질 때, 백 척의 장대 끝에서 한 걸음 더 나아갈 때, 캄캄한 칠통이 탁 깨질 때 깨달음이 열린다.

그런데 간화선에서 화두를 들 때 우리의 생각이 나아갈 곳을 이렇게 모두 막는다는 점은 용수(龍樹: 150-250경)의 『중론』과 그 방식이 일치한다. 『중론』 역시 주어진 문제에 대한 사구적(四句的)인 대답을 모두 막아버리기 때문이다. 예를 들어 씨앗에서 싹이 발생할 때 ①'씨앗에 있던 싹이 발생한다'고 해도 옳지 않고, ②'씨앗에 없던 싹이 발생한다'고 해도 옳지 않으며, ③'씨앗에 있으면서 없던 싹이 발생한다'고 해도 옳지 않고, ④'씨앗에 있지도 않고 없지도 않던 싹이 발생한다'고 해도 옳지 않다.

첫째, 싹이 씨앗 속에 미리 존재했다면 싹이 다시 발생할 필요가 없을 것이다. 미리 존재하는 것을 다시 만들어낼 필요가 없기 때문이다. 미리 존재하는데도 굳이 다시 만들어 낸다면 싹이 두 개로 되는 오류에 빠진다. '애초에 싹을 만들기 위해 씨앗 속에 존재하던 싹'과 '나중에 만들어져 발생한 싹'이라는 두 가지 싹이 존재해야 하기 때문이다. 앞의 것은 싹을 '발생케 하는 싹'이고 뒤의 것은 그렇게 해서 '발생된 싹'이다. 그러나 하나는 두 개가 될 수 없다. 씨앗에서 싹이 발생하는 과정에 대해 제1구의 방식으로 이해하면 이렇게 하나가 두 개로 되는 잘못이 있게 된다.

둘째, 그와 반대로 어떤 싹이 애초의 씨앗 속에 전혀 존재하지 않는다고 해도 오류에 빠진다. 애초의 씨앗은 싹과 아무 관계가 없다는 뜻이기 때문이다. 애초의 씨앗이 거기서 나올 싹과 아무 관계가 없는데도 어떤 싹이 발생한다면, 그 싹과 관계가 없는 다른 모든 곳에서도 그 싹이 나올 수 있어야 할 것이다. 예를 들어 감자 싹이 그와 무관한 사과 씨에서 나올 수 있어야하고 조약돌을 심어도 사과 싹이 나올 수 있어야하리라. 그러나 이 세상에서 그런 일은 일어나지 않는다. 씨앗에서 싹이 발생하는 과정에 대한 제2구적 이해 역시 이렇게 오류에 빠진다.

씨앗과 싹의 관계에 대한 흑백논리적인 생각, 즉 '씨앗 속에 존재하던 싹이 발생한다'거나 '씨앗 속에 존재하지 않던 싹이 발생한다'는 상반된 두 가지 이론이 모두 논리의 오류를 범하기 때문에, 어떤 사람은 '싹 전체'가 아니라 '싹의 요소'가 씨앗 속에 있는 것이라는 제3의 이론을 제시할 수도 있을 것이다. 그런데 '싹의 요소가 씨앗 속에 있다'는 판단은 '싹의 일부는 씨앗 속에 있고, 다른 일부는 씨앗 속에 없다'는 판단으로 재해석되며, 중관논리로 풀면 이는 결국 '싹이 씨앗 속에 있으면서 없다'는 제3구의 판단이 될 뿐이다. 무언가가 있으면서 동시에 없다는 것은 모순된다. 마치 빛과 어둠이 공존할 수 없듯이 있음과 없음은 공존할 수 없기 때문이다.

다른 사람은 그와 반대로 싹이 씨앗 속에 있는 것도 아니고, 없는 것도 아니라는 제4의 대안을 제시할 지도 모른다. 중관논리에서 볼 때 이는 제4구 판단인데, 있음도 부정하고 없음도 부정하는 제4구 판단은 '흑백논리로 작동하는 우리의 사유'의 세계에 들어 올 수 없는 무의미한 판단이기에 비판된다.

이렇게 '씨앗에서 싹이 발생하는 과정'에 대해 그 어떤 이론도 구성할 수 없는 것이다. 다시 말해 우리의 생각을 집어넣을 수 없는 것이다. '개에게도

불성이 있는가?'라는 물음에 대한 '무'(無)라는 답에 대해 '없다'[제2구]거나
'있다'[제1구]거나 '있지도 않고 없지도 않다'[제4구]는 그 어떤 해석도 옳을
수가 없었듯이, 『중론』에서는 그 어떤 판단이라고 하더라도 그에 대한 우리
의 사구적인 해석을 비판하며 우리의 생각을 궁지로 몰아가 버린다. 예를 들
어 '비가 내린다'고 말할 때에도, 이 말을 '내림을 갖는 비가 내린다'고 해석
할 수도 없고, '내림을 갖지 않은 비가 내린다'고 해석할 수도 없다. 전자는
제1구적 해석이고, 후자는 제2구적 해석이다. '내림을 갖는 비가 내린다'고
제1구적으로 해석하면 내림이 두 번 존재하는 꼴이 된다. 이는 '역전(驛前)
앞'이나 '처가(妻家) 집'과 같은 중복표현이 될 뿐이다. 그와 반대로 '내림을
갖지 않은 비가 내린다'고 제2구적으로 해석하면 사실에 위배된다. '내림을
갖지 않은 비'는 이 세상 그 어디에도 없기 때문이다. 이 때 우리의 생각은
이럴 수도 없고 저럴 수도 없는 딜레마에 빠져 버린다. 칠통 속의 쥐와 같이
옴짝달싹할 수가 없다.

간화선과『중론』모두 이렇게 우리의 분별적 사유를 차단함으로써 우리를
지적인 깨달음의 세계로 인도한다는 점에서 그 목적이 일치하기긴 하지만 그
방식은 전혀 다르다. 전자는 직관을 사용하고, 후자는 분석을 사용한다. 직관
은 순간적이고 전체적으로 일어나지만 지극히 주관적 방법이고, 분석은 누구
나 동참할 수 있는 객관적 방법이긴 하지만 장시간을 요하며 그 조망이 부분
적이기 쉽다. 어쨌든 간화선의 방식은『중론』의 사구비판에 그 맥이 닿아 있
다.

또, 사유의 출구를 모두 막아버리는『중론』의 사구비판이 초기불교 경전
의 무기설(無記說)에 그 뿌리를 두고 있듯이,5) 간화선 역시 무기설과 대비시
킬 때 그 진정한 취지가 되살아난다. 부처님은 몇 가지 형이상학적 문제에
대해 답을 하지 않고 침묵을 지키셨다. 그런데 그런 형이상학적 문제들은 모

---

5) 무르띠 저, 김성철 역, 『불교의 중심철학』, 경서원, pp.87-120 참조.

두 사구로 배열되어 있었다. 예를 들어 '이 세상과 자아가 상주하는지' 여부에 대해 질문자는 다음과 같이 묻는다. '이 세상과 자아는 ①상주하는가, ②무상한가, ③상주하면서 무상한가, ④상주하지도 않고 무상하지도 않은가?' 그리고 부처님은 이 네 가지 판단 가운데 그 어떤 것도 수용하지 않고 침묵하셨다. 간화선에서 '개에게 불성이 있는가?'라는 질문에 대한 조주 스님의 '무' (無)라는 대답을 ①'있다'거나 ②'없다'거나 ④'있지도 않고 없지도 않다'고 이해하는 것이 모두 틀리듯이, '이 세상과 자아의 한계'에 대해 사구(四句) 가운데 그 어떤 판단으로 이해해도 모두 옳지 않은 것이다. 간화선 수행자는 사구분별의 출구를 모두 막고 은산철벽과 같은 화두를 대면하고 앉아 있는데, 『중론』에서는 논리적 분석의 몽둥이로 우리의 사구분별 하나 하나를 모두 부수어 버린다. 그리고 무기설에서는 사구로 배열된 형이상학적 의문들에 대해 부처님이 은산철벽과 같이 침묵하신다.

Ⅳ. 맺는 말: 의미있는 선 수행이 되기 위한 전제 조건

지금까지 분석해 보았듯이 초기불교의 정신을 되살린 것이 선이라면, 선 수행을 하는 현대의 수행자들도 부처님 당시의 수행자들이 그랬듯이 대부분 깨달음을 얻어야 할 것이다. 그러나 현실은 그렇질 못하다. 왜 그럴까? 부처님 당시의 수행과 비교할 때, 지금의 선 수행에 무슨 문제가 있는 것은 아닐까?

이에 대한 답을 내기 위해서는 문제를 아주 쉽게 생각해 보아야 한다. 아주 단순하게 생각해 보아야 한다. 소승이라거나, 대승이라거나, 금강승이라거나, 최상승이라는 복잡다단한 교학적 분별을 모두 지워버리고 아주 단순하게 생각해 보자. 도대체 우리가 불교 수행을 하는 목표는 무엇일까? 답은 아주 간단하다. 한 마디로 말해 '부처님'과 같이 되기 위해서이다. 그 이상도 아니고 그 이하도 아니다. 그러나 내가 그대로 네가 될 수 없고, 이 나무가 그대로 저 나무가 될 수 없듯이 우리가 그대로 석가모니 부처님이 될 수는 없다. 우리는 단지 부처님과 같이 될 수 있을 뿐이다. 그리고 부처님과 같이 된다는 것은 부처님을 닮는다는 것을 의미하며, 부처님의 몸과 마음 중 그 마음을 닮는 것을 의미한다.

이제 문제는 아주 단순해졌다. 우리는 부처님의 마음을 닮기 위해 수행을 한다. 그런데 부처님의 마음을 닮는다고 할 때 우리가 간과해서는 안 될 점이 있다. 부처님의 마음에는 두 가지가 있다는 점이다. 하나는 석가모니 부처님이 태어날 때부터 갖추고 있던 '감성'이고 다른 하나는 출가 후 성도하여 체득한 '깨달음'이다. 그리고 문제는 대부분의 선 수행자가 이 가운데 '깨달음'만을 체득하기 위해 수행한다는 데 있다. 보리수 아래 앉아 체득한 부처님의 깨달음은 지적(知的)인 깨달음이다. 무명이 타파되면서 연기의 이치를 자각하신 지적인 깨달음이다. 그러나 부처님은 출가하기 전부터 우리와 다른 위대한 '감성'을 갖추고 계셨다. 하나는 모든 생명체를 자신의 몸과 같이 대하는 '자비심'이고, 다른 하나는 세속적인 쾌락을 싫어하는 '염리심'(厭離心)이다. 12살 어린 나이의 싯다르타 태자가 농경제에 참가했을 때, 밭이랑에서 꿈틀대던 벌레를 날아가던 새가 채가고 그 새 역시 큰 새에게 잡아먹히는 것을 보고 비감에 젖었다는 일화가 부처님의 '자비심'을 입증하고, 쓰러져 잠에 든 궁녀들의 모습에 역겨움을 느끼며 화려한 왕궁을 버리고 출가했다는 일화가 '염리심'을 증명한다. 석가모니 부처님의 경우는 이런 감성이 완성된 상태로 태어났기에 보리수 아래 앉아 지적인 수행만 하면 되었다. 그러나 우리는 그렇질 못하다. 우리는 남에게 화내고, 시기하고, 남을 미워한 적도 있으며, 재물이나 명예나 이성(異性)에 대한 욕망을 모두 버리지 못하고 있다. 다시 말해 탐, 진, 치의 삼독심을 모두 갖고 태어나 그것을 모두 버리지 못하고 살아가는 것이 우리들이란 말이다. 삼독심 가운데 탐심은 부정관 수행을 통해 정화할 수 있고, 진심은 자비관 수행을 통해 정화할 수 있으며, 치심은 연기관 수행을 통해 정화할 수 있다고 한다. 따라서 우리가 석가모니 부처님의 마음 전체를 닮기 위해서는 선 수행을 통해 지적인 깨달음을 추구하기 전에, 탐심과 진심을 가라앉히는 부정관과 자비관을 닦음으로써 우리의 감성을 정화해야 한다. 다시 말해 부처님께서 보리수 아래 앉아 체득하신 지적인 깨달음을 체득하기 이전에, 부처님께서 보리수 아래에 앉기 전부터 갖고 있던 두 가지 마음, 즉 염리심과 자비심을 먼저 체득해야 한다는 말이다.

'견성 후에도 습기를 제거해야 한다'든지, '견성 후에 보림[보임(保任)]한다'는 말이 선가의 격언으로 회자되어 온 것은 '선 수행'만으로는 탐욕이나 분노, 교만과 같은 '감성의 문제'가 해결되지 않았기 때문일 것이다. 혹, 견성 후에 습기를 제거하지 않을 경우 어떻게 될 것인가? …… 가장 안전한 것은 부처님의 자취를 그대로 따르는 것이리라. 다시 말해 감성의 문제를 모두 해결한 다음 지적인 수행에 들어가야 한다.

나를 향해 끄는 마음인 탐욕은 나로부터 미는 수행인 부정관을 통해 제거되고, 나로부터 미는 마음인 분노심은 나를 향해 끄는 수행인 자비관을 통해 제거되며, 나를 높이는 마음인 교만심은 나를 낮추는 마음인 하심에 의해 제거된다. 그리고 율(律)의 준수와 자자, 포살 의식은 이렇게 감성을 조련(調練)하는 과정에서 수준기(水準器)와 같은 역할을 한다. 이런 감성 수행들이 선 수행을 뒷받침할 때 선 수행은 비로소 그 진가를 발휘할 수 있을 것이다.

깨달음이란? – 인지와 감성의 해체

Ⅰ. 쌓는 것은 지식, 허무는 것은 지혜

Ⅰ. 쌓는 것은 지식, 허무는 것은 지혜

Ⅱ. 반야의 지혜와 색즉시공

Ⅲ. 형상뿐만 아니라 모든 것이 공하다

Ⅳ. 공을 체득한 선승의 깨달음

Ⅴ. 눈도 없고, 죽음도 없고, 시간도 없다

  1. 눈도 없고 시각대상도 없다

  2. 삶도 없고 죽음도 없다

  3. 시간은 존재하지 않는다

Ⅵ. 모든 개념에는 테두리가 없다

Ⅶ. 죽었다가 살아나기

Ⅷ. 해체 이후의 적극적 삶 – 이타(利他)와 분별

Ⅰ. 쌓는 것은 지식, 허무는 것은 지혜

"학문을 하면 나날이 늘어나고, 도를 닦으면 나날이 줄어든다(為學日益 為道日損, 위학일익 위도일손)." 노자 『도덕경』의 가르침이다. 많이 보고, 많이 읽고, 많이 체험할 때 우리의 지식은 늘어난다. 박학다식을 지향하는 것이 학문의 길이다. 그러나 깨달음의 길은 그 방향이 정반대다. 선천적으로 알고 있는 것이든, 세간의 교육을 통해 배운 것이든 모두 비우고 버릴 때 우리에게 지혜가 생긴다. 지식은 쌓아서 이룩되는 반면에, 지혜는 허물어서 만난다.

앎의 영역에서 지식은 양적(量的) 개념이고 지혜는 질적(質的) 개념이다. 지식을 의미하는 '알 지(知)'자 밑에 날 일(日)변이 붙으면 '지혜 지(智)'자가 된다. 지식은 그저 아는 것일 뿐이지만 지혜는 태양(日)처럼 밝은 앎이다. 새벽에 해가 뜨면서 삼라만상이 보다 뚜렷하게 보이듯이, 지혜의 세척을 거쳐야 지식은 보다 분명해진다. 삼라만상이 그러하듯이 지식은 다양하지만, 태양빛이 그러하듯이 지혜는 단일하다.

Ⅱ. 반야의 지혜와 색즉시공

인도(印度)인들은 지식을 즈냐(jña)라고 불렀고, 지혜를 쁘라즈냐(prajñā)라고 불렀다. 'jña'라는 단어 앞에 '뛰어남'을 의미하는 접두어 'pra'를 덧대어 만든 말이다. 중국의 번역가들은 쁘라즈냐를 반야(般若)라고 음역하였다. 반야는 '가장 뛰어난 앎'을 의미한다.

궁극적 지혜인 반야를 발견한 중국의 혜능 스님은 "원래 아무 것도 없다 (本來無一物, 본래무일물)."고 노래하였다. 원래 없다는 반야의 조망은 공 (空)이라고 표현되기도 한다. 텅 비었다는 뜻이다. 실체가 없다는 뜻이다. 가장 짧은 불전(佛典)인 『반야심경(般若心經)』에서는 이러한 반야의 핵심을 가르친다. 형상도 공하고, 느낌도 공하고, 생각도 공하고, 의지도 공하고, 마음도 공하다. 깨닫고 보니 모든 것이 허물어진다. 우리가 체험하는 모든 것이 사상누각과 같이 전혀 근거 없는 것이라는 뜻이다.

『반야심경』에서는 "형상이 공하다."는 조망을 '색즉시공(色卽是空)'이라고 표현한다. "재색(才色)을 겸비했다."거나 "색스럽다."라는 말에서 보듯이 일반적으로 색이란 말은 미모나 여성으로서의 매력을 의미한다. 수 년 전 영화의 제목으로 사용된 '색즉시공'에는 그런 의미가 담겨 있을 것이다. 그러나 이는 색즉시공의 원래 의미와 아무 관계가 없다. 색즉시공이란 말은 "모든 형상은 실체를 갖지 않는다."는 것을 의미한다.

Ⅲ. 형상뿐만 아니라 모든 것이 공하다

간단한 예를 들어 색즉시공을 설명하면 다음과 같다. 어떤 막대기를 보고서 "참으로 길다."고 생각할 수 있다. 그 막대기가 '긺'이라는 형상을 갖는다는 생각이다. 그러나 그 막대기가 원래, 항상 길기 때문에 '길다'는 생각이 든 것은 아니다. 어떤 짧은 막대기를 염두에 두고 있었기에 그 막대기에 대해 '길다'는 생각을 떠올린 것이다. 만일 더 긴 막대기를 염두에 두고 있었다면 그 막대기에 대해 '짧다'는 생각이 떠올랐을 것이다. 동일한 길이의 하나의 막대기인데도, 무엇을 염두에 두고 있었는가에 따라 그 길이가 길게 생각되기도 하고 짧게 생각되기도 한다. 그 막대기는 원래 긴 것도 아니고 짧은 것도 아니다. 이런 조망을 한문으로 '비장비단(非長非短)'이라고 표현할 수 있을 것이다. 그 어떤 막대기든 원래 짧지도 않고 길지도 않다. 그 어떤 막대기든 그 길이에 실체가 없다. 즉 모든 막대기의 길이는 공하다. 이것이 "형상은 공하다."는 조망의 한 예이다.

큼과 작음의 경우도 마찬가지다. 어떤 방에 처음 들어가 "방의 크기가 참으로 크다."는 생각이 들 수가 있다. 그러나 그런 생각이 드는 것은 그 방의 크기가 원래 크기 때문이 아니라, 방에 들어가기 전에 작은 방을 염두에 두고 있었기 때문이다. 예쁨과 못생김도 마찬가지다. 잘남과 못남도 마찬가지다. 부유함과 가난함, 머리가 좋음과 나쁨, 건강함과 허약함, 빠름과 느림 등등 모두 상대적 비교를 통해 떠오르는 생각들일 뿐이다. 원래 큰 방도 없고, 원래 작은 방도 없는데 우리의 인식에 큰 방과 작은 방이 동시에 출현한다. 하나는 생각 속에 염두에 두고 있던 작은 방이고 다른 하나는 눈앞에 보이는 큰 방이다. 우리의 생각을 구성하는 그 어떤 개념들도 홀로 발생한 것은 없다. 반드시 대립쌍과 함께 발생한다. 이렇게 상대적 비교를 통해 발생하는 과정을 불교전문용어로 '연기(緣起)'라고 부른다. 얽혀서[緣] 발생한다[起]는 의미이다. 형상만 공한 것이 아니라, 우리의 생각이나 느낌 등 모든 것이 공하다. 실체가 없다. 세상에 실재하는 것이 아니다.

Ⅳ. 공을 체득한 선승의 깨달음

공에 대한 조망이 깊어질 때 세상이 무너진다. 그 전까지 실재한다고 생각했던 세상만사가 모두 사상누각과 같은 것이었음을 자각하게 된다. 『도덕경』에서 노래하듯이 줄어들고 줄어들어서 결국 세상의 끝인 무(無)와 만나는 것이다[損之又損 以至於無爲, 손지우손 이지어무위]. 일제강점기에 우리나라 사람으로서 최초로 판사에 임용되었다가 홀연 출가하여 구도자의 삶을 살았던 효봉 스님은 자신의 깨달음을 다음과 같이 노래했다.

海底燕巢鹿胞卵 해저연소록포란 / 바다 밑 제비 집에 사슴이 알을 품고
火中蛛室魚煎茶 화중주실어전다 / 타는 불 속 거미집에 물고기가 차를 달이네
此家消息誰能識 차가소식수능식 / 이 집안 소식을 뉘라서 알랴
白雲西飛月東走 백운서비월동주 / 흰 구름은 서쪽으로 달은 동쪽으로 …

물고기가 사는 바다 밑에 공중을 나는 제비의 집이 있고, 그 집에서 포유류인 사슴이 알을 낳아 품고 있으며, 활활 타는 불 속에서는 바다 속에 사는

물고기가 거미줄을 치고 앉아 녹차 물을 끓이고 있다는 말이다. 언어가 무너지고, 세상이 무너져 있다. 과거 선승들의 문답 역시 기상천외하다.

부처님은 어떤 분인가? → 마른 똥 막대기다!
달마스님이 인도에서 오신 목적은? → 뜰 앞의 잣[측백]나무다!
개에게도 부처의 성품이 있는가? → 없다!

제자는 부처의 자비와 지혜에 대해 물었다. 부처의 위대함에 대해 물었다. 그러나 스승은 의외의 답변을 한다. "마른 똥 막대기다[乾屎橛, 간시궐]!" 부처에 대한 모독이다. 지독한 우상파괴적 발언이다.

달마는 인도 왕자 출신의 승려로 중국에 건너와 선종을 개창한 성인이다. 제자는 이런 달마 스님이 중국에 온 목적[達磨西來意, 달마서래의]에 대해 물었다. 장황한 답을 기대했는데, 스승은 의외로 뜰 앞의 측백나무[庭前柏樹子, 정전백수자]를 가리킨다.

『열반경』이라는 불전에서는 모든 생명체에게 부처의 성품이 있다[一切衆生 悉有佛性, 일체중생 실유불성]고 가르친다. 그렇다면 우리 인간들이 조롱의 대상으로 삼는 개[犬, 견]에게도 불성이 있을 것이다. 그래서 제자는 개와 같은 짐승이 갖춘 불성이 무엇인지 물었다. 스승은 『열반경』의 가르침을 뒤엎으며 '무(無)'라고 답한다.

도대체 상식적인 대답이 하나도 없다. 그야말로 '선문답(禪問答)'이다. 지금이야 이런 선문답들이 전문수행자들의 '상식'이 되었지만, 과거에는 선승들의 답변 하나 하나가 모두 신선한 충격이었을 것이다. 이러한 문답의 공통점은 질문자의 의도가 스승에 의해 묵살되고 있다는 점이다. 스승의 충격적 답변으로 인해 제자의 세계관이 무너지면서 스승의 깨달음이 제자에게 전수된다. 일종의 '내림굿'이다.

Ⅴ. 눈도 없고, 죽음도 없고, 시간도 없다

1. 눈도 없고 시각대상도 없다

앞에서 공(空)에 대해 설명하면서 깊과 짧음, 큰 방과 작은 방, 예쁨과 못생김, 잘남과 못남, 부유함과 가난함, 머리가 좋음과 머리가 나쁨, 건강함과 허약함, 빠름과 느림 등과 같은 생각들이 모두 실재하는 것이 아니라고 말한 바 있다. 이러한 개념들 모두가 비교를 통해 떠오르는 것일 뿐 실재하는 것이 아니라는 점에 대해서는 조금만 곰곰이 생각해 보면 누구나 쉽게 이해할 수 있을 것이다. 그러나 불교의 공사상에서는 그런 상대적 개념들뿐만 아니라 우리 생각의 토대가 되는 모든 개념들이 실체를 갖는 것이 아니라고 가르친다. 『반야심경』에서는 "눈도 없고, 귀도 없고, 코도 없고, 혀도 없고, 몸도 없고, 생각도 없다[無眼耳鼻舌身意, 무안이비설신의]."고 가르치며, 깨달은 선승(禪僧)들은 심지어 '삶'도 없고 '죽음'도 없다고 토로한다.

눈이든, 귀든, 코든, 삶이든, 죽음이든 우리 생각의 토대가 되는 이런 모든 개념들은 이 세상에 원래 존재하는 것이 아니라 연기한 것들이다. 서로 서로 얽혀서 발생한 것이란 말이다. 그래서 실체가 없고 공하다. 마치 꿈을 꿀 때 모든 일들이 실재하는 것 같지만, 원래 있는 것이 아니듯이, 세상만사 역시 꿈과 같고 허깨비와 같이 실재하는 것이 아니라 공하다. 잠에서 깨어남으로써 그 전까지의 꿈이 허구였음을 알듯이, 세상만사가 축조되는 원리인 연기의 법칙에 대해 숙달할 때 우리는 세상만사가 꿈과 같은 허구임을 알게 된다. 공함을 알게 된다.

불교학의 여러 분야 가운데 '공(空)의 조망'과 공의 근거인 '연기(緣起)의 법칙'에 대해 논리적으로 가르치는 분야가 중관학(中觀學)이다. 중관이란 "중도(中道)를 관찰한다."는 뜻인데, 여기서 말하는 중도란 가운데의 그 무엇이 아니라 '양 극단에 대한 비판'을 의미한다. 양 극단이란 흑백논리의 양 극단이다. 형식논리의 양 극단이다. 중관이란 일종의 '순수이성비판'이다. 우리의 '따지는 능력(Reason)'에 대한 비판이다. 중관의 비판은 그 자체가 궁극이다. 이를 파사현정(破邪顯正)이라고 부른다. 흑과 백의 이분법에 대한 비판[破邪] 그 자체가 궁극적 깨달음을 드러낸다[顯正]는 의미이다.

우리는 무엇을 보고, 듣고, 냄새 맡고, 맛보고, 감촉하고, 생각하며 생활한다. 불전에서는 이런 체험을 일으키는 지각기관을 순서대로 안근(眼根), 이근(耳根), 비근(鼻根), 설근(舌根), 신근(身根), 의근(意根)라고 부르며, 그 각각의 대상을 색경(色境), 성경(聲境), 향경(香境), 미경(味境), 촉경(觸境), 법경(法境)이라고 부른다. 우리 몸에서 눈을 제거하면 시각의 세계 전체가 사라지기에 눈은 시각 세계에서 뿌리와 같은 역할을 한다. 감관의 이름에 '뿌리 근(根)'자를 붙인 이유다.

이 세상은 이러한 여섯 가지 지각기관과 여섯 가지 지각대상의 열두 가지 영역으로 이루어져 있으며 이를 십이처(十二處)라고 부른다. 이 세상에 이 열두 가지 이외의 것은 없다. 봄의 영역은 이 가운데 '눈[眼根]'과 '시각대상[色境]'이 만나서 이루어진다. 일반적으로 우리는 눈으로 시각대상을 본다거나 눈에 시각대상이 보인다고 생각한다. 그러나 『반야심경』에서는 눈도 실재하지 않고, 시각대상도 실재하지 않는다고 가르친다. 중관학의 전범(典範)인 『중론(中論)』에서는 눈이 실재하지 않는 이유에 대해 다음과 같이 노래한다.

눈이란 것은 스스로 자기 자신을 볼 수 없다.
스스로를 보지 못한다면 어떻게 다른 것을 보겠는가?
- 『중론』, 제3장, 제2게 -

내 눈을 보려고 해도 보이지 않는다. 내 손도 보이고, 나의 콧등도 보이지만 아무리 보려 해도 내 눈만은 보이지 않는다. 요리용 칼날로 두부도 자르고, 감자도 자르지만 칼날 그 자체만은 자를 수 없으며, 손가락으로 모든 사물을 다 가리키지만 손가락 그 자체만은 가리킬 수 없는 것과 같이, 눈에 온갖 사물들이 보이지만 눈 그 자체만은 보이지 않는다. 나의 눈이 있는 줄 알고 살았는데, 그런 내 눈의 존재가 확인되지 않는다. 내 눈이 없다.

혹자는 거울에 비추어 보면 내 눈의 존재가 확인된다고 반박할지 몰라도, 거울에 비친 눈은 진정한 눈이 아니다. 눈에 비친 시각대상이다. 불교용어로 표현하면 안근이 아니라 색경이다. 또 혹자는 손가락으로 만져보면 나에게 눈이 있는 것을 알 수 있다고 말할지 몰라도 손가락에 만져지는 눈동자의 감촉은 열두 가지 영역 가운데 촉경에 속할 뿐 안근은 아니다. 안근은 '보는 힘'을 의미하는데, 이런 보는 힘은 손가락에 만져지지 않는다. 또 다른 사람의 눈도 진정한 눈이 아니다. 다른 사람의 눈 역시 거울에 비친 나의 눈과 마찬가지로 시각대상인 색경의 영역에 속한다.

아무리 찾아보아도 '보는 힘'으로서의 안근의 존재는 확인되지 않는다. 『반야심경』에 등장하는 "눈이 없다[無眼 …]."는 경문에 대한 중관학의 논증이다. 이렇게 눈이 존재하지 않는다면, 눈에 비친 시각대상에 대해서도 시각대상이라고 이름 붙일 것도 없다. 눈이 있어야 시각대상이 있을 수 있는데 눈이 없기에 시각대상도 없다. 긴 것이 있어야 짧은 것이 있을 수 있는데, 긴 것을 배제하면 어떤 막대기에 대해 "짧다."고 이름 붙일 일도 없는 것과 마찬가지다. 눈도 없고, 시각대상도 없다는 조망을 터득했다고 해서 아무것도 보이지 않는다는 말이 아니다. 그 전까지 시각대상인 줄 알았던 눈앞의 풍경이 '대상성(對象性)'을 상실한다는 말이다. 공성의 조망을 통해 시각의 세계에서 눈과 시각대상이라는 개념이 증발한다. "눈으로 시각대상을 본다."는 말 역시 이 세상에서 실제로 일어나는 일에 대한 묘사가 아니라 우리의 생각이 만든 허구다. 상기한 『중론』 인용문에서 "스스로를 보지 못한다면 어떻게 다른 것을 보겠는가?"라고 반문하는 이유가 이에 있다.

이렇게 우리가 체험하는 '시각의 세계'에 원래 '눈[眼根, 안근]'이랄 것도 없고 '시각대상[色境, 색경]'이랄 것도 없으며 '무엇을 보는 일[眼識, 안식]'도 없는데 우리는 그런 한 덩어리의 시각의 세계에 분별의 선을 그어 "눈으로 시각대상을 본다."고 생각을 하고 말을 한다. '눈'이 있다고 설정하게 되면 '시각대상'과 '보는 작용'이 출현한다. 그 세 가지 모두 원래는 없는 것들인데 우리의 생각 속에서 서로 얽혀서[緣] 발생[起]하는 것이다. 연기(緣起)하는 것이다. 비단 눈이나 시각대상, 보는 작용뿐만 아니라 이 세상 만물이 모두 실재하는 것이 아니라 이렇게 '선긋기'를 통해 연기한 것들이다. 이 세상 만물은 모두 생각이 만든 것으로 원래 단 하나도 실재하지 않는다. 모든 것이 공(空)하다. 모든 것은 연기한 것들이기에 때문이다.

2. 삶도 없고 죽음도 없다

앞에서 눈과 시각대상이 실재하지 않는다는 점에 대해 『중론』에 의거해서 설명해 보았다. 긴 것과 짧은 것, 큰 방과 작은 방 등이 실재하지 않는다는 점은 누구나 이해할 수 있을 것이다. 그러나 눈과 시각대상이 실재하지 않는다는 점을 철저하게 이해하기는 쉽지 않다. 『중론』이라는 문헌에 의거할 때 "눈도 없고 … 시각대상도 없다."는 『반야심경』의 경문이 비로소 이해된다. 우리는 갖가지 개념들을 소재로 삼아 '생각'을 하게 되는데, 그런 개념들에 대한 고착의 정도는 천차만별이다. 김이나 짧음, 큼이나 작음과 같은 개념에 대해서는 고착의 정도가 약한 반면, 눈과 시각대상과 같은 개념들에 대해서는 고착의 정도가 강하다.

우리가 사용하는 개념 가운데 고착의 정도가 가장 강한 것이 '삶'과 '죽음'일 것이다. 많은 철학자, 종교인들이 '권력과 금력을 지향하는 동물적 생존'

이상의 삶을 추구하는 이유가 바로 '삶과 죽음'의 문제를 해결하고자 하기 때문이다. 깨달은 선승들은 '삶'도 없고 '죽음'도 없다고 선언한다. 그 이유는 무엇일까?

대부분의 사람들은 자신이 살아있고, 언젠가 죽을 것이라고 생각한다. 자신의 죽음을 자각할 때 우리는 종교에 의지하게 되고 철학의 길을 모색하게 된다. 그러한 '살아 있음'의 정체를 추구한 대표적 철학자들이 하이데거와 같은 실존주의자들이었다. 자연과학이나 과거의 철학은 존재하는 개개의 것들, 즉 '존재자(Seindes)'를 탐구하였는데 실존주의자들은 존재(Sein) 그 자체를 탐구하였다. "도대체 왜 세상 만물은 없지 않고 있는가?" 철학자 라이프니츠가 평생 품고 다녔던 존재에 대한 물음이다. 나는 지금 살아 있다. 그리고 언젠가 죽을 것이다. 나는 지금 존재한다. 그리고 언젠가 나의 존재는 사라질 것이다. 왜 나를 포함한 모든 생명은 죽어야 하는가?

그런데 이런 의문을 해결하고자 할 때 불교의 접근방식은 독특하다. 의문에 대해 답을 내려 하지 않고, 의문이 타당성 여부를 점검한다. "개똥밭에 굴러도 이승이 좋다."는 속담에서 보듯이 우리가 살아있다고 생각하는 것은 아직 죽지 않았기 때문이다. 이승이 좋은 이유는 죽음 후의 세계가 두렵기 때문이다. 내가 지금 존재한다고 생각하는 것은 내가 지금 없지 않기 때문이다. 탄생하기 전에 나는 없었고, 죽음 후에 나는 없을 것이라는 점만이 우리 생각으로 알 수 있는 분명한 사실인 듯하다. 탄생 전의 '무(無)'와 죽음 후의 무(無)를 염두에 두고서 우리는 지금 존재한다[有]고 생각하고 살아있다고 생각한다. 그러나 여기서 곰곰이 생각해 보자. 탄생 전의 무(無)를 내가 만난 적이 있는가? 죽음 후의 무를 내가 만날 수가 있을까? 그렇지 않다. 탄생 전의 무는 나와 대면한 적이 없고, 죽음 후의 무 역시 나와 대면할 수가 없다. 그런데 마치 '탄생 전의 무'와 '죽음 후의 무'를 내가 체험했거나 체험할 수 있는 것처럼 전제하고서, 지금의 이 순간에 대해 '유(有)'라거나 "살아있다."

고 규정을 하는 것이다. 우리는 탄생 전의 무를 체험한 적이 없고, 죽음 후의 무 역시 체험할 수가 없다. 따라서 지금 체험하는 이 순간이 '유'일 것도 없고, '삶'일 것도 없다. '무'를 체험한 적도 없고 체험할 수도 없기에 지금 이 순간 우리는 '유'를 체험하고 있는 것도 아니다. 따라서 나는 지금 살아있는 것도 아니다. 그리고 내가 지금 확고하게 살아있어야 나의 죽음이 있을 수 있는데, 지금 살아있는 것도 아니기에 죽을 것도 없다. 삶도 원래 없고 죽음 도 원래 없다. 삶과 죽음 모두 우리의 생각이 만든 이름일 뿐이다. 죽음을 염두에 두기에 지금 살아 있다는 생각을 하게 되고, 지금 살아 있다는 생각을 하기에 죽을 것을 두려워한다. 긴 것과 짧은 것이 원래 있는 것이 아니라 연기(緣起)한 것이듯이 삶과 죽음 역시 원래 있는 것이 아니라 연기한 개념일 뿐이다. 삶도 공하고 죽음도 공하다. 비트겐슈타인 역시 죽음에 대해 이상의 논의와 유사한 내용의 글을 남기고 있다. 『논리-철학 논고』에서 비트겐슈타 인은 다음과 같이 말한다.

> 비록 죽으면 세계는 바뀌는 것이 아니라 끝나는 것이기는 하지만(6.431), 죽음은 삶의 사건이 아니다. 죽음은 체험되지 않는다(6.4311).

비트겐슈타인은 자신의 다른 저술 어디에서도 죽음에 대해 이 이상 논의 하지 않는다. 누구든 곰곰이 생각해 보면 자신의 죽음을 체험할 수 없다는 비트겐슈타인의 통찰에 공감할 수 있을 것이다. 그런데 "삶도 없고 죽음도 없다."는 선승의 토로가 비트겐슈타인을 통찰보다 더 깊은 이유는 그 바탕에 '연기(緣起)의 법칙'이 깔려 있다는 점에 있다. 큰 방과 작은 방이 원래 존재 하는 것이 아니라 연기한 것이듯이, 삶과 죽음 역시 원래 존재하는 것이 아니 라 연기한 것이다. 석가모니에 의해 발견된 연기의 법칙에서는 불교의 종교 성은 물론이고 세계관, 윤리, 실천, 수행론 모든 것이 연역된다. 삶과 죽음이 원래 없다는 선승의 통찰은 연기법에 근거하여 도출되는 불교적 세계관에서 하나의 작은 조각일 뿐이다.

하이데거의 경우 존재에 대해 의문을 품었다는 점에서는 불교적 수행과 그 출발을 같이 하지만 종착점은 다르다. 하이데거의 철학에서는 '존재감'을 더 강화시키는 것을 궁극적 목표로 삼는다. 자신이 존재한다는 사실, 모든 것이 없지 않고 있다는 사실을 항상 자각하고 사는 사람을 하이데거는 '현존재(Dasein)'라고 불렀다. 라이프니츠와 같은 철학자가 현존재로서 살아간 사람이며 고흐나 세잔느와 같은 예술가의 그림에서도 '존재'에 대한 자각을 읽을 수 있다고 하이데거는 말한다. 하이데거의 철학은 유(有)와 무(無)에 대한 의문에서 출발했지만, 결국 유를 더욱 강화시킴으로써 자신의 철학을 마무리한다. 그러나 불교적 수행에서는 유를 강화시키는 것이 아니라 유와 무에 대한 의문을 해소시킨다. 유와 무, 존재와 비존재에 대한 생각 모두가 허구임을 자각함으로써 존재에 대한 의문을 해소시키는 것이다. 존재에 대한 의문이 허구의 의문이었음을 폭로한다. 지금의 우리는 살아 있다고 할 것도 없다. 따라서 죽을 것도 없다. 긴 것도 없고 짧은 것도 없으며, 큰 방도 없고 작은 방도 없으며, 눈도 없고 시각대상도 없듯이 삶도 없고 죽음도 없다.

3. 시간은 존재하지 않는다

모든 것이 공하다는 불교의 가르침을 체득하고자 할 때 어떤 심오하거나 난해한 방법을 사용하는 것이 아니다. 방법은 단순 명료하다. 그저 '있는 그대로(yathā-bhūtam, 如實)' 보면 된다. 시간이 실재하지 않는다는 통찰의 경우도 마찬가지다. 시간의 정체에 대해 그저 있는 그대로 보면 된다.

시간은 과거와 현재와 미래의 세 가지 시간대로 구성되어 있다. 흘러 지나간 것은 과거(過去)이고, 아직 오지 않은 것은 미래(未來)이며, 지금 존재하는 것이 현재(現在)이다. 세 가지 시간대를 부르는 한자어에 그 의미가 그대로 드러나 있다. 그러면 이러한 과거와 현재와 미래가 실재하는지 하나하나 검토해 보자.

우리는 과거를 만난 적이 있는가? 과거를 대면한 적이 있는가? 내 면전에 과거가 놓인 적이 있는가? 결코 그런 적이 없다. '흘러간 것'이 과거이기에 항상 현재 속에 사는 내가 과거와 대면할 수는 없는 노릇이다. 따라서 과거 그 자체는 체험되지 않는다. 과거는 내 면전에서 존재한 적이 없다.

미래 역시 마찬가지다. 미래는 아직 오지 않는 시간대이기에 우리는 미래를 대면할 수가 없다. 미래를 만날 수가 없다. 미래 역시 내 면전에 존재할 수가 없다.

과거는 지나가서 없고, 미래는 오지 않아 없기 때문에, 과거의 성현들은 "오직 현재에 충실하여라!"는 격언을 남기기도 했다. 그렇다면 이들 성현의 말씀처럼 과거와 미래는 없고 오직 현재만 있을 뿐인가? 현재는 지금 이 순간을 가리킨다. 필자에게는 자판(字板)을 두드리는 바로 지금의 이 순간이 현재이고, 독자에게는 이 글을 읽고 있는 바로 이 순간이 현재이다. 그러면 바로 이 순간인 현재는 그 길이가 얼마일까? 지금 이 순간의 몇 초 정도에 대해 현재라고 이름을 붙일 수 있을까? 현재의 길이가 1초 정도 될까? 그럴 수는 없을 것이다. 초침의 소리를 '똑-딱'이라고 흉내 낼 때, '똑' 하는 순간에 '딱'은 아직 오지 않은 미래이며, '딱' 하는 순간에 '똑'은 이미 지나가 버린 과거가 된다. 따라서 '똑-딱' 하고 발화하는 시간 전체가 현재일 수는 없다. 그렇다고 해서 더 짧게 '똑'이라는 한 글자를 발화하는 순간을 현재라고 규정할 수도 없다. '똑'이라는 소리를 '또-옥'이라고 풀 때 '또' 하는 순간에 '옥'은 미래이고 '옥' 하는 순간에 '또'는 과거가 된다. 현재의 길이는 0.1초일 수도 없고, 0.01초일 수도 없고 … 0.00001초일 수도 없다. 그 어떤 시간도 다시 과거와 미래로 양분되기 때문이다. 결국 현재는 증발하고 만다. 현재는 이미 지나가버린 과거와 아직 오지 않은 미래의 틈에 끼어 있을 곳이 없다!
이런 조망을 『중론』에서는 다음과 같이 표현한다.

> 이미 가버린 것은 가고 있지 않다. 아직 가지 않은 것도 역시 가고 있지 않다.
> 이미 가버린 것과 아직 가지 않은 것을 떠나서 지금 가고 있는 중인 것은 가
> 고 있지 않다.
>
> — 『중론』, 제2장, 제1게 —

과거는 지나가서 없고, 미래는 오지 않아 없으며, 현재는 과거와 미래 틈에
끼어 있을 곳이 없다. 시간은 과거와 현재와 미래로 구성되어 있는데, 과거와
미래와 현재 각각이 존재하지 않기 때문에 시간은 존재하지 않는다. 『금강경
』에서는 이런 통찰을 다음과 같이 표현한다.

> 과거의 마음도 포착할 수 없고,
> 현재의 마음도 포착할 수 없고,
> 미래의 마음도 포착할 수 없다.
> 過去心不可得 現在心不可得 未來心不可得
>
> — 『금강경』, 제18 일체동관분(一切同觀分) —

우리는 현재와 미래를 염두에 두고서 과거를 떠올리고, 과거와 미래를 염
두에 두고서 현재를 떠올리며, 과거와 현재를 염두에 두고서 미래를 떠올린
다. 이 모두 '생각' 속에서 일어나는 일이다. '체험'의 세계에는 과거도 없고,
미래도 없고, 현재도 없다. 따라서 과거, 현재, 미래로 구성되어 있는 시간
역시 실재하지 않는다.

Ⅵ. 모든 개념에는 테두리가 없다

깊과 짧음, 큼과 작음, 예쁨과 못생김, 잘남과 못남, 눈과 시각대상, 삶과 죽음, 과거와 현재와 미래의 시간 등은 실체가 없다. 이런 개념들은 우리의 생각이 만들어낸 것일 뿐 실재하는 것이 아니다. '생각' 속에는 이런 개념들을 떠올릴 수 있어도, '체험'의 세계에서 이런 개념들에 대응하는 고정불변의 사태(fact)나 사물(thing)을 만날 수가 없다. 생각 속에 떠오른 것이 모두 실재하는 것은 아니다. 생각 속에서는 '토끼의 뿔(兎角, 토각)'도 떠올릴 수 있고, '거북이의 털(龜毛, 구모)'도 떠올릴 수 있지만 체험의 세계에는 이 모두가 실재하지 않는다. 깊과 짧음 … 삶과 죽음, 과거와 현재와 미래 모두 토끼의 뿔이나 거북이의 털과 같이 실재하지 않는다.

그런데 이렇게 사물이나 사태에 대한 고정관념이 허구임을 자각하게 하는 또 다른 방법이 있다. 화엄학(華嚴學)의 조망이다. 화엄학이란 『화엄경』에 근거한 절대긍정의 사상이다. 앞에서 소개했던 『반야심경』에서는 이 세계에 대한 절대부정의 통찰을 노래하는 반면, 『화엄경』에서는 절대긍정의 통찰을 노래한다. 절대부정의 통찰에서는 모든 것이 다 공하지만[一切皆空, 일체개공], 절대긍정의 통찰에서는 하나를 들면 그대로 모든 것에 해당한다[一卽一切, 일즉일체]. 화엄적 조망으로 들어가기 전에 몇 가지 개념을 예로 들어 그 '테두리[외연, 범위]'가 실재하는지 검토해 보자.

'이마'에는 테두리가 없다. 이마 한 가운데가 이마인 것은 분명하지만, 주변으로 갈수록 이마의 의미가 흐려진다. 이마와 관자놀이의 경계부가 어디인지 확정할 수 없다. 코도 마찬가지고, 귀도 마찬가지고, 입술도 마찬가지다.

'아침'에는 테두리가 없다. 몇 시부터 몇 시까지가 아침인지 단정할 수 없다. '점심'에는 테두리가 없다. 몇 시부터 몇 시까지가 점심인지 단언할 수가 없다. '정오'라는 개념의 경우는 '태양이 상공의 정 중앙에 뜰 때'라는 약속이

되어 있기에 테두리가 있다. 그러나 약속은 생각이 만든 것일 뿐이며 체험의 세계인 자연(自然)에는 그 어떤 약속도 없다.

모든 개념은 테두리가 없기에 곰곰이 생각하면 그 외연이 무한히 확장된다. 그 어떤 개념이라고 해도 그 범위가 무한하다는 조망을 화엄학에서는 "하나가 곧 모든 것이다(一即一切, 일즉일체)."라거나 "하나 속에 모든 것이 들어있다(一中一切, 일중일체)."고 표현한다. 이제 몇 가지 개념을 예로 들어 그 외연에 대해 검토해 보자.

'우주'에는 테두리가 없다. 푸른 하늘 저 먼 곳을 우주라고 부르지만, 우리가 서 있는 바로 이곳도 우주가 아닐 수 없다. 내 뱃속도 우주이고 지구의 내부도 우주다. 이 세상에 우주 아닌 곳이 없다. 모든 곳이 우주다.

'시계'라는 개념 역시 테두리가 없다. 시침과 분침이 있어야 시계인 것만은 아니다. 디지털시계도 있고 모래시계도 있다. 1분 1초도 틀리지 않아야 시계인 것만은 아니다. 하늘의 달도 시계, 별도 시계, 해도 시계다. 달의 모양을 보면 날짜를 알 수 있고, 위치를 보면 시간을 알 수 있다. 별과 해의 위치를 보면 시간을 알 수 있다. "시계가 무엇인가?"라고 물을 때 모든 것이 시계가 아닐 수 없다. 내 육체도 시간을 나타낸다. 나이를 짐작할 수 있기 때문이다. 내가 있는 이 방도 시간을 나타낸다. 준공 후 얼마의 시간이 지났는지 짐작할 수 있기 때문이다. 모든 것이 시간을 나타낸다. 나의 컴퓨터, 전화기, 책, 볼펜 내 주변에 시계 아닌 것이 없다. 모든 것이 시계다.

'욕심' 역시 테두리가 없다. 식욕도 욕심이고 성욕도 욕심이고 명예욕도 욕심이고 재물욕도 욕심이지만, '공부를 잘 하려로 하는 것' 역시 욕심이다. '바르게 살고 싶은 것'도 욕심이고 '착하게 살고 싶은 것'도 욕심이다. 남에게 베풀고자 하는 것도 욕심이고, '깨달으려고 하는 것'도 욕심이다. 나쁜 욕심도 있고 좋은 욕심도 있지만, 이 세상에 우리의 욕심이 개입되지 않은 일은 없다. 고개를 들어도 들고 싶은 욕심 때문이며, 수업 중 졸아도 자고 싶은 욕심 때문이며, 자다가 깨도 깨고 싶은 욕심 때문이며, 심지어 '욕심을 내지 않으려고 하는 것' 역시 욕심에 속한다. 일거수일투족 욕심 아닌 것이 없다. 모든 것이 욕심이다.

'물질'에는 테두리가 없다. 모든 것이 물질이다. 서구의 유물론자들의 통찰이다.

'마음'에는 테두리가 없다. 그래서 불전에서는 "모든 것을 마음이 만들었다(一切唯心造, 일체유심조)"거나 '오직 마음만 있을 뿐(唯識, 유식)'이라고 가르친다.

'시작'에는 테두리가 없다. 바로 지금 이 순간에 나의 몸과 마음은 물론이고 산하대지, 우주만물의 모습이 모두 새롭게 시작되고 있다. 어떤 것은 시작하지 않고 어떤 것은 지금 시작하고 있고 어떤 것은 앞으로 시작할 것이 아니라 지금 이 순간에 모든 것이 시작하고 있다. 지금 이 순간이 천지창조의 순간이다. 모든 것이 '시작'하는 순간이다.

'종말'에는 테두리가 없다. 지금 이 순간에 모든 것은 종말을 고하고 있다. 나의 몸과 마음은 물론이고 산하대지, 우주만물의 모습 모두 찰나찰나 완전히 종말을 고하고 있다. 모든 것이 끝나고 있다. 지금 이 순간이 천지종말의 순간이다.

지금 이 순간이 천지창조의 순간이면서 지금 이 순간이 천지종말의 순간이다. 창조의 순간이 종말의 순간이다. 창조가 종말이다. 시작이 끝이다. 언어가 무너진다. '창조'나 '종말'이라는 개념이 무의미해진다.

"모든 것이 살[肉]이다." 내 눈에 보이는 풍경은 모두 내 망막의 살이다. 시각의 세계는 모두 내 망막의 살이다. 나에게 무엇이 보일 때, 사실은 그 사물을 보는 것이 아니라 동공을 통해 들어온 빛이 망막의 스크린에 그린 무늬를 보고 있는 것이다. 밖을 보는 것이 아니라 눈 안을 보고 있는 것이다. 바닷가에서 아무리 너른 대양을 바라본다고 해도 그 모두가 내 눈동자 속의 돈짝 크기의 망막을 보고 있는 것이다. 세상은 돈짝만하다. 나는 내 망막의 살을 보고 있다. 피가 흐르고 신경이 통하는 내 살을 보고 있는 것이다. 귀에 들리는 소리는 소리가 아니라 내 고막의 진동이다. 들리는 소리 모두는 내 고막의 살의 느낌이다. 냄새도 그렇고 맛도 그렇고 감촉도 그렇고 모두 나의 살의 느낌이다. 나는 나의 살로 이루어진 바다에 빠져 있다. 갑갑하다. 너른 세상에 살고 있는 줄 알았는데 곰곰이 생각하니 내 살의 감옥에 살고 있다. 모든 것이 살이다.

"모든 것이 과거다.", "모든 것이 현재다.", "모든 것이 미래다."

"모든 것이 과거다." 밤하늘에 보이는 북극성은 사실은 과거 몇 백 년 전의 북극성의 모습이라고 한다. 빛의 속도 때문이다. 북극성뿐만 아니라 다른 모든 별과 심지어 태양이나 달의 모습도 모두 과거의 모습들이다. 빛이 지구에 도달하기까지 많은 시간이 걸리기 때문이다. 엄밀히 보면 이뿐만이 아니다. 나에게 보이는 코앞의 물건도 사실은 엄밀히 말하면 과거의 모습이다. 그 물건에 반사된 빛이 나의 눈까지 도달하는데 다만 얼마라도 시간이 걸리기 때문이다. 그리고 그 시각정보가 신경망을 타고서 나의 대뇌 후두엽의 시각중추에 도달하려면 다시 약간의 시간이 경과해야 한다. 들리는 소리도 그렇고 냄새도 그렇고 맛도 그렇고 감촉도 그렇고 지금 내가 느끼는 모든 것은 과거의 것들이다. 모든 것이 지나간 과거의 일들이다. 모든 것이 과거다.

"모든 것이 현재다." 지금 나에게 느껴지는 것은 모두 현재 이 순간 느끼고 있는 것들이다. 앞에서 보았듯이 사물을 기준으로 생각하면 모든 것이 과거의 일들이었는데 나의 감관을 기준으로 생각하면 모든 것이 현재의 일들이다. 보이는 것이든, 들리는 것이든, 생각하는 것이든 모두가 현재 이 순간의 일들이다. 모든 것이 현재다.

"모든 것이 미래다." 지금의 북극성의 모습은 아직 내 눈에 보이지 않는다. 아직 내 눈에 도달하지 않았다. 아직 오지[來] 않은[未] 것을 우리는 미래(未

來)라고 부른다. 지금 이 순간의 모든 별의 상태는 아직 나의 눈에 들어오지 않았다. 지금 이 순간의 해의 모습도, 달의 모습도 아직 나의 감관에까지 도달하지 않았다. 빛의 속도 때문이다. 모두 아직 오지 않은 미래의 일들이다. 뿐만 아니라 지금 이 순간 내 책상 위의 볼펜의 모습도, 컵의 모습도 그리고 이 순간 내 손가락을 자극한 키보드의 촉감 자체도 아직 나에게 오지 않고 있다. 빛의 속도와 신경의 전달속도 때문이다. 모든 것이 아직 오지 않은 미래의 일들이다. 모든 것이 미래다.

나에게 지각된 외부 사물의 모습은 그 사물의 입장에서 보면 모두 과거의 모습들이지만 내 감관의 입장에서 보면 모두 현재의 느낌들이다. 아울러 지금 이 순간의 외부 사물의 상태는 아직 나에게 느껴지지 않기에 모두 미래의 일들이다. 모든 것이 과거이고 모든 것이 현재이고 모든 것이 미래이다. 과거가 현재이고, 현재가 미래이고, 미래가 과거이다. 언어가 무너지고 생각이 무너진다.

이 뿐만이 아니다. "모든 것이 기호다.", "모든 것이 부처님이다.", "모든 것이 기(氣)로 이루어져 있다.", "모든 것이 밥이다.", "모든 것이 똥이다.", "모든 것이 나의 뇌(腦)다.", "모든 것이 미술이다." (이들 개념이 해체되는 과정에 대해서는 독자 스스로 연구해 보기 바람)

이상 몇 가지 개념들에 대해 화엄적인 절대긍정의 조망을 적용해 보았다. 모든 곳이 우주이고, 모든 것이 시계이며, 모든 것이 욕심이고, 모든 것이 물질이고, 모든 것이 마음이며 … 모든 것이 살이고 … 모든 것이 미래이다.

그런데 여기서 논의를 한 단계 더 진전시키면 앞의 『반야심경』에서 노래하듯이 절대부정의 조망 역시 가능하다. 예를 들어 모든 곳이 우주라면 모든 곳에 대해 우주라고 이름 붙일 것도 없다[無, 空]. 우주 아닌 것이 있어야, 그것과 대비하여 이곳은 우주라고 명명할 수 있는 법인데 우주 아닌 것이 없기에 우주라는 말 역시 성립하지 않는다. 모든 것이 시계라면 이 모든 것에 대해 시계라고 이름 붙일 것도 없다[無, 空]. 시계 아닌 것이 있어야 어떤 것을 시계라고 부를 수 있는데, 시계 아닌 것이 없다면 시계라는 말 역시 성립하지 않는다. … 모든 것이 마음이라면 모든 것에 대해 마음이라고 이름 붙일 것도 없다[無, 空]. … 모든 것이 미래라면 미래랄 것도 없다[無, 空]. 이것은 절대긍정의 조망에 의거한 절대부정의 조망으로 "우리가 체험하는 모든 것은 우주랄 것도 없고, 시계랄 것도 없고, 욕심이랄 것도 없고 … 현재랄 것도 없고, 미래랄 것도 없다." 이상의 논의는 아래의 표와 같이 정리된다.

반야의 절대부정	세속적 분별	화엄의 절대긍정
무(無), 공(空)	우주	모든 것(一切)
무(無), 공(空)	시계	모든 것(一切)
무(無), 공(空)	욕심	모든 것(一切)
무(無), 공(空)	물질	모든 것(一切)
무(無), 공(空)	마음	모든 것(一切)
무(無), 공(空)	시작	모든 것(一切)
무(無), 공(空)	종말	모든 것(一切)
무(無), 공(空)	삶	모든 것(一切)
무(無), 공(空)	과거	모든 것(一切)
무(無), 공(空)	현재	모든 것(一切)
무(無), 공(空)	미래	모든 것(一切)

우리 생각의 토대가 되는 몇 가지 개념들을 예를 들어서 그에 대한 고정관념을 해체해 보았지만, 이들뿐만 아니라 우리가 사용하는 모든 개념들은 '체험의 세계'에 실재하는 것이 아니다. 반야적인 절대부정의 조망에서는 모든 것은 실재하지 않으며 공하지만, 화엄의 절대긍정의 조망에서는 모든 개념들 하나하나가 모든 것에 적용 가능하다. 그런데 선승(禪僧)들은 여기서 한 걸

음 더 나아간 조망을 토로한다. 선승들의 수행 소재인 화두(話頭)로도 사용
되는 선문답의 경지이다. 이에 대해 논리적으로 해명해 보자. 다음과 같은
간단한 증명식은 누구에게나 쉽게 이해될 것이다.

$$A = C$$
$$\frac{B = C}{\therefore A = B}$$

여기서 보듯이 만일 A가 C이고, B도 C라면 A는 B일 것이다. 이런 간단한
증명식을 위의 표에 정리된 화엄과 반야의 조망에 적용하면 다음과 같다:
"우주가 모든 것이고, 시계가 모든 것이며, 욕심이 모든 것이고 … 미래가
모든 것이라면, 우주가 시계이고 시계가 욕심이며 욕심이 물질이고 … 살이
과거이고 … 현재가 미래이다." 언어와 생각이 모두 무너진다. 이는 앞에서
소개했던 "부처님은 어떤 분인가? → 마른 똥 막대기다!", "달마스님이 인도
에서 오신 목적은? → 뜰 앞의 잣[측백]나무다!"라는 파격적 선문답과 다를
게 없다. 분석의 끝에서 생각의 궁극에서 우리는 이러한 파격과 만난다. 이
때 "바다 밑 제비 집에 사슴이 알을 품고, 타는 불 속 거미집에 물고기가 차를
달이네. 이 집안 소식을 뉘라서 알랴, 흰 구름은 서쪽으로 달은 동쪽으로 …"
라는 효봉 스님의 오도송이 마음에 와 닿는다.

　　노자 『도덕경』에서 가르치는 '위도일손(爲道日損: 도를 닦으면 나날이 줄
어든다)'의 궁극이다. 덜어내고 덜어내어 도달하는 궁극인 '무위(無爲)'의 경
지이고(損之又損 以至於無爲, 손지우손 이지어무위) 불교에서 가르치는 인
지(認知)의 궁극이다. 인식의 끝이다. 존재의 끝이다. 인식의 죽음이다.

Ⅶ. 죽었다가 살아나기

인식의 끝, 존재의 끝, 인식의 죽음 …. 절망이고 절멸이다. 그러나 이제 더 이상 생각의 속임수에 넘어가지 않는다. "나는 누구일까?", "삶이란 무엇일까?", "죽음이란 무엇일까?", "우주란 무엇일까?", "세상은 누가 창조했을까?", "내생은 있는가?" … 등등, 모든 종교적 철학적 의문들은 우리의 '생각'에 의해 만들어진다. 그런데 지금까지 분석해 보았듯이 우리의 생각은 실재와 무관하게 작동한다. 우리에게 떠오르는 종교적 철학적 의문들은 '나', '삶', '죽음', '우주', '세상', '창조', '내생' 등과 같은 개념들을 조합하여 만든 허구의 의문들이다. 생각의 속임수다. 반야학을 통해 절대부정의 통찰을 체득하고 화엄학을 통해 절대긍정의 통찰을 체득할 경우 더 이상 생각의 속임수에 넘어가지 않는다.

그러나 이것으로 깨달음이 완성된 것은 아니다. 인식의 끝, 인식의 죽음은 반쪽짜리 열반이고 반쪽짜리 해탈일 뿐이다. 아직 '감성'의 문제가 남아 있다. '정서'의 문제가 남아 있다. 감성과 정서 모두, '정신'이 아니라 '육체'의 문제. 식욕, 성욕, 재물욕, 명예욕, 교만, 분노, 질투, 원한 등등 감성의 찌꺼기가 아직 남아 있는 이상, 반야와 화엄의 파격을 통해 '깨달음의 희열'이 아니라, '해체의 절망'만 느껴질 수 있다. 이를 극복하기 위해 선가(禪家)의 전통에서는 "견성 후에 습기(習氣)를 제거해야 한다."고 가르친다. 습기는 습관이고, 버릇이고, 감성적 경향이다. 『도덕경』에서 말하는 줄이고 줄여야[또는 덜어내고 덜어내야](損之又損, 손지우손) 할 것은 우리의 고정관념뿐만이 아니다. 재물욕, 명예욕, 성욕, 식욕과 같은 욕망, 분노, 질투, 교만 등 우리의 감성도 모두 덜어내고 덜어내야 한다. 그래서 이 세상에 대해 맺혔던 한(恨)이 다 풀어질 때, 인지적 해체와 감성적 해체가 함께하는 완전한 깨달음에 이르게 된다. 인지와 감성이 모두 해체된 수행자에게는 "죽어도 좋아!"라는 확신이 생긴다. 지적으로든 정서적으로든 죽음의 공포에서 벗어난다. 이 세상에 대해 미련이 없기 때문이다. 이런 성자를 '아라한(阿羅漢: Arhat)'이라고 부른다. 아라한은 '응당 공양할 만한 분', '번뇌의 적을 죽인 분'이란 뜻이다.

그러나 수행자가 감성의 정화 없이 인지(認知)의 해체에서 멈출 때 '모든 가치판단이 상실된 폐인'이 될 수 있다. 선(善)과 악(惡)의 고정관념에서 벗어났다는 자만심에서 악을 행하고도 죄책감을 느끼지 못할 수 있다. 공에 대해 전문적으로 해명하는 『중론(中論)』에서는 이런 수행자의 인생관을 공견(空見: 공의 세계관)이라고 부르면서 다음과 같이 경고한다.

> 공(空)이란 모든 세계관에서 벗어나는 것이라고 부처님들께서 가르치셨다. 그러나 공견(空見)을 갖는 자는 구제불능이라고 말씀하셨다.
> – 『중론』, 제13장 제8게 –

공은 이념(Ideology)이 아니다. 공은 우리의 생각을 해체하는 테크닉이다. 의식적이든 은연중에든 우리가 갖고 있던 모든 고정관념을 해체하는 도구다. 그런데 공의 가르침을 추구하는 많은 수행자는 공을 이념으로 오해한다. 공을 하나의 이념으로 삼을 경우, 모든 가치판단이 상실된다. 공의 세척을 거칠 경우 선과 악에 대한 고정관념이 사라지고, 중생과 부처, 윤회와 열반과 같은 불교 교의에 대한 고정관념조차 사라진다. 올바른 수행자는 과거의 고정관념이 사라진 것으로 만족하지만, 잘못된 수행자는 고정관념이 사라진 상태에 대해 다시 새로운 고정관념을 갖는다. '고정관념이 사라진 상태에 대해 다시 새로운 고정관념을 갖는 것'이 바로 공견(空見)이다. 공(空)을 세계관[見]으로 삼는다는 의미이다. 불전에서는 공견을 '악취공(惡取空: 공을 잘못 포착함)'이라고 부르기도 하고, '낙공(落空: 공에 떨어짐)'이라고 부르기도 한다.

공견에 붙들린 수행자는 나락과 같은 절망의 삶을 살게 된다. 가치판단을 상실한 폐인과 같이 살아간다. 공견의 증상은 '막행막식'이다. 가리지 않고 행동하고 가리지 않고 먹고 마시는 무애행(無碍行)이 공견의 증상이다.

과거 동아시아나 티벳의 불교계에 처음 공사상이 전해졌을 때 이렇게 공견에 빠진 수행자가 많이 나타났지만, 시야를 넓혀 보면 근대 이후 지금까지 서구의 철학자, 문인, 예술가들 중에도 공견에 빠진 삶의 모습을 보인 사람들이 많았음을 알 수 있다. 공이란 이성적 추구의 극한에서 발견된다. 이성적 추구의 극한에서는 모든 이론이나 세계관이 해체되는 법이다. 불교의 공사상은 서양철학의 해체주의에 대비된다. 이성(理性)의 극한을 추구했지만 감성을 다스리는 수행의 문화가 없었기에, 서구의 많은 문화인들이 결국 공의 나락에 떨어진 것이다. 서구 문화를 그대로 수입하여 추종하고 흉내 내고 있는 우리 문화계의 경우도 이는 마찬가지다. 예술가라면 무언가 행동이 특이해야 하고, 문인(文人)이라면 두주불사(斗酒不辭)해야 한다는 '통념'이 널리 퍼져 있다는 점에서 우리 문화계에 '공견'이 깊이 뿌리를 내리고 있다는 점을 알 수 있다.

공의 진리를 체득하여 선과 악을 초월한 경지는 '악을 행하고도 그 잘못을 무시하는 뻔뻔함'이 아니라, '너무나 선(善)하기에 선하게 살겠다는 생각조차 내지 않는 순수함'이다. 예를 들어, 공자(孔子) 나이 칠십이 되어 겨우 체득했다는 '종심소욕불유구(從心所慾不踰矩: 마음에서 내키는 바가 세속의 잣대를 넘지 않는다)'의 경지가 선악을 초월한 경지이다. 너무나 선하기 때문에 "마음속에서 그 어떤 생각이 떠올라도 그것이 세속의 윤리에 어긋나지 않더라."는 것이다. 인류의 대성인 공자님이 나이 칠십이 되어서야 겨우 체득한 것이 '선과 악을 초월한 경지'인 것이다. 그 분의 인격 전체가 절대선(絕對善)이 되었기에 선과 악을 구분할 필요가 없는 것이다. 나이 칠십의 공자님은 "차카게 살자!"는 생각을 하지 않는다.

공을 체득한 사람의 베풂은 예수께서 말씀하신 '오른 손이 한 일을 왼 손이 모르게 하는 베풂'이다. '내'가 베풀었다는 생각도 없고, 누구를 '도왔다'는 생각도 없다. 『금강경』에서는 이를 '무주상보시(無住相布施)'라고 명명한다. '티[相]가 나지 않는 베풂'이라는 뜻이다. 보다 엄밀히 말하면 '오른 손이 한 일을 오른 손도 모르게 하는 베풂'이다. 내가 베풀고도 나 스스로에게도 베풀었다는 생각이 나지 않는다. 『열반경』에서는 '어머니가 다친 자식을 치료하고 돕는 것'을 이러한 베풂의 예로 든다. 다친 자식을 도운 어머니에게 "내가 자식에게 베풀었다."는 생각이 떠오를 리가 없다. 베풀고 나서 느껴지는 '뿌듯함'이나 '흐뭇함'도 있을 수가 없을 것이다. 베푼 후에도 조바심만 나고 슬플 뿐이다. 이러한 베풂이 '나도 모르는 베풂'이고 '무주상보시'이며 '오른 손이 한 일을 오른 손도 모르는 베풂'이다. 『중론』에서는 공의 위험성에 대해 다시 다음과 같이 경고한다.

> 잘못 파악된 공(空)은 지혜가 열등한 자를 파괴한다. 마치 잘못 잡은 뱀이나 잘못 행한 주술(呪術)과 같이.
>
> – 『중론』, 제24장 제11게 –

독사를 잡을 때 목을 틀어잡아야 하는데 꼬리를 잡을 경우 독사에게 물려 사망하고 만다. 공도 이와 마찬가지다. 오해하여 공견을 가질 바에는 아예 습득하지 않는 것이 낫다. 공은 마치 주문(呪文)과 같다. 잘 암송할 경우 질병도 고치고 부귀영화도 얻지만, "선무당이 사람 잡는다."는 속담에서 보듯이 잘못 암송할 경우 패가망신하고 만다. 그런데 문제는 과거의 불교계도 그랬지만 현재 우리 사회는 물론이고, 전 세계의 문화계에 이러한 공견이 너무나 깊이 뿌리를 내리고 있다는 점이다. 사람이 갖추고 있는 두 가지 앎, 즉 '인지(認知)'와 '감성(感性)' 가운데 인지만 해체되고 감성은 해체되지 않은 상태가 바로 '공견'의 상태다.

그러면 어떻게 하면 이러한 공견에서 벗어날 수 있을까? 해체의 나락에서 벗어날 수 있을까? 두 가지 방법이 있다. 하나는 자신의 거친 감성을 다스리는 것이고, 다른 하나는 철저하게 윤리, 도덕적으로 생활하는 것이다. 재물욕, 명예욕, 권력욕, 음욕, 식욕 등 세속적 욕망을 통제하고, 분노와 질투와 교만 등 거친 감성을 제어하면서 항상 고결하게 생활하고 항상 남을 도우며 살아갈 때, '공의 나락에 떨어져 가치판단을 상실했던 수행자'는 서서히 되살아난다. '세속적 복덕(福德)'의 힘으로 소생(蘇生)하는 것이다. 기사회생(起死回生)하는 것이다.

Ⅷ. 해체 이후의 적극적 삶 – 이타(利他)와 분별

공의 나락에 떨어졌다가 소생한 수행자는 '공의 인지(認知)'를 체득했기에 '삶과 죽음'의 번민에서 벗어나 있고 '복덕의 감성'이 함께하기에 '티 나지 않는 베풂'과 '선악을 초월한 절대선'의 삶을 살아가게 된다. 불전에서는 그런 인격체를 대심범부(大心凡夫), 보살마하살이라고 부른다. 인지든, 감성이든 나에게 고통이 없기에, 그를 움직이는 동인(動因)은 자신의 감성이 아니라 남의 고통이다. 대자비(大慈悲)의 삶이 시작되는 것이다.

또 절대부정의 반야와 절대긍정의 화엄을 통해 무한해체의 조망, 공(空)의 조망을 체득하긴 했으나 그러한 조망은 현실 속에서 반드시 하나의 분별로 나타난다. 절묘한 분별로 나타난다. 매 상황 속에서 옳고 그름과 선과 악을 가르는 시비지심(是非之心)으로 나타난다. 불교용어로 이를 묘관찰지(妙觀察智)라고 부른다. '절묘하게 관찰하는 지혜'라는 뜻이다. 예를 들어 지금 자판을 두드리는 '나'는 이 글을 읽는 독자에게는 '필자'로 생각된다. 그러나 내가 항상 필자인 것은 아니다. 학생들에게는 '선생'이고, 아들에게는 '아버지'이고, 부인에게는 '남편'이고, 조카에게는 '삼촌'이고, 길 위의 행인에게는 '아저씨'이고, 아프리카 밀림의 배고픈 사자에게는 기름진 '음식'이고, 바퀴벌레에게는 무서운 '괴물'이다. … 지금 나열한 '필자, 선생, 아버지, 남편, 삼촌, 아저씨, 음식, 괴물 …' 가운데 그 어떤 것도 나의 원래 이름이 아니지만, 그 모든 것이 나의 이름이 될 수가 있다. "그 어떤 것도 나의 원래 이름이 아니다[空, 無]."라는 조망은 반야적인 절대부정의 조망이고, "그 모든 것이 나의 이름이 될 수가 있다[一卽一切, 일즉일체]."는 조망은 화엄적인 절대긍정의 조망이다.

그런데 이렇게 절대부정과 절대긍정의 조망이 나의 진상이긴 하지만, '학생' 앞에 서게 되면 나는 아버지도 아니고, 필자도 아니고 반드시 '선생'이 되고, '아들' 앞에 서면 '아버지'가 된다. 마치 긴 것과 비교하여 짧은 것이 있듯이, 학생과 마주대할 때에는 선생이 되고, 아들에 대해서는 아버지가 되는 것이다. 매 상황 속에서 나의 정체가 연기(緣起)하는 것이다. 반야의 절대부정이나 화엄의 절대긍정과 같은 무차별의 조망은 결코 현실에 존재하는 것이 아니다. 현실은 무차별이 아니라 차별의 세계이다. 심지어 '공'이라는 말도 현실에서는 하나의 분별일 뿐이다. 현실에서는 분별만이 가능하다. 따라서 공(空)의 진리를 체득한 보살마하살은 무분별하게 사는 것이 아니라 매 순간 절묘한 분별을 내어 현실을 재단하고, 문제를 해결한다.

깨달음에서는 분별적 인지(認知)와 애증의 감성(感性) 모두를 해체하지만, 그것이 현실로 나타나는 모습은 '이타(利他)의 감성'과 '절묘한 분별'이다. 이를 '자비'와 '지혜'라고 부른다.

찾아보기

찾아보기

（ㄱ）

가명공(假名空) 61, 153
간화선 16, 34, 36, 71
감성 218
개 36
개똥밭 174
개선사 지장 87
검토(Parīkṣā) 47
격의삼가(格義三家) 146, 157
견불성(見佛性) 71, 98
견성 71, 218
경계불성 87
경덕전등록 136
경릉왕(竟陵王) 143
계보학(系譜學) 156
계보학적 중관학 46
계형(Type) 86, 95
고(古)삼론 17, 47, 130
고구려 15, 17, 47
고봉(高峰) 원묘 37
고성제(苦聖諦) 166
고정관념 180
고하상경 57
공가명(空假名) 61, 153
공견 219
공자(孔子) 220
과거 209
과과(果果) 84

과과불성 103
과승(果乘) 172
곽상(郭象) 157
관본제품 43
관사제품 53, 150
관서 45
관열반품 148
관지불성 87
광법사 69
교견(教見) 65, 115
교불이공 31
교제(教諦) 108, 111, 120
교즉시공 31
교진여 167
교화대상(所化) 117
교화주체(能化) 117
구경차제 172
구루요가(guru yoga) 173
구마라습 15, 17, 46, 77, 133, 136, 142
구마라습법사뢰병서(鳩摩羅什法師誄并序) 135
구사론 169
구자무불성 29
구절십연(九折十演) 147
구지선사 180
권지(權智) 117

귀류논증파 45
귀무론(貴無論) 157
규봉 종밀 19
금강경 101, 210, 220
금강살타(Vajrasattva) 173
금강승 171, 193
금강승불교권 163
기(氣) 215
기사회생(起死回生) 222
기와 50
기호 215
길장 77, 80, 94, 109
김성철 교수의 체계불학 174
김인덕 103
까말라쉴라 46
깨달은 선승 177 202
깨달은 자 188
깨달음 163, 174
쬔촉직메왕뽀 45
끽다거 29

(ㄴ)
낙공(落空) 219
낭공(朗公) 140
노자 55, 197, 217
논리-철학 논고 207
농경제 194
뇌(腦) 215
누진통 168
눈 204
능가경 19

니야야브하샤 42
니야야수뜨라 42, 54
닝마빠 175

(ㄷ)
다친 자식 221
달 29, 31
달마서래의 201
담경(曇慶) 81, 141
담무원(曇無遠) 88
담연 61
담영 17
답유유민서 134
답파(答破) 42
대기설법 65
대랑(大朗) 140
대량(大亮) 114, 115
대매(大梅) 법상(法常) 23
대명법사 17, 19
대반열반경 78, 83, 90, 95
대반열반경집해 79
대분지 16, 37
대승 193
대승불교권 163
대승사론현의 29, 114, 138, 14
  2, 152
대승사론현의기 65, 66, 81, 86,
  88, 95, 99
대승삼론약장 81
대승중관석론 44
대승현론 64, 80, 81, 92, 109,

114, 123
대신근 16, 37
대심범부(大心凡夫) 222
대연가설 127
대열반과불성 87
대의정 16, 37
대자비(大慈悲) 222
대지도론 21, 167, 169
대혜 종고 34, 71
데와닷따 16, 26
도덕경 133, 197, 200, 217, 218
도랑(道朗) 139
도불용수(道不用修) 25, 31
도생(道生) 88, 134
도신 20
도안(道安) 18
도판(道判) 18
독화론(獨化論) 157
돈황(敦煌) 81
동궁 144
동법상사 55
동정상즉(動靜相卽) 60, 149
두주불사(斗酒不辭) 220
둥췬(董群) 103
득불지리(得佛之理) 88
똥 215

(ㄹ)
라이프니츠 206, 208
런지위(任繼愈) 103

(ㅁ)
마른 똥 막대기 24
마음 213
마조 23, 24, 25, 27, 32, 70
마하반야바라밀다경 134
막행막식 219
말 속에 뼈가 있다 71
망법사(望法師) 88
명교(名敎) 130
명교(名敎)-자연(自然)논쟁 157
묘관찰지(妙觀察智) 222
묘음 142
무구식 88
무궁, 반유상사 52
무기답(無記答) 165
무기설(無記說) 192
무드라 172
무득(無得)의 오도 68, 151
무득정관 15, 20, 69
무명(無名) 147
무몰식 88
무생중도(無生中道) 80
무소득(無所得) 143, 151
무소득삼론대의대사 152
무애행(無碍行) 219
무외소 44
무위진인(無位眞人) 24
무의무득 64, 66, 95, 100, 149, 152
무의무득대승종 152

무의무득의 중도불성론 106
무인상사 42
무자 공안 35
무쟁(無諍) 64
무쟁교화(無諍敎化) 156
무쟁자(無諍者) 151
무주상보시(無住相布施) 220
무주열반(無住涅槃) 189
무차별한 참사람 25
문명화된 샤먼 176
문수반야경 19
물불천론 59, 130, 146
물질 213
미래 209
미륵루(彌勒樓) 101
미술 215
민법사 69
민절무기 15
밀교 171, 176

(ㅂ)
반(反)논리학 47, 49
반야등광주 45
반야등론석 45
반야무지론 59, 134, 146
반야문답 182
반야심경 26, 54, 180, 198, 215
반야종 182
반야중관 15, 19
밥 215

방편심론 42
방편적 교화 68, 151
배위(裵頠) 157
배휴 35
백론 21
백론서 134
번뇌 167
범망경서 135
범주의 오류 181
법거량 21
법도(法度) 142
법랑 19, 77, 139
법민 69
법보단경 177
법상 70
법신 171, 183
법여 15, 17
법운 109, 138
법융 19, 69
법충전 19
법화경운기 110
법화현론 80
벽(壁)법사 20
벽지불 168
변수(variable) 58
변증법 158
변증적 파기 23
보량(寶亮) 79
보리과불성 87
보리달마 19, 69
보리도차제론 172

보림 195
보살마하살 222
보살의 수행계 98
보신 171, 183
보장론(寶藏論) 136
복덕(福德) 222
복덕자량 176
본래무일물 198
본래심(本來心) 28
본무(本無) 146
본유(本有) 97
본유금무게(本有今無偈) 78
본유시유문(本有始有門) 95
부재(傳縡) 64
부정관 172
부진공론 55, 59, 130, 146, 156
부처 167
부처님 194, 215
부처 164
북극성 214
분별 222
분별고(分別苦) 179
불공가명(不空假名) 61, 153
불교 Tantrism 171
불교문답게시판 174
불생불멸 100
불생불멸(不生不滅) 59
불설유마힐경 133
불성 33, 36
불성론 77

불성의 연구 102
불성의(佛性義) 81
불성이론 89
불수부증 28
불이의 중도 126
불이중도(不二中道) 108
불호주중론 44
붓다빨리따 44
비가 내린다 52, 192
비권비실(非權非實) 118
비유비무 34
비장비단(非長非短) 199
비진비속 34, 118
비트겐슈타인 29, 207
빠찹니마닥 45
쁘라산나빠다 45
쁘라즈냐(prajñā) 198

(ㅅ)
사구 51, 190, 175, 193
사마타 37
사분율 185
사분율서 135
사실위배의 오류 52
사자후품 86, 90, 98
사토타이슌(佐藤泰舜) 139
사토테츠에이(佐藤哲英) 114
산문(山門) 122
산음 143
산중 스님 112
살[肉] 213

삼가(三家) 비판 55
삼거화택(三車火宅) 110
삼론약장(三論略章) 112
삼론조사전집 65, 138, 142, 15
  2
삼론학 16, 17, 46
삼론학의 중도불성론 103
삼명(三明) 168
삼예(bSam Yas)논쟁 46
삼제게(三諦偈) 144, 150
삼종론(三宗論) 61, 142, 153
삼종이제(三種二諦) 63
삼종이제론(三宗二諦論) 153
삼중이제(三重二諦) 63
삼중이제설 16, 21, 24, 70
상위 49
상위방((相違謗) 51
상응(相應)논법 42
상즉(相卽)의 실상론 151
상즉의 비판론 149
상즉의 실상 68
상즉의 실상론 58
상진왕표(上秦王表) 135
상호모순의 오류 52
색즉시공 26, 198
생기차제 172
생소(生蘇) 96
샤머니즘 176
샨따락쉬따 46
서루율(鼠嘍栗) 153
서천의 28조 21

서하사(棲霞寺) 143, 145
서하사비명 138
석공 141
선 21
선가귀감 38
선무당 221
선문답 21, 32, 180, 201
선복 15, 17, 20
선불교 174
선승(禪僧) 164, 216
선어록(禪語錄) 180
선원제전집도서 19
선종 15
섭대승론석 51
섭령 30
섭령흥황 115
섭론사(攝論師) 88
섭산사 113
성불 182
성실론 129
성유식론 169
세잔느 208
소도성(蕭道成) 143
소명태자 123, 144
소뿔 38
소승 193
소승불교 164
소승불교권 163
소통(蕭統) 123
속고승전 18, 19, 139
속어제(俗於諦) 121, 127

손가락 29, 31, 204
손감 49
손감방(損減謗) 51
손병철(孫炳哲) 135
수론(竪論) 92
수정주의 37
숙명지 168
순간 209
술의(述義) 81, 141
숭산 행원 38
숭유론(崇有論) 157
쉬캉성(許抗生) 55, 136
스즈키데츠오(鈴木哲雄) 17, 20
습기(習氣) 218
승랑 15, 17, 30, 61, 77, 100,
    109, 129, 141
승랑의 사상 68, 149
승민 109, 113, 138
승예 17
승전 77, 112, 139, 144
승조 17, 47, 55, 130, 145
승조(僧照) 19
승회(僧懷) 144
시간 208
시계 212
시비지심(是非之心) 222
시유(始有) 97
시작 213
신삼론 17, 47, 130
신수 181
실지(實智) 117

심무(心無) 146
심해탈 186
십이문론 21
십이처(十二處) 203
십지보살 98
싯다르타 태자 194
싹 190
씨앗 190

(ㅇ)
아라한 164, 188, 218
아리야제바 44
아비달마대비바사론 169
아승기 169
아왈로끼따브라따 45
악사견(惡邪見)의 비구 166
악취공 219
안과(安瓜) 154
안징(安澄) 81, 141
안혜 44
애법사(愛法師) 104
야수가 185
약경이제설 113, 126
약교이제설 107, 110, 119
약리이제설 110, 125, 126, 144
약인이제설(約人二諦說)　144
양의 3대 법사 63, 109, 125, 1
    55
양도논법 58
양무제 69, 79
양후이난(楊惠南) 103

어머니 221
어선어록(御選語錄) 137
어제(於諦) 108, 111, 120, 144
언어유희의 오류 52
언어의 종교 21
업불천(業不遷) 146
여산(廬山)의 혜원 134
역사(力士) 95
역유역무(亦有亦無) 59
역전(驛前) 앞 192
연기(緣起) 200, 205
열거(Uddeśa) 47
열반경 33
열반무명론 56, 60, 130, 132,
  147, 148
열반의소 79
염리심 194
염마가 165
영근사(靈根寺) 89
영안사의 광법사 19
예술가 220
옌상원(顔尙文) 80
오도송 21, 217
오산사(五山寺) 143
오승(五乘) 66, 150
오안 30
오조(五祖) 법연 34, 71
오종불성(五種佛性) 82, 83, 86
오질 모를 뿐 16
오초에니치(横超慧日) 145
왕필(王弼) 157

요구르트(酪, 락) 85
요인불성 103
요흥(姚興) 132
욕심 212
용수 21, 41, 190
우두 법융 15, 17
우두산 19
우두종 19
우주 212
운강(雲岡)석굴 141
월칭 45
위빠사나 37
유득(有得)의 보살 22
유마경 133
유마힐경서 134
유명(有名) 147
유무론(有無論) 156
유무론적 중관학 46
유무상리(有無相離) 156
유무상생 57
유무상즉(有無相卽) 59, 149
유무학(有無學) 156
유소득(有所得) 115
유소득(有所得)의 보살 22
유소득의 보살 63
유수사(流水寺) 20
유식 213
유식비량(唯識比量) 46
유여의열반(有餘依涅槃) 165
유유민 147
유전연기(流轉緣起) 57

육법 아님(非六法) 104
육조단경 181
응병여약 65, 92
의미중복의 오류 52
이견(理見) 65, 115
이내(理內) 100
이내이제 29
이내이제(理內二諦) 156
이내이제설 16, 71, 151
이념(Ideology) 219
이법상사 55
이변(二邊) 58
이분법(二分法) 22
이사구절백비 16, 38
이승(二乘) 167
이외(理外) 100
이원적 범주 62, 68, 149, 151
이율배반(Antinomy) 54
이제 21
이제시교 중도위체(二諦是教 中道爲體) 156
이제시교론 63, 107, 109, 112, 119, 126, 151, 156, 157
이제의 112, 124
이지(二智) 118
이타(利他) 222
이타(利他)의 감성 223
이토타카토시(伊藤隆壽) 82, 102
인불천(因不遷) 146
인승(因乘) 172

인인(因因) 84
일음사의 법민 19
일즉일체 184, 223
일천제(一闡提) 102
일체개공 184
일체유심조 213
일체중생 실유불성 201
임제(臨濟) 24
입파자재(立破自在) 95

(ㅈ)
자띠 42, 49
자립논증파 45
자비관 172
자비심 195
자연 130
자지불수후유 165
작삼시파(作三時破) 89
작유무파(作有無破) 89
작은 방 155
잡아함경 186
장강 15
장수왕 141
장아함경서 134
장엄사 승민 87
장자 56, 166
전공사우 17
전공사우(詮公四友) 78
절대긍정 216, 222, 223
절대부정 19, 216, 222, 223
절대선(絶對善) 220

절묘한 분별 223
정림사의 민법사 19
정명구 45
정명현론 116, 119, 125
정법정성(正法正性) 85
정성(正性) 85
정애(靜藹) 18
정의(Lakṣaṇa) 47
정인불성 94, 104
정전백수자 29, 201
정혜쌍수 36
제3구 59
제4선 165
제일의공(第一義空) 88
제일의제(第一義諦) 22
제지의(制旨義) 69, 80, 144
조론 55, 130, 145
조론소 148
조론중오집해(肇論中吳集解) 136
조주 36, 189
조주무자 71
조현TV 175
족첸 175
존재(Sein) 206
존재자 206
종경록 21
종말 213
주문(呪文) 221
주옹(周顒) 61, 142, 153
주해대품서 79

중가(中假) 130
중가체용(中假體用) 156
중가체용론(中假體用論) 62
중관론소 154
중관학 41, 202
중국반야사상사 102, 110
중국불교사 103
중국삼론종통사 103
중도불성 31, 92, 104, 156
중도불성론 16, 32, 33, 79, 83, 95, 141, 150
중도의 궁지 71
중론 21, 25, 43, 123, 144, 148, 190, 203, 210, 219, 221
중론소기 81, 141
중생 아님 93
중화 93
중화작용 31, 34
즉리파(卽離破) 89
즉색(卽色) 146
증익 49
증익방(增益謗) 51
지겸(支謙) 133
지공화상 176
지관사(止觀寺) 144
지관쌍운 36
지론사(地論師) 88
지림(智琳) 142
지식 197
지의(智顗) 131
지장(智藏) 19, 109, 138

지적(智寂) 144
지혜 197
진(陳) 무제 112
진어제(眞於諦) 121, 127
진제(眞諦, Paramārtha) 51
진패선(陳霸先) 78
짜라까 상히따 42
짜르와까 42
짠드라끼르띠 45

(ㅊ)
차륜사구(車輪四句) 84
찰흙 50
참선 16
처가(妻家) 집 192
천신 167
천안통 168
천지종말 213
천지창조 213
천태 20
청목 44
청변 45
체용(體用) 130
초기불교 185
초당사 142
초제사(招提寺) 123
초지(初地) 보살 98, 169
최상승 179, 194
츠카모토젠류(塚本善隆) 135

(ㅋ)

카지야마유이치 47
칸노히로시(菅野博史) 82, 102
칼날 204
큰 방 155

(ㅌ)
탈이분법 16, 37
탕용통(湯用彤) 79, 145
테두리 213
토키와다이죠오(常盤大定) 102
티벳의 중관학 156

(ㅍ)
파사현정(破邪顯正) 48, 203
팔숙(八宿) 65
평상심시도 29
평성(平城) 141
평숙(平叔) 134
피고구락성(避苦求樂性) 104

(ㅎ)
하서(河西)의 도랑(道朗) 79
하서회랑(河西回廊) 81, 141
하안(何晏) 157
하이데거 206
하인 166
하택 신회 181
학설강요서 44
학설보환 45
함수(function) 57
항아리 50

해이제의 124
해이제의(解二諦義) 123, 144
해탈지견(解脫知見) 175
현각(玄覺) 19
현경(玄景) 19
현장 46
현재 209
현학 17, 72
혜가 15, 17, 18, 69
혜균 29, 66
혜능 32, 33, 181, 198
혜달 148
혜령(慧令) 89, 144
혜염(慧琰) 123
혜용 139
혜원 82, 134
혜의전 144
혜포 15, 17, 18, 69, 139
홍인 20
화두 37, 217
화선사(和禪師) 18
화신 171, 183
화엄 217
화엄경 65, 131, 143
화엄의소 130, 132, 143
화엄학(華嚴學) 211
환멸연기 44, 50
환멸연기(還滅緣起) 57
황벽(黃蘗) 희운 34
황벽단제선사완릉록 35
회계(會稽) 산음(山陰) 143

회쟁론 16, 25
횡론(橫論) 92
효봉 200, 217
후경(候景) 78, 139
후진(後秦) 132
흑백논리 191
홍황 30
희론 49
희론방(戱論謗) 51
히라이슌에이 17, 20, 110, 102

(3)
32상 170
32상 80종호 188
3아승기 100겁 171, 183

(4)
4구판단 91, 148
4종불성 103

(D)
Daum카페 174

(G)
Geoffrey Samuel 176

(O)
Only Don't Know 16, 38

선불교의 뿌리 – 인도 중관학과 동아시아 삼론학 –

초판 1쇄 2021년 9월 2일
초판 4쇄 2021년 12월 27일

지은이 김성철
펴낸이 김용범
펴낸곳 도서출판 오타쿠

(우)04374 서울특별시 용산구 이촌로 18길 21-6 이촌상가 2층 203호
02-6339-5050 otakubook@naver.com www.otakubook.org

출판등록 2018.11.1 등록번호 2018-000093
ISBN 979-11-976180-1-7 (93220)

가격 19,000원 [eBook(가격: 12,000원)으로도 판매합니다]

이 도서의 국립중앙도서관 출판예정도서목록(CIP)은 서지정보유통지원
시스템 홈페이지(http://seoji.nl.go.kr)와 국가자료종합목록 구축시스템
(http://kolis-net.nl.go.kr)에서 이용하실 수 있습니다.

※ 이 책에는 네이버 글꼴이 적용되어 있습니다.